BIBLIOTHÈQUE DES SCIENCES MORALES ET POLITIQUES.

STATISTIQUE

DE

L'INDUSTRIE DE LA FRANCE

Quantités et valeurs des principaux produits industriels,
Minéraux, Végétaux et Animaux. — Origine et progrès de leur fabrication.
Nombre des établissements manufacturiers et ouvriers qui y sont
employés. — Salaires par sexe et par nature d'exploitation.
Valeur des matières premières, des frais généraux et des bénéfices.
Comparaison de l'industrie contemporaine
et de celle des temps passés.

PAR

M. A. MOREAU DE JONNÈS

MEMBRE DE L'INSTITUT.

PARIS

GUILLAUMIN ET Cⁱᵉ, LIBRAIRES

Éditeurs du Journal des Économistes, de la Collection des principaux Économistes,
du Dictionnaire de l'Économie politique, etc.

Rue Richelieu, 14

1856

STATISTIQUE

DE

L'INDUSTRIE DE LA FRANCE

OUVRAGES DE L'AUTEUR.

Statistique de l'Espagne; 1 vol. in-8º.
Traduit en espagnol par Pascal Madoz, ancien ministre des finances.

Le Commerce au XIXᵉ siècle, 2 vol. in-8º. *Épuisé.* — Couronné par l'Académie de Marseille. Traduit en italien, par Lampato de Milan.

Effets de la destruction des Forêts sur l'état physique des contrées. 1 vol. in-4º. *Épuisé.* — Couronné par l'Académie des sciences de Belgique.

Statistique de la Grande-Bretagne et de l'Irlande. 2 vol. in-8º.

Recherches statistiques sur l'Esclavage colonial. 1 vol. in-8º. *Épuisé.* Couronné par la Société de statistique de Marseille.

Éléments de Statistique. 2ᵉ édition. — Traduits en espagnol par le professeur Sosa, et destinés, par le gouvernement péruvien, à l'enseignement des Lycées.

Statistique de l'Agriculture de la France, comprenant les céréales, les vignes, les cultures diverses, les pâturages, les forêts et les animaux domestiques. 1 fort vol. in-8.

Statistique générale de la France; ouvrage officiel, exécuté sous l'autorité du ministère de l'agriculture et du commerce. 13 vol. grand in-4º.

Histoire physique des Antilles. 1 vol. in-8º.

Statistique des peuples de l'Antiquité. 2 vol. in-8º.

La France avant ses premiers habitants, et origines nationales de ses populations. 1856, 1 vol. in-18.

Statistique de l'Industrie de la France. 1856, 1 vol. in-18.

Ces ouvrages se trouvent à la librairie Guillaumin et Cie.

STATISTIQUE

DE

L'INDUSTRIE DE LA FRANCE

Quantités et valeurs des principaux produits industriels.
Minéraux, Végétaux et Animaux. — Origine et progrès de leur fabrication.
Nombre des établissements manufacturiers et ouvriers qui y sont
employés. — Salaires par sexe et par nature d'exploitation.
Valeur des matières premières, des frais généraux et des bénéfices.
Comparaison de l'industrie contemporaine
et de celle des temps passés.

PAR

M. A. MOREAU DE JONNÈS

MEMBRE DE L'INSTITUT.

PARIS

GUILLAUMIN ET Cⁱᵉ, LIBRAIRES

Éditeurs du Journal des Économistes, de la Collection des principaux Économistes,
du Dictionnaire de l'Économie politique, etc.

Rue Richelieu, 14

1856

PRÉFACE HISTORIQUE.

En voyant l'Industrie à côté de l'Agriculture, au premier rang des forces vitales de la société, répandre partout ses bienfaits, depuis le temps des Patriarches antédiluviens jusqu'à nos jours, on croit volontiers que, comme les autres puissances de la terre : les grandes nations, les princes illustres ou seulement les intérêts de la cité, elle a ses historiens, ses biographes et ses statisticiens. On est détrompé de cette illusion lorsqu'on entreprend la moindre recherche sur l'Économie industrielle. Les archives des manufactures sont encore à créer. Leurs annales, dont les éléments sont épars, attendent vainement qu'on les rassemble. La vie exemplaire des hommes à qui l'Industrie doit ses progrès : Vaucanson, Molard, Jacquart, Perrotin, Arkwright, Watt, Bolton, reste inconnue à ceux qu'enrichit leur génie. Quant à des faits numériques qui puissent faire connaître et apprécier la Production industrielle, on n'en découvre aucune trace jusqu'à Colbert. Nous allons raconter brièvement quelle fut alors la première tentative d'en dresser la Statistique, et comment il fallut cent soixante ans, pour arriver à quelques résultats plus complets.

Le grand ministre de Louis XIV voulant connaître positivement quels effets avaient obtenus les encouragements qu'il avait prodigués aux manufactures, prescrivit, en 1669, de constater par des chiffres, leur situation. Jusqu'à cette époque, on n'avait pas songé à acquérir de pareilles notions, ou plus probablement on avait cru que ce serait faire déroger l'État que de le ravaler à faire son bilan comme un fabricant de la rue Saint-Denis ou un marchand de la rue aux Ours. Les recherches furent poussées assez loin, pour donner des résultats généraux sur l'industrie des lainages qui était alors la plus importante; car les fabriques de coton n'existaient pas encore, et celles de soieries existaient à peine.

On doit croire que l'utile entreprise de Colbert ne dépassa pas ce faible succès, puisqu'on n'en trouve aucun autre vestige. Elle faillit sans doute, par les mêmes obstacles, qui firent échouer, trente ans plus tard, le projet de la Statistique générale de la France, conçu cependant par Louis XIV lui-même, et qui n'eut qu'une exécution temporaire, incomplète et défec- . tueuse, malgré la volonté puissante et impérieuse du grand roi.

Cette Statistique, connue sous le titre de Mémoires des Intendants, et qui est restée jusqu'à présent manuscrite, donne quelques chiffres partiels sur la population et l'agriculture ; mais elle n'en contient presque aucun qui soit relatif à l'Industrie. Les seules notions relatives à cet important objet, se bornent à des indications locales, semblables à celles des livres de géographie du dernier siècle et même de celui-ci, telles que : la Bretagne fournit beaucoup de toiles ; Sedan produit de très-beaux draps ; les soieries de Lyon sont fort renommées. On dirait volontiers qu'il y avait une coalition des adverbes, pour chasser les chiffres des Statistiques de ce temps.

L'Industrie, qui, sous le règne fécond de Louis XIV, n'avait pu trouver d'historien, dut encore bien plus être reléguée dans l'oubli, sous le règne de son successeur, longue période de misère, cachée sous les dehors trompeurs du luxe. Les Économistes, dont on ne peut assez louer les efforts courageux, au milieu d'un monde frivole, n'avaient en leur pouvoir aucun moyen d'investigation ; et les encyclopédistes durent par le même motif, se borner à des descriptions technologiques des arts et métiers, sans oser aborder aucune des questions de leur production. Les hommes les plus illustres du XVIIIe siècle, qui, par leurs connaissances et leur haute position, pouvaient le mieux traiter ces questions, Turgot, Necker, Lavoisier, n'ont laissé aucun fait numérique, relatif à l'Industrie, quoique le premier se soit dévoué généreusement pour l'affranchir de la servitude, et que les deux autres connussent bien toute son importance.

C'est pourtant de cette époque, que date le premier document statistique, qui ait été publié sur l'Industrie ancienne de la France. Il parut, en 1789, sans nom d'auteur, sous le titre décevant de Mémoire sur le commerce de la France et de ses colonies. C'est une brochure in-4°, de peu d'étendue, et dont les exemplaires sont fort rares. Elle est de M. de Tolosan, alors inspecteur général du commerce, et dont les investigations remontent à 1788. Son mérite est de faire connaître, par des chiffres authentiques, la valeur de la production des manufactures à cette époque, et le montant des salaires payés pour chaque sorte de fabrication. Les énonciations de la nomenclature ne sont pas toujours aussi satisfaisantes qu'on peut le désirer ; mais les faits numériques sont féconds et fort curieux. Nous nous en servirons avec fruit; ils sont exposés très-simplement et inspirent d'autant plus de confiance, qu'ils ne servent point d'appui à des vues systématiques, et pas même à des conjectures. Toutefois, il est évident que la plus grande partie d'entre eux n'expriment point les totaux de nombres partiels formés par le compte réel des objets. Ce sont, comme tout ce qui a été publié sur l'Industrie jusqu'à la Statistique de France et celle de la Belgique, des chiffres obtenus par déduction. Mais Tolosan étant un esprit judicieux, en a tiré le meilleur parti possible. Il faut consulter l'original de son mémoire, et non les extraits qu'on en trouve dans quelques auteurs, et qui contiennent les plus étranges méprises. Arnould, par exemple, ayant pris les chiffres des salaires pour ceux de la valeur de la production, il s'ensuit que les nombres de ses articles et ceux de ses totaux généraux, sont également erronés.

En 1804, l'Empereur ayant institué la Statistique de France, l'Industrie devint l'objet des recherches immédiates des Préfets. Mais la méthode qui fut adoptée, ne permit pas d'arriver à des notions générales. On entreprit de faire la Statistique par départements, au lieu de la diviser par ordre de matières; en sorte que lorsqu'on voulut rapprocher toutes ses parties séparées pour dresser un travail d'ensemble, il se trouva de nom-

breuses diversités de formes et des lacunes considérables. C'est pourquoi l'important travail de l'Exposé de la
situation de l'Empire présenté en 1813 au Corps légis-
latif, ne répondit pas complétement par son exécution à
la grande pensée qui l'avait conçu. Sa valeur historique
est encore diminuée pour nous, par une circonstance
malheureuse, qui empêche l'utile comparaison de ce
temps et du nôtre. Les départements de l'ancienne
France et les départements réunis, par la conquête,
ayant été amalgamés en régions formées arbitrairement, il n'est pas en notre pouvoir de les séparer aujourd'hui et de restituer les nombres, qui appartiennent
aux uns et aux autres. Nos efforts pour retrouver les
matériaux de ce grand travail qui nous auraient permis
d'opérer cette réintégration, n'ont obtenu aucun succès.

Néanmoins, il faut reconnaître que jusqu'alors, aucun document de notre histoire n'avait employé avec
autant d'intérêt et d'éloquence le langage des chiffres,
et que dans cette occasion mémorable, la Statistique
montra qu'elle était digne de la haute mission, qui lui
était confiée par la politique, celle de peindre l'État social d'un grand peuple. Aucune des puissances de l'Europe n'avait eu jusqu'alors rien de semblable.

Les investigations relatives à la population, furent
faites avec un succès, dont on est surpris, quand on

songe que le beau recensement de 1801 fut exécuté, pendant une guerre implacable, par une administration nouvelle et à la suite de dix ans de subversions. Il s'en faut de beaucoup qu'on ait réussi aussi bien à des époques postérieures, quand les circonstances étaient pourtant beaucoup plus favorables.

La Statistique de l'Industrie, qui est l'une des explorations les plus difficiles, fut à peine ébauchée, quoiqu'on l'eût renfermée dans d'étroites limites afin de rencontrer moins d'obstacles. L'Empereur ne fut pas mieux obéi que Louis XIV. En 1811, sur les quatre-vingt-six départements de l'ancienne France, il y en eut trente-un ou plus d'un tiers, qui ne fournirent aucun des matériaux qu'on leur avait demandés pour constater par des chiffres, quelle était leur industrie; et dans ce nombre étaient : la Seine, le Rhône, la Seine-Inférieure et la Loire-Inférieure. En 1812, dix-sept départements, et en 1813, trois seulement envoyèrent des documents rectificatifs ou complémentaires; mais ils étaient déjà compris dans les cinquante-cinq de l'Empire dont les investigations avaient commencé en 1812, et ce nombre si éloigné du total général, ne put être dépassé. Ces faits numériques sont constatés par des tableaux manuscrits retrouvés, par hasard, vingt ans après, dans un grenier, et dont quelques-uns ont été publiés, par Anthelme

Costaz, ancien chef de division au département du commerce.

L'Exposé de la situation de l'Empire subit nécessaire-ment les effets de cette lacune de 28 pour 100. Il fallut éviter de donner une évaluation précise de la produc-tion industrielle en 1812 ; et c'est seulement par une déduction tirée d'un calcul embrouillé qu'on parvint à la découvrir. L'estimation qu'on en fit la portait à deux milliards, — 2,004,600,000 fr. — mais dans ce compte étaient compris quarante-quatre départements réunis, égalant à peu près par leur surface et leur population, la moitié du territoire et des habitants de la France.

La Production industrielle étant divisée par dépar-tement, en parts supposées égales, était d'environ 15,400,000 fr. pour chacun d'eux. Elle était distri-buée ainsi qu'il suit :

Les 86 départements de l'anc. France..	1,324,400,000 fr.
Les 44 — réunis...........	677,600,000
ESTIMATION TOTALE......	2,002,000,000 fr.

Il faut remarquer que ces chiffres sont implicitement dans l'Exposé de la situation de l'Empire, mais qu'on ne les en a pas encore fait sortir, tant est grande notre indifférence pour les faits numériques les plus essentiels de notre histoire économique !

Quelques conséquences dignes d'intérêt sortent de

ces aperçus. On remarque d'abord, non sans surprise, que la volonté si énergique et si persévérante de l'Empereur ne parvint pas plus que celle de Louis XIV à faire rassembler les matériaux d'une Statistique complète de l'Industrie de la France. La possibilité de cette entreprise fut toutefois prouvée par son exécution jusqu'aux deux premiers tiers. On peut croire qu'elle eût été achevée, s'il avait été possible de la commencer plustôt. C'est toujours la même fatalité qu'elle a rencontrée trois fois : en 1701, ce fut la guerre de la Succession ; en 1811, la guerre d'Espagne, et en 1848, une révolution.

On observe ensuite, dans le document que nous examinons, une très-grande réserve à évaluer la Production industrielle. Il faut dire pour l'honneur de ce temps-là, que l'estimation qu'il en donne, est plutôt au-dessous de la réalité qu'au-dessus, contradictoirement aux opinions accréditées, depuis quarante ans, qui imputent aux Statistiques de l'Empire, d'avoir falsifié les nombres historiques par des exagérations préméditées. Nous avons déjà montré, il y a dix ans, que, quant à la population, ces opinions n'avaient aucun fondement ; et il en est encore ainsi de l'évaluation des produits industriels de cette époque, qui est faite avec la plus grande sincérité.

L'Exposé de la situation de l'Empire, en 1812, est

demeuré comme non avenu pour les Économistes et les Statisticiens, malgré l'intérêt éminent des données historiques qu'il contient. L'oubli qu'on en a fait, doit être attribué d'abord à la complication de ses nombres, qu'il faut décomposer pour reconnaître ce qui appartient à la France et ce qui revient aux départements réunis, mais une autre cause contribua beaucoup à en effacer le souvenir : ce fut la disgrâce où tomba la Statistique, sous la Restauration.

On sait qu'alors, cette science fut stigmatisée parce que l'Empereur lui avait montré une grande prédilection. Les ministres de 1815 la proscrivirent, et signalèrent les recensements et le cadastre comme des inventions révolutionnaires, méconnaissant que leur origine remonte au Peuple de Dieu et aux Pharaons d'Egypte, à quarante siècles de nos jours. Le cadastre obtint sa grâce en considération de l'accroissement d'impôt qu'il promit ; les droits réunis et la conscription en furent quittes pour s'appeler autrement ; mais la Statistique fut abîmée ; ses riches archives disparurent totalement ; ses chiffres furent tarés officiellement de l'épithète de mensongers ; ses meilleurs collaborateurs furent chassés brutalement comme Anthelme Costaz, ou abandonnés à la misère jusqu'à leur mort, comme le savant et laborieux Peuchet.

Ce n'est pas à dire qu'il n'y eut pas à cette époque, des ministres éclairés et d'un beau caractère. Nous devons citer : Gouvion Saint-Cyr, Richelieu, Portal et Martignac dont nous avons vu les nobles efforts, pour arrêter la monarchie sur le penchant de sa ruine. Mais un mauvais génie rendait le bien impossible ou le détruisait aussitôt qu'il allait porter des fruits.

Parmi les tentatives que firent ces hommes d'État pour rétablir les institutions de la Révolution et de l'Empire dont l'expérience avait prouvé l'utilité, il faut rappeler les Expositions de l'Industrie et la Statistique de France. Il semblait que, pour réussir, le Pouvoir n'avait qu'à vouloir ; l'événement montra encore une fois que le succès exige d'autres conditions. L'Exposition de 1827, quoique faite en pleine paix, ne réunit pas 1,700 exposants. Quant à la Statistique, elle échoua complétement, et il ne resta pas le moindre vestige du projet de la rétablir.

Enfin, après un sommeil de cent soixante ans, depuis les tentatives de Colbert, l'institution de la Statistique de l'Industrie, qui avait été ranimée un moment, par l'Empereur, fut tirée de son tombeau ; et le gouvernement de 1830, proclamant sa haute utilité, lui assigna une place à côté de l'Agriculture, au premier rang des investigations destinées à faire connaître les plus grands intérêts de l'État.

La Statistique générale de France fut rétablie en 1831, sur la proposition du ministre du commerce, M. Thiers, adoptée en conseil et bientôt après revêtue de la sanction législative. Instituée dans le même but que la Statistique de Louis XIV et celle de Napoléon, elle en différa seulement par son mode d'exécution; au lieu d'être faite par provinces ou départements séparés, elle fut divisée par ordre de matières, et le territoire, la population, l'agriculture, l'industrie y furent traitées successivement.

Dès le 17 septembre 1839, les trois premières parties étant terminées et publiées en cinq volumes in-4°, la dernière partie fut mise à l'étude par une circulaire adressée aux préfets. Mais un événement imprévu rendit son exécution impossible. Par une mesure fort sage sans doute, et toutefois très-inopportune pour les travaux de la Statistique, le ministre des finances, M. Humann prescrivit de faire un recensement général de toutes les matières imposables. L'opinion publique, qui, dans ce temps-là, était susceptible et irritable au plus haut degré, s'alarma de cette mesure administrative, et l'interpréta comme la menace d'une imminente aggravation d'impôt. Aussitôt les investigations entreprises pour la Statistique industrielle, furent enveloppées dans la même défiance ; et l'on fut réduit à la nécessité de les suspendre, car elles n'auraient donné que de mauvais résultats.

Il fallut attendre jusqu'en 1845, des circonstances favorables, dont on se hâta de profiter. Par malheur, leur durée ne fut pas aussi longue que le travail qu'elles devaient protéger. Deux régions du territoire, comprenant les meilleurs départements industriels, furent entièrement explorées, avec un succès, comparable à celui que nous avions obtenu précédemment dans les investigations sur l'agriculture ; mais en poursuivant cette investigations, nous rencontrâmes une famine et une révolution, avec toutes les tribulations qu'enfantent ces grands événements publics. Il s'ensuivit l'impossibilité d'entreprendre la Statistique de l'Industrie parisienne, et de rendre plus complète la Statistique du Midi occidental de la France, même en répétant ses opérations.

Nonobstant ces lacunes, la Statistique de l'Industrie de la France, publiée sous l'autorité du gouvernement, en quatre volumes in-4°, est encore la première œuvre sur cet important sujet, qui ait été faite avec des détails aussi étendus et aussi multipliés. C'est surtout celle qui réunit les chiffres les plus authentiques, les seuls, avec ceux de la Statistique belge, qui proviennent d'une exploration, par établissement manufacturier, et non par estimation en masse.

Nous allons exposer succinctement les bases de ce vaste travail, afin qu'on puisse apprécier la valeur des chiffres de nos investigations.

Il fut statué que, comme les autres parties de la Statistique générale de France, cette enquête serait faite administrativement, *sans aucuns frais*, par le concours de tous les fonctionnaires publics, avec l'aide volontaire de tous les citoyens notables, les membres des chambres de commerce et des académies des départements, les prud'hommes, les juges de paix et autres personnes éclairées possédant des connaissances locales sur l'Industrie. L'attente de ce concours désintéressé et puissant d'hommes honorables ne fut point trompée ; et l'on doit beaucoup à leur coopération, notamment à celle des ingénieurs des ponts et chaussées et des mines, qui possèdent au plus haut degré la science des explorations.

Le tableau général des Patentés de chaque département, dressé par le ministère des finances, avec le soin qu'exige une perception d'impôt, servit de première base. Il fut divisé en deux catégories : l'une comprenant la liste des manufacturiers, fabricants et entrepreneurs ; l'autre, celle des artisans, marchands et autres exerçant les arts et métiers. Ceux-ci furent réservés pour une investigation postérieure moins importante, puisqu'ils vendent seulement ou mettent en œuvre les produits préparés et livrés à leur commerce par les fabriques et manufactures, constituant la grande Industrie.

Pour acquérir la connaissance de la production, il fut résolu de remonter jusqu'à ses premiers éléments au lieu de l'estimer en masse, par localité, comme on n'est que trop porté à le faire pour se délivrer d'un travail de détail immense et très-pénible.

A cet effet, chaque établissement industriel — manufacture, fabrique ou exploitation, — fut l'objet de recherches statistiques spéciales, diversifiées suivant sa nature, mais exprimant, après l'indication de sa localité, de son propriétaire, de son objet, de sa patente et de son loyer :

1° Les matières premières employées annuellement, désignées par articles, en nombre, en poids, en étendue ou en contenance, avec leurs valeurs séparées et totalisées ;

2° Les produits exploités, fabriqués ou manufacturés annuellement, désignés pareillement en quantités et valeurs ;

3° Le travail exprimé par le nombre des ouvriers : hommes, femmes, enfants, avec les salaires de chaque classe ;

4° Les moteurs : machines à vapeur, moulins à eau, à vent, à manége, et le nombre d'animaux entretenus : chevaux, mulets et bœufs ;

5° Les feux : hauts fourneaux, fourneaux, forges et fours ;

6° Le mobilier industriel : nombre de métiers et de broches, générateurs, machines diverses, etc.

Les nouveaux moyens d'exécution adoptés et mis en œuvre pour obtenir ces données statistiques, furent principalement :

1° L'exploration préalable de chaque établissement manufacturier, séparément ;

2° La rédaction des bulletins descriptifs de ces établissements, faite par les industriels eux-mêmes ou d'après leur déclaration ;

3° La vérification et la rectification du contenu de ce bulletin par le concours des autorités locales et des hommes notables possédant des connaissances technologiques, et réunies en commissions par arrondissements.

Cette vérification trouvait des moyens de contrôle dans les rapports réciproques des chiffres de chaque

bulletin. Il est évident que la production est proportionnelle à la force que possède chaque manufacture en
ouvriers et en machines, et que la dépense qu'exigent
les matières premières, jointe au montant annuel des
salaires, indique quelle est la valeur des produits fabriqués.

Nous avons dû nous borner ici à indiquer sommairement les principales dispositions prises pour l'exécution de la Statistique de l'Industrie de la France; leurs
détails sont consignés ailleurs (1). Quant à leur succès
d'application, il est prouvé manifestement par l'expérience la plus étendue qui ait jamais été faite pour
constater la richesse manufacturière d'un pays.

Il suffira des notions statistiques acquises sur une
seule région, formant le QUART de la France, pour établir qu'il n'existe aucune impossibilité d'exécution dans
la méthode d'explorer l'Industrie par établissement,
et pour montrer quel est l'intérêt des résultats d'un tel
travail.

Le territoire étant partagé en quatre parties égales,
par le méridien de Paris et par le parallèle 47° qui
passe à Nantes, Bourges et Besançon, la région du
Nord-Oriental a fourni les données statistiques ci-après,

(1) *Introduction à la Statistique générale de l'Industrie de la
France*, tome I, in-4°.

qui font connaître avec certitude et précision, l'Industrie manufacturière de ses 21 départements.

Étendue territoriale..   12,843,336 hect. ou 6,502 lieues carr.

Population.........   9,113,702 hab. ou 1,400 par lieue c.

Établissements ma-} 6,844 { non compris les moulins
facturiers........} à céréales.

Valeur des matières premières.   747,715,000 fr.
— des produits fabriqués..   1,138,425,000
— des salaires et bénéfices   390,710,000

Une production semblable dans les autres parties de la France, attribuerait à l'Industrie une richesse de plus de quatre milliards et demi — 4,553,700,000 fr.

La moyenne serait, pour chaque département, de 54 millions. En 1812, elle n'était que de 15,400,000 fr. ou le quart seulement.

Dans cette belle région, chaque établissement donne une production de 165,000 fr., et chaque ouvrier, homme, femme ou enfant, une valeur de 3,000 fr.

En mesurant, par la population, l'étendue des opérations de cette Statistique et, par conséquent, celle du travail qu'elle exigea, joint aux obstacles qu'elle dut surmonter, on trouve que, toute bornée qu'elle est au quart de la France, elle équivaut à deux fois celle de la Belgique, — à trois fois celle des Pays-Bas, — à quatre fois celle des États danois ou de la

Suisse — et qu'elle égale le tiers des habitants des Iles Britanniques.

On ne tient pas assez compte de ces énormes différences, quand on compare les explorations statistiques qu'exige la France, avec celles des autres pays de l'Europe.

Mais un avantage bien plus grand, qui est dévolu aux Statistiques étrangères, et que nous avons été forcé de leur envier souvent, c'est le calme des populations qu'elles calculent, qu'on ne voit point s'effaroucher ou même s'irriter à l'occasion d'un chiffre qu'on leur demande. C'est la stabilité des hommes au pouvoir, qui épargne à une entreprise scientifique le malheur de changer trente fois de protecteurs en vingt-quatre ans, et d'attendre toujours que l'un d'eux soit Colbert ou Turgot. C'est enfin l'absence, en Angleterre, en Allemagne et même en Belgique, de cette propension malfaisante à dénigrer d'abord, les travaux statistiques originaux, et, immédiatement après, à se les approprier pour en faire de méchants livres, qui abusent le public et l'autorité.

La Statistique a le malheur d'être, comme la médecine, une science propice aux charlatans et qui les fait arriver à la fortune, tandis que les vrais savants sont honnis et persécutés.

Le premier Statisticien qu'ait eu la France, Colbert, est mort de chagrin dans la disgrâce, regrettant de n'avoir pas assuré son salut éternel en faisant pour Dieu la moitié seulement de ce qu'il avait fait pour un monarque ingrat.

Et, comme si les peuples le disputaient parfois aux rois d'ingratitude, Lavoisier, dont les connaissances statistiques avaient guidé l'Assemblée nationale dans l'importante et difficile opération de la division de la France par départements, Lavoisier demanda vainement un répit à l'échafaud, non pour sauver sa vie, mais pour achever un travail utile.

Nous pourrions continuer cette triste histoire des savants jusqu'à nos jours ; mais il vaut mieux s'écrier, comme Scipion : Romains, montons au Capitole, pour rendre grâce aux dieux immortels des bienfaits qu'ils ont prodigués à notre glorieuse patrie !

STATISTIQUE

DE

L'INDUSTRIE DE LA FRANCE

PRODROME.

L'Industrie offre, dans son histoire, un exemple frappant et mémorable des grandes vicissitudes de la société moderne.

Abandonnée aux esclaves chez les peuples de l'antiquité, dévolue aux serfs pendant tout le moyen âge, enchaînée jusqu'à nos jours, par les jurandes et les corporations, elle a passé quarante siècles, au moins, dans la servitude, rançonnée comme un ennemi, vendue comme un captif au pouvoir des pirates, opprimée dans les moindres actes de son travail et de son intelligence, châtiée comme le nègre et méprisée comme le paria. Elle est aujourd'hui libre, riche et honorée ; elle est l'arbitre des destinées des premiers peuples du monde, qui lui doivent à la fois, leurs trésors, leur puissance et leur civilisation raffinée.

1

C'est par elle que l'Angleterre a pu doubler sa population en 60 ans, centupler ses revenus, et soutenir, pendant le quart d'un siècle, une guerre, qui a consumé plus de richesses que n'en ont possédé tous les monarques anglais depuis les Plantagenets. — Par elle, qu'en l'espace de deux générations les États-Unis se sont élevés au rang des plus grandes puissances de la terre. — Par elle, que la France a fait, avec le secours suprême de la révolution, plus de progrès en quarante ans que pendant le cours de dix siècles. — Par elle enfin, qu'est établie la hiérarchie des peuples suivant la supériorité de leur civilisation, et, pour ainsi dire, d'après la suprématie de leur État social.

C'est, en effet, l'Industrie qui, pourvoyant aux mille besoins des populations, adoucit les misères de la vie et prolonge nos jours au double de ceux de nos ancêtres. C'est elle qui transforme nos chaumières enfumées et nos vieilles maisons entassées et malsaines, en demeures salubres et agréables; — qui change le bâton du voyageur, le coche, la diligence faisant cinq lieues par jour, en un wagon de chemin de fer dont la vitesse est décuple; — qui fait marcher à l'encontre du vent un vaisseau de ligne, armé d'une hélice; — qui remplace la poste aux chevaux par un fil de fer télégraphique; — qui fait transpercer à la lumière d'un phare, une atmosphère maritime de 15 lieues d'épaisseur; — qui fabrique, dans un seul pays, assez de tissus de coton, pour ceindre trois à quatre fois le globe terrestre, et dans un autre, assez de tissus de soie pour en pouvoir donner 2 à 3 mètres à chacun de ses habitants, grands et petits, au nombre de 36 millions.

Mais aussi, pour récompense de ces œuvres merveilleuses, l'Industrie est-elle élevée, au premier rang des puissances du monde, à côté de l'agriculture et de la force militaire, l'une qui nourrit le pays, et l'autre qui le défend. Elle a pour ministres Colbert et Turgot ; elle demeure au Louvre comme les rois, ou dans un palais de cristal, comme les fées de l'Orient. Elle est servie à l'instar des plus fastueux monarques, par les arts et les sciences, qui concourent à l'envi à ses succès. La chimie, la métallurgie, la mécanique ne cessent de l'enrichir par leurs inventions. Par ses ingénieuses applications, les œuvres des beaux-arts deviennent populaires, et embellissent les soieries lyonnaises, les porcelaines de Sèvres, les tapis de la Savonnerie, les orfévreries d'Odiot, et jusqu'aux papiers de tenture, qui couvrent les murailles des plus humbles demeures.

On dirait volontiers que l'Industrie possède quelque talisman magique, tel que la lampe d'Aladdin. Elle change un hameau en une ville immense et populeuse, et fait d'une vieille capitale décrépite, une métropole splendide, qui n'a plus rien de l'Heptarchie ou des Carlovingiens. Elle fait mieux encore, elle féconde les esprits par ses inspirations : un pauvre ouvrier, un filateur, un tisserand deviennent des mécaniciens habiles, des hommes de génie, qui reculent les limites du possible, et agrandissent la sphère où semblaient renfermées à jamais nos destinées. C'est Arkwright, qui fut barbier jusqu'à l'âge de 36 ans, et dont la machine à filer le coton a fait la richesse de l'Angleterre ; — C'est Jacquart, un ouvrier en chapeaux de paille, dont le métier à tisser la soie a rendu sans rivale la prospérité de Lyon ; C'est le père de Robert Peel, le grand homme d'État, simple filateur de coton, qui, à force de talent et d'énergie, éleva si haut sa fortune, qu'il put soutenir celle de son pays, par les plus grands et les plus généreux sacrifices.

L'Industrie se recommande surtout en fournissant à bas prix à la multitude, tout ce que réclament ses besoins journaliers. C'est sans doute beaucoup que de préserver le peuple des intempéries et de la malpropreté, qui attiraient sur nos ancêtres les fléaux meurtriers des épidémies ; mais elle rend à la société entière des services encore plus grands. Elle donne aux populations, une activité de corps et d'esprit, qui agrandit leurs facultés, et qui les rend capables d'accomplir la mission départie à l'homme, sur la terre : celle de gagner sa vie par son labeur. Elle procure à des myriades d'ouvriers, par des salaires avantageux, la subsistance de leurs familles, qu'ils ne pourraient obtenir de l'agriculture surchargée de travailleurs. En multipliant les professions, elle les assortit à la diversité de capacité de ceux qui doivent les exercer ; et les progrès de chacune en reçoivent plus de facilité. L'affranchissement des arts et métiers a permis à tous de se prévaloir des avantages de la liberté, pour se développer sans crainte des jurandes et des exactions fiscales. Nul n'est plus obligé, comme autrefois, d'acheter du roi, un métier, et de payer à quelque favori, qui en avait le privilège, le droit d'être savetier, bouquetière ou ravaudeuse. La production industrielle, qui s'accroît, chaque jour, en quantité et en valeur, constitue maintenant une richesse commerciale, qui, par ses transmissions successives, égale la valeur de la production agricole. Elle alimente le commerce extérieur et forme presque tout entière les cargaisons précieuses des flottes chargées chaque année dans nos ports. Elle pourvoit sans cesse de marchandises françaises les régions d'outre-mer, qui ont entre elles le diamètre du globe; et ses tissus revêtent également les habitants des deux hémisphères.

Mais, de tous les phénomènes qu'elle produit, le plus important pour le moraliste et le philosophe, c'est le perfectionnement de l'entendement humain, par la diffusion des connaissances utiles. L'industrie contemporaine a fait naître par les inspirations de ses nécessités, plus de dessinateurs, de calculateurs, de mécaniciens, de chimistes, que tous les enseignements n'en avaient pu produire pendant des siècles. Elle a infusé dans des populations nombreuses d'ouvriers, des habitudes d'ordre, de devoirs, de réflexions, de recherches, et même parfois une certaine contention d'esprit, qui conduit à des inventions dont le pays se glorifie justement. Elle a créé, par l'expérience de ses pratiques journalières, une classe d'hommes estimables et utiles, celle des contre-maîtres, qui possèdent la science précieuse de l'exécution, avec ses ressources ingénieuses et hardies. Les récompenses qui excitent le mérite, ne peuvent être mieux placées que parmi ces gens d'élite.

Enfin, pour terminer cette longue nomenclature, que nous abrégeons de beaucoup, c'est à l'industrie que le monde moderne doit les notions d'Économie politique, qu'il possède.

L'obligation de tout supputer, de balancer les dépenses et les profits, d'apprécier les avantages des débouchés, de prévoir les événements et d'en déterminer l'influence, l'ont rendue familière avec les intérêts de la société, et lui ont permis d'enseigner, par son exemple, comment on doit en faire une étude approfondie pour bien administrer le pays. On ne saurait douter de ce bienfait de l'industrie, en voyant que les princes et les ministres, qui ont le mieux connu ses intérêts et qui s'en sont occupés avec le plus de succès, sont précisément ceux qui se sont montrés les plus savants économistes et les plus grands hommes d'État. On peut citer Sully, Colbert, Turgot, et joindre à ces noms consacrés par notre histoire, plusieurs noms contemporains.

La prospérité si constante de l'Angleterre tient indubitablement à ce que, dans le conseil de la couronne, il y a toujours des économistes du plus grand mérite, et qui lutteraient de science avec nos plus célèbres professeurs. En France, l'éducation, les habitudes, l'empire des événements rendent infiniment rare la réunion du savoir, du pouvoir et de l'expérience ; on pourrait cependant en trouver quelques heureux exemples ; mais, en général, les progrès de l'Industrie appartiennent à l'Industrie elle-même ; ils sont dus aux inspirations d'un pauvre ouvrier, à la persévérance d'un fabricant obscur, aux combinaisons de quelque savant, qui risque d'être bientôt spolié de son invention, parce qu'il n'a pas et n'aura jamais les 1500 francs nécessaires pour lui en assurer la propriété. Par une fatalité, qui semble inévitable, ce n'est pas à l'auteur d'une découverte utile, qu'est réservé l'honneur ou l'avantage qu'il avait droit d'en attendre. Quand on lui rend justice, il y a longtemps que la misère ou le chagrin ont terminé sa vie.

Depuis les temps les plus éloignés jusqu'à nos jours, qui, grâce à Dieu, sont meilleurs, l'industrie compterait aisément combien de fois le vent de la fortune a favorisé ses progrès. Jamais elle n'a trouvé, dans aucun pays, une munificence, une prédilection, comme celle de Léon X et de Louis XIV, pour les beaux-arts. La sagacité de Henri IV et la pénétration de Colbert pressentirent qu'il y avait là un trésor caché, un diamant recélé dans une gangue grossière. Mais il fallait à l'industrie plus que des encouragements, dont la durée était passagère, comme la vie ou le pouvoir de ses protecteurs. Il fallait qu'elle se signalât par de grands services, et qu'elle acquît, par eux, le haut rang qu'elle occupe maintenant dans la hiérarchie sociale. Tant qu'elle borna ses efforts à fournir à l'ancienne France, des objets de luxe, elle fut considérée comme un apanage de la cour, une sorte de manufacture royale tellement étrangère au pays qu'aucun nom collectif ne lui était donné, et que ses productions étaient confondues avec les produits infimes des arts et métiers.

Mais, lorsqu'en 1792, la France fut menacée par les armées de l'Europe d'être envahie, asservie et partagée comme la Pologne, l'industrie, qui venait d'être déclarée libre, se montra soudain digne de sa nouvelle destinée. Elle improvisa dans ses ateliers, élevés partout comme par enchantement, des moyens de résistance qui surpassèrent, par la rapidité de leur exécution et par leurs quantités innombrables, tout ce qu'avaient pu faire jusqu'alors, dans leurs plus grands efforts, les nations les plus énergiques. La production du fer et sa transformation en armes de toute espèce furent décuplées ; les cloches devinrent des canons, le salpêtre sortit de tous les murs, le papier fut changé en or, la télégraphie fit franchir l'espace à la

pensée, les aérostats servirent de machines de guerre, l'artillerie put courir au grand galop sur l'ennemi et mérita
véritablement l'épithète de volante par la rapidité de ses
mouvements. Un million de volontaires et le double de
gardes nationaux furent habillés, armés, équipés de la
tête aux pieds, par des manufactures qui n'avaient pas trois
mois d'existence. Sans doute, les produits de ces établissements spontanés étaient fort imparfaits et ne ressemblaient guère à ceux qui les remplacent aujourd'hui, avec
tous les avantages d'une industrie élaborée. Néanmoins,
ils remplirent leur objet comme s'ils eussent été d'une
fabrication supérieure ; leurs secours furent immenses,
pareils aux besoins qui les réclamaient; et jamais l'intelligence humaine n'a enfanté tant de merveilles, pour se-
conder la force de résistance d'un peuple qui défend ses
foyers domestiques et son indépendance nationale. Mais
aussi jamais la récompense n'égala mieux la grandeur des
services. L'industrie, qui naguère végétait dans l'oppres-
sion comme une faible plante, devint, dès qu'elle fut
libre, semblable à ces arbres des régions tropicales dont
les vigoureux rameaux s'élancent de toutes parts, et se
couvrent à la fois de fleurs et de fruits. Son nom, qui
n'exprimait autrefois que la dextérité, l'adresse, l'habileté,
changea de signification, et il est maintenant synonyme de
richesse et de puissance sociale.

C'est qu'en effet, l'industrie partage avec l'agriculture,
le soin tutélaire de pourvoir aux besoins des populations:
d'être, comme elle, le premier élément de la fortune
publique et des revenus de l'État; de nourrir aussi,
comme elle, par ses salaires, tout un peuple d'ouvriers;

et enfin, d'exercer, comme une agriculture éclairée et
prospère, la plus heureuse influence sur le développement de la civilisation.

Cette influence, la plus haute et la plus noble que puissent avoir les œuvres humaines, l'industrie l'obtient par
ses progrès, qui agissent au moyen d'une triple action sur
le bien-être de la société :

    1° En multipliant ses produits usuels ;

    2° En améliorant leurs qualités ;

    3° En abaissant leurs prix.

1° Un produit rare est pour ainsi dire non avenu. Il n'importe pas à l'industrie d'un pays, qu'un prince ait, par un
exemple unique, comme Alexandre Sévère ou Henri VIII,
des chemises ou des bas de soie. Lorsque les Valois et
leur cour s'habillaient de brocarts et de soieries lamellées
d'or, importés à grands frais d'Italie, la toile, ce tissu indispensable, était en France si peu commune, que l'héritier de la couronne, Henri IV, n'avait pas une douzaine de
chemises, et encore étaient-elles déchirées.

Des recherches statistiques, prescrites par Colbert, montrent que, sous le règne de Louis XIV, les fabriques de
lainages, y compris les camelots, serges et autres tissus
inférieurs, ne fournissaient qu'un mètre d'étoffe par habitant; ce qui suppose qu'à cette époque de splendeur, une
grande partie de la population du royaume n'était vêtue
que de tissus grossiers faits dans les campagnes, sous le
chaume domestique. Quelques chiffres recueillis par le
grand ministre, peignent au naturel ce temps de luxe et
d'indigence. On comptait alors 17,300 ouvriers en dentelles ou 30 p. 100 du nombre des ouvriers en laine; pro-

portion singulière, qui nous enseigne quelle part avait, au
XVIIe siècle, la somptuosité alors qu'on manquait du nécessaire.

La même influence durait encore cent ans après ; et la
frivolité de la mode donnait à des produits d'un usage
devenu étrange, une importance industrielle bien supérieure à celle d'autres produits tout autrement utiles,
puisque nous leur devons de pouvoir multiplier les chefs-
d'œuvre de l'esprit humain. En 1788, les amidonneries
recevaient une telle extension de la fabrication de la
poudre dont on se couvrait alors la tête, que leur production annuelle valait le triple de celle de toutes nos manufactures de papier. Chose bizarre ! On dépensait dans ce
temps, pour couvrir de poudre sa chevelure, infiniment
plus que pour payer le savon, qui devait nettoyer toutes
les souillures du linge de la population entière. La différence était de 33 p. 100 en faveur de la dépense futile.

La pénurie des produits industriels les plus nécessaires
était si grande, il y a seulement 68 ans, lors de la prospérité la plus éminente de la vieille monarchie, qu'il était
rare qu'un ouvrier ou un paysan eût plus de deux chemises, et souvent il n'en avait pas du tout. Tous les habitants des campagnes marchaient nu-pieds, et les bas
étaient, parmi eux, un luxe inusité.

Il est difficile de se faire aujourd'hui une idée exacte
des changements introduits dans la vie domestique par la
multiplication des produits industriels. Tout a été modifié, transformé, renouvelé par cette cause, et centuplé
plusieurs fois par sa puissance et sa durée. Nous n'en citerons qu'un seul exemple : on sait que le fer est l'agent

universel des forces sociales soit par son emploi immé-
diat, soit par les innombrables machines dont il est la
matière essentielle, depuis le soc de la charrue jusqu'au
ressort de nos montres. Un témoignage positif, celui de
Tolosan, nous fait connaître qu'en 1788, la fabrication de
la fonte, qui est la matière première du fer, n'excédait pas,
en France, la quantité de 98 millions de kilogrammes.
En 1846, la même production s'est élevée à 522 millions,
ou plus de cinq fois autant. Elle était autrefois de 4 kil.
par habitant; elle est maintenant de 15 kil., ou presque
le quadruple, quoique la population se soit accrue d'un
quart. Il faut en induire que la production des objets industriels dont le fer est le principal élément, s'est étendue
dans le même rapport, et que chacun possède aujour-
d'hui, dans cette production, une part quatre fois aussi
grande que s'il avait vécu en 1788. Cet accroissement de
quantité a multiplié des myriades d'objets utiles, depuis
les aiguilles et les couteaux jusqu'aux lancettes et aux
plumes d'acier; et de plus, il a enfanté tous ces grands
ouvrages en fer essentiels à la vie sociale des peuples :
les ponts, les viaducs, les bateaux, les locomotives, les
voies ferrées, l'artillerie des vaisseaux et des places fortes,
et toutes les armes destinées à défendre le pays.

2° L'amélioration de la qualité des produits industriels
est moins frappante que leur multiplication, parce qu'elle
s'opère par degrés peu sensibles. D'ailleurs, elle ne peut
être exprimée par des chiffres, mais elle n'en est pas
moins infiniment grande, et la mémoire du vieillard peut
en porter témoignage. Il ne faut pas remonter à beaucoup
d'années pour se rappeler d'avoir vu, sur toutes les tables,

au lieu de notre brillante cristallerie, des timbales d'argent
ou d'étain, ou des gobelets d'un verre verdâtre à culots
épais et rugueux. La faïence lourde, grossière, fendillée,
peinte grotesquement, était digne en tout de la verrerie.
Les tissus n'étaient pas mieux élaborés. Le blanchiment
n'ayant pas encore été découvert par Bertholet, les toiles
étaient employées telles que les fils de chanvre et de lin
les donnaient, avec leur couleur naturelle, jaune de bois,
qu'elles conservaient jusqu'à ce qu'elles fussent à moitié
usées. Les lainages, au contraire, recevant la teinture en
pièces, la gardaient si mal qu'on reconnaissait, à ses mains
noires ou bleues, celui qui avait un habit neuf.

Les défectuosités des anciens produits industriels étaient
aussi grandes que nombreuses, et parfois elles avaient des
effets très-graves. La fonte, de 1786 à 1789, que nous avons
examinée comme artilleur, en 1792, dans les arsenaux de
la marine, était poreuse et grenue ; et les pièces d'artillerie, que nous avons vues éclater, lui devaient toutes leur
origine. L'acier des sabres n'était que du fer. Le doublage en cuivre des vaisseaux, qui était si dispendieux,
manquait de solidité. La conservation de l'eau, dans des
futailles, à bord des navires, faisait boire aux équipages la
plus dégoûtante infusion qu'on puisse imaginer.

Parmi les produits destinés à la consommation domestique, il y en avait une foule tarés des plus mauvaises qualités. Le savon était mou et gluant ; on ne savait le fabriquer qu'à Marseille. Le sucre refusait à la raffinerie, de se
cristalliser et de se blanchir ; il restait en cassonade.
Quand on réussissait à le mettre en pains, il ressemblait
par sa couleur à du sucre brut. Il n'y avait point de blanc

de baleine, de stéarine, de bougies autres que celles de cire. Dans les provinces de l'Ouest, on brûlait de la résine, qui crépitait, sentait mauvais et donnait une lumière bleue. Partout on faisait la chandelle à la trempe, par des couches ajoutées successivement. Le papier commun était, dans son usage journalier, une source de chagrins pour les écoliers et les pauvres auteurs ; il buvait l'encre, et l'écriture devenait indéchiffrable. Combien de fois, au collége de Rennes, nos professeurs ne nous ont-ils pas punis pour ce méfait, attribuant à l'incurie de leurs élèves la détestable fabrication du papier dont ils se servaient.

3° L'abaissement du prix des objets est un bienfait inappréciable de l'Industrie. Il a pour cause la multiplication des produits, dans un rapport numérique excédant de beaucoup l'accroissement progressif de la population. Il résulte également de l'amélioration des qualités, qui prolonge la durée des objets, et qui les maintient plus longtemps au service de la consommation. Les effets du meilleur marché appartiennent aux faits économiques les plus importants de la vie domestique des peuples. Un abaissement de prix étend soudain la consommation de l'objet, qui l'éprouve, et y associe une multitude de personnes qui en avaient été privées jusqu'alors. Le cercle du Bien-être public s'agrandit ainsi par degrés, à chaque nouvelle accession ; et l'existence devient moins rude et plus facile, jusque dans les derniers rangs de la population. Quand une chemise coûtait trois francs, c'était presque un objet de luxe pour le pauvre ; maintenant qu'on en a deux ou trois pour la même somme, tout le monde peut se procurer cette jouissance, inconnue à l'antiquité. Le sucre est sans doute encore trop cher pour être une consommation générale ; mais pourtant on peut en acheter aujourd'hui quatre livres pour le même prix que coûtait une seule en 1788, quand nous possédions cependant Saint-Domingue, la plus féconde des terres tropicales où jamais ait été cultivée en grand la canne à sucre.

Quoique l'histoire des prix soit un ouvrage de statistique encore à faire pour la France, nous pourrions augmenter considérablement le nombre de ces exemples. Nous nous bornerons à en citer un seul de plus, mais il est d'une haute importance. Il s'agit du fer, la matière essentielle des machines, qui sont, pour ainsi dire, l'âme de l'Industrie.

Nous avons déjà rapporté que Tolosan, qui est une autorité contemporaine et officielle, affirme, qu'en 1788, la production de la fonte était de 98,000 tonnes, chacune de 1,000 kil., évaluées en masse à 31,360,000 fr. C'était 320 fr. la tonne. En 1844, cette production s'élevait à 427,000 tonnes, valant ensemble 46,981,000 fr., ou 110 fr. chacune. Le prix de la fonte s'est donc abaissé en soixante ans de 210 fr. par tonne ; — ce qui constitue, pour la valeur de ce produit, une diminution de prix des deux tiers, comparativement au prix de cet objet important en 1788. En se rappelant qu'il s'agit ici de l'agent des forces humaines appliquées à l'agriculture, à la guerre, à la marine, à l'industrie, on pourra apprécier quels prodigieux effets ont été produits, par un abaissement de 67 p. 100, dans la multiplication de toutes les choses utiles à l'amélioration de la société. C'est ce qui explique les progrès encore plus grands d'un pays voisin assez heureux pour avoir le fer à meilleur marché que nous. C'est pourquoi pareillement la

France contemporaine possède une supériorité si merveilleuse sur la France ancienne, douée cependant des mêmes
avantages matér: ls, et possédant pour les faire valoir tant
de beaux et immortels génies.

Nous avons exposé rapidement, dans ces pages, les services rendus par l'Industrie, au Pays et à la civilisation;
et nous avons rappelé ses titres aux encouragements et
aux récompenses de l'autorité, — à l'estime publique, —
à la faveur populaire, — et à l'intérêt de l'historien, de
l'Économiste et de l'homme d'État.

Mais, nous ne nous aveuglons pas sur ses défectuosités;
et nous regrettons de ne pouvoir contester la justice des
censures, dont elle est l'objet. L'unique excuse que nous
puissions alléguer, pour en atténuer la rigueur, c'est que
les autres œuvres humaines ne sont pas plus qu'elle à
l'abri des mêmes reproches.

Elle a, ainsi que le commerce, ses naufrages désastreux,
ses banqueroutes causées par le malheur, l'imprudence ou
la mauvaise foi.

Elle partage les mêmes fatalités que l'agriculture : les
bas prix ruineux, les méventes, les mauvaises spéculations, les disettes et la misère, que produisent les chômages parmi ses populations d'ouvriers.

Elle a, dans ses hautes régions, comme les vieilles aris-
tocraties, l'orgueil de la fortune, l'égoïsme de la richesse
et l'effroi des innovations les plus nécessaires.

Elle a aussi, comme les démocraties turbulentes, ses
perpétuels mécontentements, ses ligues secrètes, ses tri-
buns audacieux, et même ses factions violentes armées,
par l'erreur, des torches de la guerre civile.

Elle a, enfin, comme ces peuples ingrats de l'antiquité, qui haïssaient et bannissaient leurs bienfaiteurs, une tendance continuelle à méconnaître les enseignements du passé, et à aliéner ses libertés par des coalitions de maîtres ou d'ouvriers, des monopoles, des priviléges, des syndicats, des compagnies exclusives, des devoirs de compagnonnage, oubliant qu'elle ne doit sa prospérité qu'à son affranchissement de toutes ces institutions de servitude.

On doit remarquer que, parmi ces maux, il en est très-peu qui ne soient un héritage de l'autre siècle, et qui ne proviennent de ses traditions et des préjugés qu'il nous a légués. La plupart assurément ne sont pas inévitables et sans remèdes ; et l'action du temps, secondée par les efforts d'une sage législation et d'une administration habile et vigilante, ne peuvent manquer de faire disparaître ces derniers vestiges du passé.

Pour faire connaître, par des faits historiques et numériques, le vaste et difficile sujet que l'Industrie offre à l'étude des esprits studieux, nous avons entrepris d'en dresser une Statistique, basée sur des chiffres officiels ou authentiques. Afin de donner à ce travail l'avantage de présenter la comparaison de l'Industrie contemporaine avec celle d'autrefois, nous l'avons accompagné de recherches qui montrent quel était, aux principales époques de nos annales, l'État de l'Industrie de la France. Il y a, dans cet exposé, des enseignements dont peuvent profiter le présent et l'avenir. On y trouvera, de plus, la certitude d'une vérité consolante, dont on est tenté de douter, en voyant les tristes effets des perturbations sociales. C'est que, si le progrès, cet attribut essentiel de la civilisation, est ralenti parfois au point de devenir imperceptible pendant les temps désastreux, bientôt il reprend son essor et devient, après de mauvais jours, plus rapide, plus propice et plus puissant que jamais.

Ces pages renferment aussi le témoignage d'un autre fait capital, caractéristique de l'Industrie, et qui lui mérite le plus grand éloge qu'on puisse faire d'aucune œuvre humaine. C'est que, si pour mesurer la grandeur des institutions civiles, on recherche le nombre et l'étendue des bienfaits qu'elles répandent parmi les peuples, on ne trouve, après l'agriculture, aucune source de bien-être, de richesse et de prospérité, qui puisse égaler l'Industrie.

Le travail suivant n'est point, quant aux chiffres qu'il renferme, une compilation d'ouvrages imprimés. Il est formé de données numériques officielles, originales, manuscrites, recueillies aux sources primitives, par l'autorité du Gouvernement, et élaborées par nos soins personnels et sous notre Direction, pour servir à la continuation de la Statistique de la France.

Ses principales parties sont :

1° La Statistique des Lainages ;
2° — des Cotons ;
3° — des Soieries ;
4° — des tissus de Lin et de Chanvre ;
5° — des Fers de toute sorte ;
6° — des autres produits minéraux, végétaux et animaux ;
Suivie d'un Sommaire général récapitulant les données

numériques essentielles, et exposant leurs résultats économiques principaux.

A la suite de cette investigation numérique, nous n'avons
pu passer sous silence un grand événement très-récent, et
qui exercera sans doute une heureuse et puissante influence
sur l'industrie de la France et celle des autres États dans les
deux hémisphères. C'est l'Exposition universelle de Londres
en 1851, et de Paris en 1855.

Une institution de la république, limitée, en 1798, à une
centaine d'exposants, s'est développée après un sommeil de
soixante ans, au point d'en réunir plus de deux cents fois autant, et de devenir tout à fait incomparable en richesse, en
beauté et surtout en génie.

Nous ne pouvions nous attendre à voir se réaliser si promp-
tement, et avec un cortége aussi magnifique de témoignages
matériels, nos prévisions sur l'avenir de l'industrie et nos
vœux pour sa prospérité; et c'est un grand bonheur pour nous
d'avoir prophétisé par le calcul cet immense progrès social.

CHAPITRE PREMIER.

I. Historique. — Les lainages forment une grande et belle industrie. Ils le disputent d'antiquité à la fabrication des toiles, et de richesse à celle des cotons si favorisée par ses bas prix. Ils l'emportent d'utilité sur la magnifique industrie des soieries qui est un luxe, et sur la féconde industrie des cotons, dont nous nous sommes passés depuis les temps les plus reculés jusqu'à nos jours.

Leurs progrès ont pour origine les encouragements de Colbert; mais ils ne sont devenus remarquables que depuis l'affranchissement des arts manufacturiers par l'abolition des jurandes et des maîtrises. Il est étrange qu'on n'ait pas encore essayé de les calculer, et de déterminer la marche de l'un des bienfaits de notre civilisation. Voici des chiffres officiels, qui exposent les données de ce problème.

Valeur comparée de la production des lainages.

				Autorités.
1788.	225,000,000 fr.	9 fr.	par habitant.	Tolosan.
1812.	238,000,000	8	—	Chaptal.
1850.	414,000,000	13	au minimum.	Chiffre officiel.

Non compris la fabrication des campagnes.

L'accroissement absolu de valeur a été :

En 24 ans, de 13 millions, ou   6 p. 100.
En 38 ans, de 176   —   ou 175 —

La valeur actuelle de la production des lainages atteint presque le double du terme qu'on lui attribuait en 1812, et qui pourtant était très-probablement exagéré. Cependant cette industrie n'éprouvait pas alors la concurrence du coton, qui borne aujourd'hui son essor. L'accroissement en quantité est beaucoup plus grand que celui en valeur, attendu la diminution générale des prix, quoique les tissus soient devenus d'une meilleure qualité, par les effets combinés de l'amélioration des matières premières, de l'usage des machines et de la supériorité de tous les moyens de fabrication.

On peut fixer aux termes généraux ci-après, les éléments statistiques de la production des laines brutes, filées et tissées.

Laine brute. Valeur : 252 millions de francs.
— filée.   — 300 —   Accroissement : 48 millions.
— tissée.   — 414 —   —   114

Accroissement de valeur....... 162 millions.

La filature et le tissage des campagnes, qui sont encore considérables dans plusieurs parties de la France, élèvent à 500 millions la valeur annuelle de nos tissus de laine. Il y a :

100,000 ouvriers employés à la filature,
143,000 —   au tissage des manufactures,
8,000 —   à la peignerie et à la foulerie,
49,000 —   dans les campagnes, approximativement.

300,000 ouvriers en laine.

Nos 35 millions de moutons donnent chacun pour 6 fr. de laine brute. — 100,000 ouvriers avec des machines, donnent chacun à cette laine, en la filant, une valeur annuelle de 480 fr. — 143,000 autres ouvriers élèvent chacun cette laine filée à une valeur de 2,900 fr., en la façonnant en tissus, diversifiés à l'infini. — En résumé, 300,000 ouvriers des fabriques et des campagnes produisent pour 500 millions d'étoffes de laine. Le travail de chacun entre pour 1,700 fr. par an dans cette valeur, par un terme moyen approximatif.

La richesse enfantée par les laines et les lainages, équivaut au tiers des dépenses de l'État, — au septième de la valeur de la production industrielle, — et au treizième ou au quatorzième de la production agricole de la France, selon le prix des céréales.

Il serait d'un grand intérêt de pouvoir comparer les données statistiques, que nous venons d'exposer, avec celles des autres pays producteurs de lainages; mais on ne trouve guère que des chiffres incomplets et imparfaits sur cet important sujet.

Nous exposerons successivement dans ce chapitre :

1° La Statistique des laines brutes;

2° Celle des laines filées;

3° Celle des tissus de laine; savoir :

    A. Les draps.

    B. Les autres tissus.

II. LAINE BRUTE. — La France possède 34 à 35 millions de moutons; savoir :

		Kilogrammes.
24 millions indigènes, dont la toison pèse 1 kil. 1/2.		36 millions.
10 — mérinos, saxons ou métis, dont la toison pèse 3 kil....................		30 —
34 millions, donnant en suint annuellement.....		66 millions.
1 — de toisons étrangères importées........		5 —
35 millions de toisons...................		71 millions.

Les valeurs sont ainsi qu'il suit :

	Francs.
La laine des moutons indigènes, à 2 fr. le kil...	72 millions.
La laine des mérinos et métis, à 5 fr. le kil......	150 —
La laine des toisons d'espèces supérieures importées..	40 —
TOTAL de la valeur des laines employées annuellement.....................	262 millions.

Les 66 millions de kil. de laine en suint, ne donnent guère, après le lavage et le dégraissage, que 22 millions de kil. de laine lavée, dont un tiers est fine et deux tiers sont de moindre qualité. Si l'on en déduit la laine exportée en tissus, il ne reste pas un demi-kil. à la consommation annuelle de chaque habitant de la France, ou moins d'un mètre de drap. C'est une pénurie extrême pour le temps où nous vivons. On peut dire même que c'est une calamité publique, car le pauvre est privé des vêtements de laine qu'exige la rigueur du climat.

Il faudrait augmenter le nombre de nos troupeaux ou bien les améliorer, alternative qui accroîtrait la production des laines, car on peut doubler par le seul perfectionnement des races, la quantité du poids des toisons. Il est probable que l'un et l'autre moyen peuvent être employés très-avantageusement selon les localités; et les progrès obtenus, depuis cinquante ans, prouvent la possibilité d'en obtenir encore d'aussi grands.

Il est presque superflu de dire que, dans les calculs relatifs à des masses aussi grandes, aussi complexes et de valeurs aussi variables, il ne s'agit que d'approximation, et que quelques millions de plus ou de moins ne sont pas une affaire. La Statistique poussée aux derniers chiffres des nombres, est tout à fait illusoire dans les appréciations générales de l'Industrie.

Excepté les Iles-Britanniques, le Danemark, l'Espagne et la Prusse, aucun pays de l'Europe ne possède autant de moutons que la France, proportionnellement à la population. Mais non-seulement l'Angleterre proprement dite en a le double ou davantage ; de plus, les siens étant de races supérieures fournissent une production de laine bien plus grande. La différence des toisons est presque de moitié. Ce ne sont cependant pas les pâturages à moutons qui nous manquent, et dont le défaut puisse nous empêcher de multiplier ces animaux si utiles. Nous avons en pâtis, landes et bruyères, près de 10 millions d'hectares, ou un cinquième du domaine agricole, faisant 4,652 lieues carrées, égales à l'étendue du royaume de Naples et Sicile. Quant au perfectionnement des races, sa complète possibilité trouve sa preuve dans l'état actuel des choses. Les efforts qui ont été faits depuis un demi-siècle, ont déjà réduit de moitié la production des laines communes et grossières, les seules qu'il y eût autrefois ; elles sont remplacées par des laines de mérinos et de métis plus ou moins fines, mais dont la masse n'est pas inférieure à la leur, et dont le prix est tout au moins doublé.

Un grand événement économique rend d'une nécessité pressante la conversion de nos anciennes laines celtiques en laine d'Espagne, de Saxe ou d'Angleterre; c'est la production imprévue de toisons d'espèces supérieures, par les innombrables troupeaux de l'Australie. Cette colonie, qui, en 1819, ne fournissait à l'Angleterre que 74,000 livres pesant de laine, lui en a envoyé, en 1852, l'énorme quantité de 75 millions de livres pesant, valant 215 millions de francs. Ce débordement dont sont menacés les pays du continent, va permettre aux fabriques anglaises de faire des lainages à des prix si bas que toute concurrence deviendra impossible. C'est un grave sujet de méditation. Les lainages anglais, fabriqués avec des toisons australiennes, à 30 p. 100 au-dessous du prix des nôtres, s'empareront de tous les marchés étrangers, et nous perdrons un commerce qui s'est élevé, en 1851, à 150 millions. Il faut ajouter, en outre, qu'une prime aussi forte que celle qui peut être donnée à la contrebande, pour l'introduction de ces lainages en France, rendra nos douanes fort inefficaces contre leur invasion. Le renouvellement des encouragements donnés par l'Empereur à l'accroissement de nos troupeaux et à leur amélioration la plus prompte est donc évidemment au nombre des mesures les plus essentielles et les plus urgentes.

En 1812, il fut calculé, pour l'Exposé de la situation de l'Empire, qu'avec les 44 départements réunis, la France possédait 35 millions de moutons, savoir:

33,827,000 indigènes produisant	55,500,000 kil. de laine.	
1,309,000 améliorés	—	3,921,000 —
201,000 mérinos	—	603,000 —

Les premiers fournissaient des toisons d'un kilogramme et demi et les autres en donnaient de 3 kilogrammes.

Par une estimation sortie de documents incomplets et imparfaits, on portait la valeur des étoffes de laine fabriquées dans les 130 départements à 370 millions de francs, — et celle des matières premières à 160 millions dont 129 en laine indigène et 31 en laines importées. A ce compte la matière première ne serait entrée que pour 43 p. 100 ou 2 cinquièmes dans la valeur des tissus. Il en est autrement aujourd'hui. Il faut à nos 86 départements 71 millions de kilogrammes au lieu des 60 millions qui suffisaient à la France impériale, peuplée de 43,044,000 habitants. Leur valeur s'élève à 262 millions de francs; ils produisent pour environ 400 millions de tissus pure laine ou mélangés. Ainsi la laine entre pour 65 et non 43 dans la fabrication de ces tissus; sa valeur en forme les deux tiers au lieu de deux cinquièmes. C'est une différence très-grande; et il y a tout lieu de croire qu'en 1812 des exagérations considérables s'étaient introduites dans les évaluations des lainages, qui étaient alors fabriqués, et qui, en réalité, ne valaient guère que 240 millions quoiqu'ils fussent portés à 370.

La quote-part de chaque habitant dépassait à peine 5 fr. 50 il y a 38 ans; elle s'élève maintenant à 11 fr. 50, ou plus du double. C'est beaucoup, mais il faut espérer encore davantage.

III. LAINES FILÉES. — L'art puissant du XIXe siècle étant intervenu dans la production des laines, a montré qu'en changeant les races de moutons ou en les croisant on pou-

vait réussir à doubler le poids de leurs toisons et à décupler leur beauté et leur bonté. C'était un prodige enfanté par l'industrie agricole ; en voici un autre presque de
la même époque, qui fut produit par le génie merveilleux
de la mécanique appliquée à l'Industrie.

.Pendant cinq à six mille ans, c'est-à-dire depuis l'enfance des sociétés les plus vieilles, les peuples de l'Orient,
dont cependant l'esprit ingénieux a découvert tant d'admirables inventions, ne se servirent que de la quenouille,
pour filer la laine. C'est au moyen de cet instrument du
travail domestique qu'étaient préparés, pour Auguste et
pour Charlemagne, les fils des tissus dont les femmes et
les filles de ces monarques faisaient de leurs propres mains
les vêtements impériaux ; et c'est encore ainsi, à moins
que nos innovations ne s'étendent à l'Olympe, que les
Parques filent les destinées humaines.

Les machines à filer le coton, établies définitivement en
1770 par Arkwright, et la puissance de la vapeur qui leur
fut appliquée, en 1785, par James Watt et Boulton, donnèrent des modèles, pour filer la laine à l'aide des mêmes
moyens. La défense, sous peine de mort, d'exporter d'Angleterre les machines, et une guerre de 25 ans qui rompit
toute communication avec ce pays, mirent obstacle à l'introduction en France de ces procédés rapides et économiques de fabrication. Ce ne fut même pas sans peine qu'ils
furent adoptés dans la Grande-Bretagne, dont ils ont fait
la richesse et la gloire. Les perturbations qu'ils apportèrent avec eux, comme toutes les révolutions, leur attirè-
rent la haine et les hostilités des ouvriers qui, pendant
plusieurs années, s'ameutèrent pour les briser, et en dé-

truisirent un nombre immense. Dans leur application à nos manufactures, ils trouvèrent d'autres ennemis : l'attachement à une routine qui régnait héréditairement, et surtout les difficultés inhérentes à des mécanismes nouveaux qu'on ne sait ni construire ni conduire. Le temps, la liberté de l'industrie, les prospérités de la paix ont triomphé de tout ; et maintenant la filature de la laine à la mécanique est une acquisition nationale, confirmée par de longs et brillants succès.

Il ne faut pas croire que ce fut une adoption pure et simple des machines anglaises. Les modifications furent si grandes et si nombreuses qu'on peut dire que ce fut presque uniquement le système qui fut naturalisé en France, avec ses idées fécondes, d'où jaillirent une multitude de perfectionnements nouveaux.

La laine brute est, comme on sait, de deux sortes dont l'origine, la nature et le traitement industriel diffèrent considérablement. L'une est celle provenant de la race des troupeaux celtiques. C'est la laine commune ; elle est noire, brune ou blanche, formée de fils crispés, recroquevillés, emmêlés, comme la chevelure des nègres ; elle exige l'emploi de la carde, pour la préparer à la filature. L'autre est la laine longue, lustrée, plus ou moins fine, que donnent les moutons d'Espagne, de Saxe et des troupeaux améliorés d'Angleterre. Au lieu du cardage, elle demande seulement à être peignée. Voici des chiffres qui font connaître approximativement la part de chacune de ces sortes différentes, dans les laines filées en France, à l'époque de 1850.

	Quantités.	Valeurs.
Laine cardée............	31 millions de kil.	62 millions de fr.
Laine peignée..........	35 —	190 —
TOTAUX.........	66 millions de kil.	252 millions de fr.
Emploi en laine brute....	5 —	10 —
TOTAL de la laine employée	71 millions de kil.	262 millions de fr.

Il n'y a rien dans le passé qu'on puisse comparer avec ces curieuses et importantes données statistiques, les faits qu'elles représentent étant contemporains. Quand Douglas et Cockerill établirent en 1811, sous les auspices de l'Empereur, les premières machines à carder et à filer la laine, les effets qu'on en obtenait se bornaient à faire les fils des chaînes et des trames nécessaires à fabriquer des draps et des casimirs drapés. Vingt ans après les fils de la laine cardée arrivaient par leur finesse à donner des étoffes légères, des Napolitaines, des Circassiennes que plus tôt on n'aurait pas osé produire. On en tira des châles tartans et kabiles, et même pour ceux de Paris on remplaça souvent le cachemire, dans le broché, par des fils de laine cardée. Non-seulement on atteignit à une grande perfection, mais encore à une économie de 10 p. 100 par l'introduction de nouveaux métiers appelés *mull-jennys*, faisant mouvoir 260 broches au lieu de ceux à 60 seulement. Les fils furent faits dans la Marne jusqu'au nº 165 ; et Prévost de Paris augmenta en sept ans son établissement de 4,000 broches à 15,000.

Les laines peignées obtinrent des succès encore plus grands. Elles furent filées à sec mécaniquement par un système inventé en France vers la fin de l'Empire, et que nous ont emprunté la Saxe, la Prusse, l'Espagne et l'Angleterre elle-même. Ce fut un constructeur de l'Oise, Flint, qui seconda l'ingénieur Cochrane pour installer à Glascow la première filature à sec de laine peignée. Paris qui n'avait, en 1827, que 10,000 broches pour cet objet, en comptait 60,000 en 1839, produisant 700,000 kil. de fil d'une valeur de 15 millions. Ce fut ce beau progrès qui donna naissance à la mousseline de laine, aux mérinos, aux alépines, aux bombasines et autres tissus de laine, légers, à bas prix et d'un usage général.

De nombreux perfectionnements dans le cardage ont réussi à élever la qualité des laines qui y sont soumises et leur font remplacer aujourd'hui, du moins en partie, les laines peignées. C'est un grand avantage, à cause du haut prix de celles-ci, dont cependant on est loin de pouvoir se passer. Les progrès de la mécanique ont fait établir dans presque tous les départements, des filatures de laines cardées; et désormais le cardage et le filage à la main diminueront chaque année, pour disparaître finalement.

On peut juger de la rapidité de cette belle industrie par le fait suivant. La filature Tranchart, dans les Ardennes, n'avait en 1820, que 12,000 broches; elle en comptait 30,000 en 1830, et 1,200 kil. de fil de laine étaient produits par jour, avec le travail de 800 ouvriers. Les fils de chaînes étaient du n° 62 au 136.

Avant 1840, le demi-kilogramme de laine filée, donnant 770 mètres de fil, était payée 36 à 40 fr., elle perdait un tiers pour le déchet. A force d'industrie, elle put être donnée pour 17 fr., quoiqu'elle fût d'une qualité plus régulière.

Il fallait faire venir de l'étranger certains accessoires essentiels : les maillons en verre, qui coûtaient 40 fr. le mille ; on les fait maintenant à Paris pour 4 fr.

Les laines filées ont trois origines industrielles. Les unes proviennent des grands établissements de filature, pourvus de capitaux considérables et de machines perfectionnées. Les autres sortent des fabriques où sont installés le filage et le tissage pour des objets spéciaux ; et enfin, les dernières sont celles produites par le travail domestique des campagnes, selon les vieux errements. De ces trois sortes d'industrie, la première nous est parfaitement connue par une exploration complète ; la seconde ne peut être appréciée que par des déductions ; et la troisième reste incertaine dans ses éléments.

Voici la statistique officielle des grandes filatures :

507 établissements gisant dans 264 communes, payant 1,040,000 fr. de location et 108,000 fr. de patente, convertissent pour 101,218,000 fr. de laine brute, en 134,999,000 fr. de laine filée ; occupent 30,710 ouvriers, avec 540 moulins, 100 fourneaux, 7,483 métiers, 4,290 autres machines et 1,131,725 broches.

Il y a 3 ans, les ouvriers étaient payés à 1 fr. 78 cent. la journée ; les femmes à 93 cent. et les enfants à 50.

La plus-value donnée à la laine brute, par le filage, montait à 33,772,000 fr. ainsi répartis :

Salaires : Hommes	6,267,000 fr.
Femmes	2,493,000
Enfants	1,243,000
TOTAUX	10,003,000 fr.

Les frais généraux et les bénéfices s'élevaient à 23,772,000 fr.

Les ouvriers sont peu payés et en petit nombre. Chacun correspond à une production industrielle de 4,500 fr. C'est l'effet du nombre considérable des machines. Chaque métier fait mouvoir, terme moyen, 150 broches, et chacune de celles-ci fabrique pour 120 fr. de fil de laine.

C'est la première Statistique de la filature des laines, qui ait été faite, en Europe, d'après des relevés par établissements. Elle va nous fournir le moyen d'apprécier la masse entière des laines filées annuellement.

Il y en a :

Dans les grandes filatures, pour..........	135,000,000 fr.
Dans les établissements qui filent et tissent.	278,887,000
Dans les campagnes, à la main..........	21,113,000
TOTAL de la valeur des laines filées.	300,000,000 fr.
Les laines brutes valant................	252,000,000
La plus-value de la filature est de........	44,000,000 fr.

On peut admettre comme fort rapproché de la réalité, que cette grande branche d'industrie occupe 100,000 ouvriers de tout sexe et de tout âge.

La filature ajoute presque un cinquième à la valeur de la laine brute. On verra tout à l'heure que le tissage la porte au delà de 400 millions, et lui donne une valeur de 160 p. 100.

Il y a cette différence capitale entre l'industrie des lainages et celle des autres tissus, qu'elle est en majeure partie indigène et nationale ; — qu'elle peut s'accroître d'elle-même et prospérer, sans secours étranger ; — et que la guerre, qui fermerait l'Océan aux cotons et les Alpes aux soies de l'Italie, serait impuissante pour l'arrêter.

IV. TISSUS DE LAINE. — Si l'invention la plus utile est, comme on doit le croire, la plus belle, il n'en est point qui puisse rivaliser avec celle de la fabrication de ces tissus. Un long usage nous a tellement familiarisés avec leurs bienfaits, que nous les méconnaissons; mais il suffit d'un moment de réflexion, pour nous convaincre qu'en nous garantissant des perturbations atmosphériques, ils conservent notre santé et notre vie. Le peuple de l'Europe le plus attentif à son bien-être, celui qui a imaginé le mot confortable, est vêtu de laine de la tête aux pieds. Celui qui est l'héritier de la sagesse des Arabes, garde un manteau de drap sur ses épaules, dans les jours les plus chauds et les plus froids; et les colons des Antilles, qui, sur la foi d'une température brûlante, avaient adopté les habits de soie, de toile et de coton, ont repris les vêtements de drap de leur Mère-patrie, bien autrement propres à les défendre contre un climat dévorant. Une longue expérience faite en grand sur des militaires, et dont les résultats seuls peuvent trouver place ici, nous a convaincus que si un tissu de laine appelé Flanelle, qui sert comme d'une autre peau, descendait à la moitié de son prix exorbitant, il y aurait dans les troupes et parmi les travailleurs, une énorme diminution de mortalité : une partie des maux, qui font succomber les hommes, ayant leurs causes dans l'action immédiate, brusque et violente que produisent sur le corps la chaleur et l'humidité.

Ces faits prouvent qu'il y a, dans la fabrication des

tissus de laine, autre chose que des bobines et des navettes.

Nous tracerons, dans les pages suivantes, la Statistique des tissus de laine, à trois époques distinctes : avant la révolution, vers la fin de l'Empire, et récemment.

En 1788, d'après Tolosan, inspecteur général du commerce, la valeur de la production des laines était ainsi qu'il suit :

Étoffes de laine, serge, camelot, drap
    commun........................... 100,000,000 fr.
Draps fins........................... 100,000,000
Bonneterie de laine................... 25,000,000
       Valeur totale des lainages..... 225,000,000 fr.

C'est évidemment une estimation en masse. Néanmoins les proportions suivantes en sont tirées, et peuvent servir à sa vérification.

Valeur des produits fabriqués,
    moins la chapellerie.... 225,000,000 fr.
— des matières premières... 112,000,000   50 p. 100
— du travail et des bénéfices. 112,000,000   50 —

Le rapport du ministre de l'intérieur, M. de Montalivet, en 1812, fournit les données ci-après, qui embrassent 130 départements au lieu de 86, et 43 millions d'habitants au lieu de 36, comme aujourd'hui, ou 25, comme alors, dans l'ancienne France.

Valeur des produits fabriqués... 370 millions de fr.
— des matières premières... 160   —   40 p. 100
— du travail et des bénéfices. 210   —   60 —

Ce dernier terme était exagéré, parce qu'il était déduit du premier, qui l'était considérablement.

En restreignant les recherches aux 86 départements de la France, nous trouvons que 11 seulement manufacturaient des lainages, et avaient, en 1811 :

20,343 métiers, avec
159,658 ouvriers, fabriquant
1,359,350 pièces de tissus,

ou 1 pour 22 habitants. C'était une aune et un tiers pour chacun.

Il y a maintenant 18,000 métiers de plus, ce qui en constitue un nombre double. Les ouvriers sont réduits de 15,000, parce qu'ils ont été remplacés par la force des machines.

On trouve des difficultés à déterminer la production des lainages, en 1812, dans l'ancienne France, attendu que ses départements sont amalgamés avec les départements réunis. Chaptal, qui possédait les tableaux élémentaires de la Statistique impériale, dont nous avons à regretter la perte, a donné les nombres suivants comme ceux de la fabrication de nos 86 départements :

Valeur des produits fabriqués... 238,133,000 fr.
— des matières premières... 93,340,000   40 p. 100
— du travail et des bénéfices. 144,793,000   60 —

Ces chiffres ne sont point, comme on l'a cru, des relevés statistiques ; ce sont des nombres formés par les proportions que donnaient ceux rapportés plus haut pour l'Empire tout entier. Ils sont entachés de la même exagération dans l'évaluation des produits fabriqués, ce qui altère la vérité de tous les autres termes.

Si l'on retranche des termes numériques de M. de Montalivet, attribués aux 130 départements de l'Empire, ceux que Chaptal a donnés pour l'ancienne France, on obtient les chiffres suivants, qui expriment la production des lainages, dans les 44 départements réunis, comprenant la Belgique, les provinces Rhénanes, la Hollande, le Piémont et autres parties de l'Italie.

Produits fabriqués............. 132 millions de fr.
Matières premières............. 67 — 50 p. 100
Travaux et bénéfices........... 66 — 50 —

Il est étrange de retrouver pour ces pays divers, agglo·mérés par la conquête, la même proportion de moitié, que Tolosan attribuait, en 1788, à la fabrication des lainages, en France.

Il n'y a pas la moindre vraisemblance que, dans ces pays, la laine brute coûtât 20 p. 100 de plus qu'en France, et que le travail, avec les bénéfices des fabriques, fût de 20 p. 100 moins élevé que dans nos départements. Ces différences prouvent l'erreur des chiffres officiels, avancés dans les documents publiés par Montalivet et Chaptal. Quelques notions de statistique auraient empêché ces deux ministres d'être trompés par des subalternes ignorants. Colbert et Robert Peel ne se seraient pas laissé abuser ainsi.

Le plus grand mérite de ces données c'est leur comparaison avec l'état actuel de l'industrie du lainage, constaté par nos soins, en 1850, au moyen d'un relevé statistique officiel par chaque établissement. Voici les résultats de cette grande investigation.

Industrie du tissage des laines en 1850.

	Nombre d'établissem.	Valeur des mat. premières.	Valeur des prod. fabriqués.
1° Draps, mérinos, molletons, flanelles, nouveautés, étoffes diverses, tapis, couvertures , bonneterie de laine..............	1,038	145,732,000 f.	217,009,000 f.
2° Filature et tissage de mérinos , châles , Stoffs, mousseline de laine. Etoffes diverses, passementerie, draps légers........	652	34,842,000	56,190,000
3° Laine filée, étoffes diverses, châles, impressions..	50	22,292,000	24,709,000
4° Tissus de laine mélangés.	516	76,012,000	115,827,000
5° Tissus de laine des campagnes, fabriqués sous le toit domestique. Estimation...................		21,122,000	31,683,000
TOTAL GÉNÉRAL...	2,256	300,000,000 f.	445,418,000 f.

Accessoires compris dans les valeurs ci-dessus :

	Nombre d'établissem.	Valeur des mat. premières.	Valeur des prod. fabriqués.
6° Carderie, peignerie.....	134	25,360,443 f.	34,060,069 f.
7° Foulerie................	43	5,652,067	6,214,625
TOTAUX.........	177	31,012,510 f.	40,274,694 f.

Les tissus de laine mélangés, portés ici, sont ceux qui sont formés de laine en plus grande partie. Les fils d'autres

matières qu'ils contiennent, sont compensés par ceux de
laine compris dans les tissus mélangés de soie et laine,
coton et laine et autres où sont combinés les fils de toutes
ces espèces.

Ces chiffres vont nous fournir les éléments nécessaires
pour établir la proportionnalité de valeurs entre les matières
premières, les produits fabriqués, les salaires et les bénéfices industriels ; données importantes qui sont comparables avec l'ancien état des choses, et celui qu'offrent les
autres fabrications ; mais il faut auparavant énumérer les
ouvriers employés aux diverses sortes de lainages.

	Hommes.	Femmes.	Enfants.	Totaux.
1re série.....	43,067	26,625	13,323	83,015
2e série......	9,940	6,381	3,413	19,734
3e série......	1,901	109	128	2,138
4e série......	24,747	8,569	4,765	38,081
TOTAUX.	79,655	41,684	21,629	142,968

Les salaires des hommes sont d'environ 2 fr. par jour ;
ceux des femmes de moitié, et ceux des enfants de 75 cent.
On suppose qu'il y a 300 jours de travail par an. D'après ces
données, les salaires sont en masse ainsi qu'il suit pour
143,000 ouvriers répartis entre 2,256 établissements.

Hommes..................	47,793,000 fr.
Femmes..................	12,505,200
Enfants..................	4,866,520
TOTAL annuel des salaires.	65,164,720 fr.

Il nous est possible maintenant de trouver les grandes di-
visions de la production en valeurs des lainages de la France
actuelle.

4

Matière première. Laine filée......... 278,878,000 fr.
Produits fabriqués. Lainage.......... 413,735,000
Salaires de 143,000 ouvriers......... 65,164,000
Frais généraux et bénéfices......... 69,693,000

En prenant pour matière première la laine filée qui a déjà subi un travail considérable, on trouve les proportions suivantes :

La matière première entre dans la valeur
   totale des produits fabriqués pour.. 67 p. 100
Les salaires......................... 16 —
Les frais généraux et bénéfices.......... 17 —

Ces termes ne peuvent être comparés avec le passé, par cette raison que c'est la première fois qu'on établit la valeur de la laine filée ; c'est pourquoi nous allons en reproduire le cadre, en y substituant la valeur de la laine brute.

Matière première. Laine brute........ 252,000,000 fr.
Produits fabriqués. Lainage.......... 413,735,000
Salaires, frais généraux, bénéfices.... 163,735,000

Ces sommes donnent les proportions suivantes :

La matière première, laine brute ; elle entre
   dans la valeur des produits fabriqués
   pour............................... 61 p. 100
Les salaires, frais généraux et bénéfices.. 39 —
On peut compter pour les salaires....... 20 —

Si, comme il y a lieu de le croire, ils sont partagés, ainsi que dans le cas précédent, presque également avec les frais généraux joints aux bénéfices. Ce rapport numérique indique que 80 millions de francs sont payés pour salaires aux ouvriers en laine, fileurs et tisseurs, et qu'une somme un peu plus forte reste pour les frais généraux et les bénéfices industriels.

Il est essentiel de remarquer que dans les calculs généraux, il faut se garder d'une erreur qui, quoique visible et pour ainsi dire grossière, est commise dans des documents d'une haute autorité, et qui pervertit toutes les notions statistiques sur l'industrie des lainages, sa valeur totale et les proportions de ses éléments. C'est l'article des laines filées montant à 135 millions pour le seul produit des grandes filatures, et dont on tient compte, sans songer que la même somme est déjà comprise dans la valeur des matières premières des tissus de laine. Ce double emploi élève ces tissus de 413 millions, valeur officielle, à près de 550 ; mais c'est un accroissement illusoire.

Nous possédons pour trois époques distantes, les chiffres qui représentent les éléments économiques de la fabrication des lainages. Aucun pays de l'Europe n'a rien de semblable ; mais il faut convenir que les chiffres anciens, malgré les autorités dont ils émanent, n'ont pas à nos yeux les caractères de la certitude, et qu'ils sont vraisemblablement exagérés.

1º Produits fabriqués. Lainages.

		Accroissement.
1788.......	225,000,000 fr.	
1812.......	238,000,000	6 p. 100
1850.......	414,000,000	74 —

Dans ces produits manufacturés, la matière première et

les salaires du travail joints aux bénéfices, entrent dans les proportions suivantes.

2º Matière première. Laine brute.

		Proportionnellement aux produits fabriqués.
1788.......	112,000,000 fr.	50 p. 100
1812.......	93,340,000	40 —
1850.......	252,000,000	60 —

3º Travail et bénéfices.

1788.......	112,000,000 fr.	50 p. 100
1812.......	144,793,000	60 —
1850.......	163,735,000	40 —

L'usage des machines n'ayant pas encore changé, en 1812, la proportion des salaires des ouvriers et celle des bénéfices, nous croyons que les lainages de cette époque absorbaient, comme ceux de 1788, la moitié de leur valeur en matière première, c'est-à-dire 119 millions en laine brute ou 50 p. 100 ; la même somme revenait au travail et aux industriels, et non celle de 145 millions, comme Chaptal l'a supposé. La preuve qu'il en était ainsi existe implicitement dans l'Exposé de la situation de l'Empire, qui montre que dans la fabrication des lainages des 44 départements réunis, la matière première entrait pour une moitié, et que les salaires et les bénéfices formaient l'autre.

A. DRAPS.—De toutes les espèces de tissus inventées par le génie de l'Industrie, le drap est avec la toile le plus vulgaire, si cette épithète signifie : le plus commun, le plus usuel, le plus utile. On s'est passé de tissus de coton jusqu'à nos jours. Il y a des millions de personnes qui n'ont jamais porté de soie ; mais au XIX⁰ siècle, en Angleterre, en France, en Belgique, il faut être un paria abandonné par ses dieux domestiques, pour n'avoir pas un habit, une veste ou un gilet de drap, tout élimé qu'il puisse être, et transmis comme un joyau précieux de père en fils. Cet état de choses qui ressemble mal au luxe des vêtements, est encore un récent progrès qu'on ne prévoyait pas il y a soixante ans. Alors, le drap était inconnu dans nos campagnes, et ne descendait pas au-dessous de la bourgeoisie. Des serpillières, des peaux poilues d'animaux, des serges grossières en tenaient lieu. On est surpris, quand on parcourt l'histoire économique des peuples, de la lenteur des progrès de la société la plus intelligente. Partout en Europe, on a fait d'excellents vers, deux siècles avant que de faire de bon drap. Conçoit-on, quand on médite ce sujet, qu'il nous ait fallu six cents ans, à nous autres Français, si ingénieux, si entreprenants, pour faire du drap commun à bon marché, et que vingt générations ont dû s'occuper sans succès de cet objet qui nous paraît si simple ? Une église de la ville d'Elbeuf, bâtie, dit-on, en 1248, sous le règne de saint Louis, représente, dans ses vitraux peints, les travaux de la fabrication du drap. Cette commémoration suppose que les manufactures de cette sorte existaient alors en Normandie ; et pour tenir ainsi place dans un sanctuaire, il fallait qu'elles fussent déjà très-anciennes. C'était en effet une industrie du pays, car au XV⁰ siècle, sous Louis XI, sur dix-sept villes de France où l'on fabriquait du drap, il y en avait cinq situées dans cette province :

4.

Rouen, Louviers, Saint-Lô, Montivilliers et Elbeuf. Néanmoins, ces tissus étaient d'un prix si élevé qu'ils n'étaient
pas à l'usage du peuple, et que même en 1788, il y a
68 ans, un bon bourgeois pouvait seul porter un habit de
drap complet, c'est-à-dire habit, veste et culotte du même,
suivant l'usage de ce temps.

Il fallait que ce fût au XIVe siècle une fabrication fort
avantageuse, puisque le roi d'Angleterre, Édouard III,
ayant dévasté entièrement les environs de Louviers, ce fut,
dit Froissard, à l'aide de leurs manufactures de draps, que
les habitants de cette ville parvinrent à lui rendre sa prospérité et sa richesse.

Colbert fut le premier protecteur de cette belle industrie. Après l'avoir fait perfectionner à Sedan, qui commença
en 1648 à fabriquer des draps à grande largeur, il la fit
introduire dans le midi de la France, et Carcassonne se
distingua par ses progrès. La mode de porter à la cour des
habits de soie ou de velours brodés, fit beaucoup de tort
aux manufactures de draps et faillit étouffer leurs travaux.
Ce ne fut que sous Louis XVI, aux approches de la révolution, que, commençant à imiter la simplicité de vêtements
des Anglais, on reprit l'usage des habits de drap. Toutefois les gilets et les culottes continuèrent d'être en soie, et
l'on considérait le drap comme appartenant à une mise
commune ou négligée. On le fabriquait alors dans neuf
villes principales : Abbeville, Amiens, Elbeuf, Lille, Louviers, Rouen, Sedan, Carcassonne et Montauban.

En 1788, la France exportait à l'étranger :

Pour........ 14,242,000 fr. de draps divers,
              5,615,000   d'autres lainages.

TOTAL...   19,857,000 fr. de lainages fabriqués.
Plus, pour...   4,378,000   de laine brute ou filée.

TOTAL...   24,235,000 fr.

En 1845, cette exportation s'est élevée aux quantités et valeurs ci-après énumérées :

Draps............	885,717 kil.	Valeur.	23,914,000 fr.
Mérinos	262,574	—	12,340,000
Etoffes diverses....	703,000	—	18,279,000
Châles...........	253,104	—	36,193,000
Couvertures et tapis	145,924	—	1,474,000
TOTAUX...	2,250,319 kil.	Valeur.	92,230,000 fr.
Laine............	142,134	—	2,360,000
TOTAUX GÉNÉRAUX..	2,392,453 kil.	Valeur.	94,590,000 fr.

Ces chiffres rapprochés des précédents prouvent que la vente de nos lainages à l'étranger a quintuplé; accroissement qui est énorme. Il n'est pas dû à nos draps, qui, malgré leur supériorité incontestable, n'ont augmenté leur vente que de 17 p. 100. Ce sont nos châles et nos étoffes nouvelles qui ont grandi notre commerce d'exportation.

En 1851, nos exportations en laines et lainages ont augmenté ainsi qu'il suit :

Tissus exportés........ 150 millions.
Laine brute..........   13   —

C'est le septuple de 1788.

La production des draps fins à cette époque fut portée par Tolosan à 100 millions; mais c'était un chiffre à tout hasard. En 1812, il fut avancé officiellement que les 130 départements de l'Empire produisaient :

12 millions d'aunes de gros draps à 16 fr....	192,000,000 fr.
3,800,000 aunes de draps fins, à 36 fr......	136,800,000
Étoffes mélangées, bonneterie, etc...........	41,000,000
TOTAL de la valeur des tissus...	369,800,000 fr.
[Départements réunis.....................	132,000,000
FRANCE ANCIENNE........	238,000,000 fr.

Si dans la draperie les deux cinquièmes ressortaient de la France, comme dans la masse entière des lainages, nous produisions alors : en gros draps, pour 116 millions de francs, et en draps fins, pour 81. Total, 197 millions. Mais ce sont des chiffres déduits qui méritent aussi peu de confiance que ceux qu'on pourrait tirer aujourd'hui de constructions analogues. Deux obstacles s'opposent à la connaissance de la valeur des draps : L'un est la fabrication complexe d'un grand nombre d'établissements qui font en même temps des draperies et des tissus de laine différents. L'autre est l'exagération des produits de cette sorte, en quantité et en valeur. La concurrence industrielle, le désir de maintenir des supériorités qui déclinent, l'importance d'une grande réputation de richesse sont des influences trop puissantes pour ne pas laisser altérer la vérité des déclarations, et gonfler les chiffres de la fabrication lainière.

Statistique des draps par départements.

	Nombre d'établiss.	Valeur de la production.	Nombre d'ouvriers.
Ardennes........	71	66,048,000 fr.	9,459
Nord	57	21,912,000	6,658
Pas-de-Calais....	2	5,193,000	1,191
Eure............	18	8,843,000	2,461
Moselle..........	7	2,865,000	1,066
Loir-et-Cher.....	5	2,549,000	1,525
Haut-Rhin.......	4	1,586,000	254
Bas-Rhin	3	1,729,000	407
Meurthe.........	7	1,187,000	577
Seine-Inférieure .	8	1,022,000	334
Somme	1	1,078,000	500
Aveyron.........	26	4,255,000	2,196
Hérault..........	6	1,984,000	1,079
Ariége, mêlés, etc.	31	2,328,000	1,805
Totaux.....	253	123,975,000 fr.	30,131

RÉCAPITULATION.

Produits fabriqués.......	121,647,000 fr.	
Matières premières.......	77,573,000	63 p. 100
Salaires et bénéfices......	44,074,000	37 —

B. AUTRES TISSUS. — Il faudrait un volume entier pour traiter de chaque autre espèce de tissu avec les détails que nous avons donnés sur le drap. C'est ici que s'est opérée une révolution industrielle qui s'étend sur le commerce et sur des millions de consommateurs. On connaissait bien, il y a un siècle, une sorte de tissu de laine mélangé; mais c'était un ouvrage grossier, imaginé par la pauvreté pour épargner une trame de laine à laquelle on en substituait une en fil. L'étoffe était laide et d'un mauvais usage; elle n'avait ni consistance, ni durée, ni apparence, ni couleur. C'était cependant un progrès et il ne s'agissait que de changer les combinaisons. Au lieu du fil, on a marié la laine avec de la soie et du coton ; on a varié les trames, qui ont été faites avec une sorte de laine et le tissage avec une autre. L'application de la mécanique à la fabrication a favorisé d'une part la régularité et la beauté des étoffes, et de l'autre leur meilleur marché. On a pu faire des lainages où la laine, qui coûte toujours fort cher, n'entre que pour leur donner un aspect et des nuances, dont l'éclat et la variété ne laissent pas même soupçonner leur origine adultérée, tant il y a d'habileté dans l'union des fils étrangers.

Pour produire de tels effets, il fallait le concours d'autres agents que les machines. Ce fut d'abord l'usage du coton qui était autrefois rare, cher et mal employé. De nos jours, la filature, avec l'aide de la vapeur, en a fait une matière textile à bas prix et qui se lie parfaitement avec la laine, comme avec la soie. Ce furent ensuite les progrès de l'art du teinturier, qui d'un métier grossier est devenu une science industrielle, riche de succès étonnants. Le drap, qui jadis semblait être éternellement réfractaire aux couleurs, les prend toutes maintenant et varie ses nuances, comme s'il les empruntait à la palette d'un peintre, coloriste savant et d'une variété inépuisable.

Ces avantages dont on tire aujourd'hui un si grand parti, étaient inconnus il y a 30 ans. Les chiffres suivants, qui offrent la Statistique officielle des tissus mélangés, indiqueront l'étendue de cette révolution industrielle qui fait déjà égaler cette fabrication à plus d'un tiers de celle des lainages. Encore ne s'agit-il ici que des tissus où la laine prédomine ; ceux où le coton et la soie entrent en plus grande partie, sont compris dans les investigations sur ces matières premières.

Statistique des tissus de laine mélangés.
Étoffes diverses.

Nombre d'établissements....................	516
Nombre de communes où ils sont situés......	296
Valeur annuelle des locaux qu'ils occupent...	1,029,000 fr.
Montant de leurs patentes.................	165,000
Valeur des matières premières employées....	76,012,000
Valeur des produits fabriqués.............	115,827,000
Nombre d'ouvriers........................	38,081

Hommes, 24,747. Femmes, 8,569. Enfants. 4,765.

Salaires. 2 fr. — 1 fr. — 70 cent.

Moteurs, 35 moulins à eau, 45 à vapeur.

Feux, 208 fourneaux ou fours.

Métiers, 20,069, autres mécaniques, 8,894.

Broches, 79,387.

Produits fabriqués.........	115,827,000 fr.	
Matières premières filées...	76,012,000	65 p. 100
Salaires et bénéfices........	39,815,000	35 —
Savoir : Salaires............	18,091,000	16 —
Frais généraux et bénéfices...	21,724,000	19 —

Les éléments numériques de la fabrication des tissus de laine mélangés sont fort rapprochés de ceux des draps, ou en d'autres termes, ces nouveaux produits se sont élevés en peu d'années aux mêmes termes que les plus anciens n'avaient atteint qu'après des efforts séculaires. Les matières premières — laines peignées, filées — entrent dans la valeur de ces produits pour 65 sur 100, au lieu de 63, comme dans les draps. Les salaires et les bénéfices ne

montent qu'à 35 au lieu de 37. Il y a cependant beaucoup
plus d'ouvriers et de machines ; mais l'avantage, qui multiplie ces établissements, est un placement instantané des
produits, ce qui étend et assure les profits industriels. Dans
un pays où la laine est toujours d'un haut prix, lorsqu'on
parvient à diminuer de moitié la quantité qu'on en emploie, sans rien ôter à l'étendue du tissu, on peut atténuer d'autant le prix de vente de celui-ci, et le mettre à
la portée de tous les consommateurs. Il est vrai qu'il faut
compenser le déficit de la matière essentielle, par le dessin, la couleur, l'apprêt, l'éclat. C'est à quoi les fabricants
français ont réussi, et sans l'accomplissement de cette
condition, ils n'auraient pas atteint leur haute fortune. Il
est vrai encore que ces tissus mélangés, d'un aspect si
agréable, ne valent pas à l'usage, pour la longueur de
leur durée, les tissus pure laine. Mais on s'est accoutumé
en France, où les modes sont si mobiles, à renouveler fré-
quemment ses vêtements, ses ameublements, tout son
équipage domestique ; et la solidité des tissus est devenue
une qualité secondaire, subordonnée à leur beauté. Il se
passe bien quelque chose d'analogue dans les appréciations
du monde moral.

Des combinaisons de trames et de chaînes de natures
différentes, ou bien de laines diverses, les unes cardées,
les autres peignées, donnèrent des produits variés à l'infini,
et dont l'apparition était toute nouvelle. Leur nomenclature serait longue et stérile ; nous citerons seulement les
Mérinos, les Stoffs unis et brochés, les Cuirs de laine,
les Damas unis, façonnés, à fleurs, les Napolitaines (1),

(1) Simple toile en laine cardée.

les Bombasines (1), les Popelines, les Châles unis et satinés, les Alépines établies sur des trames en laine, avec des chaînes en soie grége, les Casimirs, si variés dans leurs tissus et leurs couleurs, les Thibets, les Mousselines de laine, décorées d'impressions si élégantes, les Lastings de pure laine, les Circassiennes à chaîne de coton, avec une trame lisse et lustrée, etc.

Au moyen du métier à la Jacquart, on a broché sur ces tissus des dessins d'un excellent goût et du plus brillant effet. Les couleurs les plus belles ont été fixées à la vapeur par le procédé usité en Angleterre, mais perfectionné en France. Les bleus qu'on obtient du prussiate de fer, ont été employés avec un grand succès ; et les impressions se sont faites avec une rapidité et une certitude d'exécution vraiment étonnantes.

La consommation des nouveautés, favorisée par ces perfectionnements et par des prix peu élevés, s'est agrandie considérablement. Elle s'est portée avec constance, pour l'usage des hommes, sur les casimirs et les tissus de poils de chèvre, et pour l'usage des femmes, sur les mérinos et les mousselines de laine.

Des produits qui étaient inconnus autrefois en France et même en Europe, la Turquie exceptée, les châles, sont devenus populaires. A la fin du dernier siècle, les femmes se couvraient les épaules d'un mantelet de soie dans les classes supérieures, et d'un mouchoir plié, parmi les autres. Il ne s'agissait que de décupler l'étendue de ce mouchoir, de le faire d'un riche tissu et de le revêtir des plus

_____

(1) A chaîne de soie cuite.

belles couleurs, et, alors, il devenait un châle. Mais cette
transformation ne serait venue à l'idée de personne, malgré
la fécondité du génie qui préside à la toilette des femmes.
Il fallut l'expédition des Français en Égypte. Un Châle de
cachemire, envoyé à Paris par le général en chef de cette
merveilleuse expédition, fit jeter des cris d'admiration et
d'enthousiasme. Ce magnifique tissu semblait ne pouvoir
être que l'ouvrage des fées de l'Orient. On prétendait qu'il
en existait cependant un encore plus beau, c'était le cachemire jaune d'ElFi Bey, qui, disait-on, valait toute une
province. Ce fut dès lors une passion pour les châles si
effrénée, qu'on l'assurait gravement capable de tout sacri-
fice pour se satisfaire. On citait des Cachemires qui avaient
coûté des sommes prodigieuses et même encore plus. La
spéculation exploita cette manie, et tous les vieux châles
de Constantinople, mis à neuf, avec habileté, vinrent embellir au Luxembourg la cour du Directoire. Le règne du
châle indien dura vingt ans. Pendant cette période, l'Industrie française se dégagea de ses langes et commença à
marcher vers de nouvelles destinées. Un manufacturier
dont le nom restera dans l'histoire, Ternaux, devina qu'il
y avait, dans l'imitation de ces objets étrangers, toute une
source de prospérité nationale. Il fallut d'abord une recherche scientifique pour découvrir quelle était la matière
première de ces beaux tissus, et ensuite quel était son pays
de provenance. La vallée de Cachemire, cachée au pied des
monts Himalaïa, étant inaccessible aux voyageurs, c'était
ailleurs qu'on devait chercher les chèvres qui fournissent
le précieux duvet connu abusivement sous le nom de laine
ou poil de Cachemire ou du Thibet. Un orientaliste coura-

geux et savant, Jaubert, se dévoua à cette découverte ; il réussit à acquérir un troupeau peu nombreux ; mais ce fut, comme jadis la toison d'or, au péril des aventures les plus périlleuses. Un pacha le retint prisonnier au fond d'un puits, et faillit le faire périr. La renommée des Châles de cachemire s'accrut de tous les dangers, qu'il avait fallu braver, pour posséder les moyens de les imiter. Il était évident que jamais la fabrication de ces tissus ne les rendrait communs, tant que leur matière première serait achetée à un si haut prix. On étudia celle que nous possédions, et qui était mal connue ; on l'améliora par d'heureuses combinaisons ; et pour résultat de ses efforts, Ternaux parvint à fabriquer des châles français très-beaux et d'un excellent usage. Sans doute, ils ressemblèrent assez mal à ceux de Cachemire ; mais après les avoir critiqués âprement, on en prit son parti, et ils furent adoptés généralement. Toutefois le public exigea qu'ils reproduisissent les dessins à palmettes et à ornements fantasques de l'Inde ; et lorsqu'on lui en offrit, ornés d'après la nature réelle, et beaucoup plus gracieux, il les dédaigna.

Dans les temps mobiles où nous vivons, l'Industrie partage, avec le monde intellectuel, l'avantage d'une propagation rapide, qui n'est pas sans inconvénients pour les inventeurs. Il en est d'une découverte manufacturière comme d'une idée nouvelle ; aussitôt qu'elle est connue, on la repousse, on la dénigre, on la reproche à l'auteur ; et puis chacun se l'attribue et l'exploite en faisant de son mieux pour cacher son plagiat. Les efforts fructueux de Ternaux ne furent pas perdus pour le pays. De toutes parts on fabriqua des châles à son exemple, et bientôt, éclairés

par l'expérience, on en modifia la matière première, les
façons, les dessins, et l'on créa, pour la consommation et
pour le commerce à l'étranger, un produit utile, commode,
élégant, qui profite chaque jour des progrès, que font faire
aux autres tissus, la teinturerie, le dessin, le filage et les
mille combinaisons d'un tissage mécanique perfectionné.

Il faut rappeler à l'honneur du souverain de ce temps,
que Ternaux, qui, aux expositions de l'an IX et de l'an X,
avait pris le premier rang parmi les manufacturiers, fut
décoré, dans sa propre fabrique, par l'empereur, qui ôta
son étoile de la Légion d'honneur pour l'attacher à la poi-
trine de l'industriel éminent. Ce noble encouragement fut
bien mérité. Si Ternaux ne réussit pas à acclimater les
châles du Thibet, qu'il avait fait importer à grands frais,
il n'en parvint pas moins à établir en France, et à répandre, dans toute l'Europe et l'Amérique, des châles de toutes
sortes de nature : laine, indienne, cotonnade, duvet de
chèvre, soie pure ou mélangée, unis, brochés, façonnés,
imprimés, Kabyles, tartans, et surtout en bourre de soie.
Ces tissus occupaient 2,000 ouvriers et 4,000 métiers, à
Paris, Lyon, Nîmes et Reims; leur valeur était estimée de
15 à 20 millions. Les châles de l'Inde furent imités avec
leurs vives couleurs, leurs dessins baroques et leur tissu
doux, solide et brillant ; mais surtout ils purent être vendus à bien meilleur marché, et leurs prix descendirent au
point qu'ils cessèrent d'appartenir exclusivement aux Mir-
zas persans et aux Odalisques du Bosphore. Ils devinrent
d'un usage commun aux femmes de tous les rangs, variant à l'infini, dans leurs qualités et leurs valeurs, pour
satisfaire à tous les goûts et à tous les besoins.

A l'exemple de Ternaux, d'autres grands manufacturiers s'appliquèrent à étendre et perfectionner les tissus de laine, et trouvèrent dans leurs succès la renommée et la fortune.

Griolet, de Paris, fabriqua des fils de laine peignée, du numéro 30 au numéro 75, c'est-à-dire de 42,000 à 107,000 mètres par kilogramme. Dès 1834, il employait à ce travail 150 ouvriers et 10,000 broches, qui donnaient par jour 250 kil. de fils doués d'une qualité supérieure.

Cunin-Gridaine, de Sedan, créa des établissements mus par la vapeur, et put manufacturer annuellement 100,000 aunes d'étoffes, au moyen de 1,200 ouvriers.

Grandin, d'Elbeuf, faisait en 1831 des draps de 32 qualités. Il ouvrit des relations avec la Chine et y envoya 5,000 pièces de drap.

Jourdain, de Louviers, fabriquait annuellement 40,000 aunes de draps et de tissus variés.

Lemaire, d'Abbeville, propriétaire de l'ancienne manufacture Van Roben, qui date du ministère de Colbert, occupait 700 ouvriers et consommait 55,000 kil. de laine.

Paturle, de Paris, employait, dit-on, jusqu'à 400,000 kil. de laine lavée, peignée ou filée, etc.

Les travaux de ces beaux établissements étaient accélérés et rendus plus parfaits par les inventions les plus ingénieuses. En 1833, les maillets libres, qui opéraient le foulage des draps, furent remplacés avantageusement par la machine à rouleaux tournants et pressants. Ce fut un Anglais, nommé Dyer, qui inventa ce nouveau moyen, mais il fut perfectionné en France, dans son application, et dès 1844 il était employé usuellement.

5.

L'impression des tissus de laine et de coton, par l'action d'un rouleau donnant une, deux ou trois couleurs, était déjà en usage lorsque Perrot, de Rouen, inventa des machines qui, avec une précision singulière et une économie inespérée, accomplissaient le travail fait auparavant à la main par les ouvriers les plus habiles. Trois à quatre cents machines de cette sorte, livrées à l'industrie, ont rendu populaire le nom de Perrotine qui leur est resté ; et c'est par elles qu'on obtient des impressions multicolores, qui augmentent extraordinairement la beauté, l'attrait, le prix et la consommation des tissus de laine.

Statistique comparée.

		Nombre d'établissem.	Nombre d'ouvriers.	Valeur de la production.
France.......	1831	2,763	300,000	500,000,000 fr.
Iles Britanniq.	1833	1,322	71,254 (1)	406,000,000
Prusse.......	1835	»	»	128,788,000
Belgique.....	1851	768	18,153	120,000,000
Russie.......	1836	400	»	95,000,000
Bohème......	1836	»	»	31,200,000
Suède.......	1837	123	3,524	8,325,000

On ne peut guère tirer d'autres notions de ces chiffres, sinon que la France et l'Angleterre sont en Europe les deux pays qui produisent incomparablement le plus de lainages. La Belgique, qui en fabrique pour plus de 100 millions, le dispute à la Prusse et l'emporte sur la Russie.

Nos expositions de l'Industrie ont permis à l'Angleterre de reconnaître les progrès de nos lainages et leurs moyens

(1) Tisseurs seulement.

de succès. Des efforts prodigieux ont été faits par son industrie pour les égaler. On peut les apprécier par les chiffres suivants.

Lainages exportés du Royaume-Uni.

	En pièces.		En yards.
1825...	1,742,504		7,804,053
1844...	2,864,727		14,323,635
1847...	1,942,810		39,295,386
ACCROISSEMENT en 3 ans.	921,917	et	24,971,75
	33 p. 100	et	174

Il est difficile de ne pas croire que cet accroissement énorme d'exportation des lainages anglais n'ait pas eu lieu, du moins en partie, aux dépens des lainages de nos manufactures placés dans les marchés étrangers. L'accroissement du commerce anglais n'a pas été de moins de 30 millions de mètres dans une courte période de trois ans. Il y a là un sujet à de graves réflexions.

En résumé, l'industrie des lainages est avec celle de la toile, la plus ancienne de toutes les fabrications textiles en France.

Elle est, avec celle des cotons ouvrés, celle de nos industries qui est la plus étendue et la plus riche.

Elle est, avec celle des soieries, la fabrication la plus menacée par les efforts de l'Angleterre, pour se l'approprier, comme la plus avantageuse dans ses échanges, en Europe, en Amérique et surtout dans l'Asie orientale, sur les marchés de la Chine et des États tartares au delà des monts Himalaïa. La prodigieuse multiplication des troupeaux de l'Australie et la puissance mécanique des manufactures anglaises rendent cette concurrence dangereuse pour nos lainages et doivent provoquer de nouveaux efforts, qui nous permettent de la combattre avec succès.

Pour réussir, il faut accroître le nombre de nos moutons et surtout améliorer leurs toisons, objets dignes de toute la sollicitude du gouvernement.

Les éléments des avantages et de la supériorité de nos fabriques de lainages sont déjà acquis et ne demandent pour l'emporter que de la persévérance dans la même voie.

Ce sont principalement : l'application aux tissus de laine de toutes les combinaisons et les perfectionnements inventés pour les tissus de coton et de soie, l'usage plus répandu de leurs procédés de filature mécanique, de leur tissage, de leurs façons, de leurs mélanges de fils divers, de leurs impressions élégantes, variées et solides, et enfin des ressources que multiplie chaque jour l'art de la teinture pour orner ces tissus des plus belles couleurs.

Une fabrication, dont le berceau est illustré par le nom de Colbert, et qui habilla spontanément de drap bleu toute la France armée en 1792 contre l'invasion de l'étranger, doit lutter avec le même courage et le même succès contre l'industrie la plus redoutable de l'Europe.

CHAPITRE II.

STATISTIQUE DES COTONS.

I. HISTORIQUE. — On prétend, non sans raison, que
tout ce qui paraît sur la scène du monde, s'y reproduit
seulement et s'est déjà montré jadis avec plus ou moins
de succès. Le coton en est un nouvel exemple; il était
connu à Rome, au temps des empereurs, et les coquettes
d'alors se servaient de ses légers tissus, pour paraître vêtues
sans rien cacher de leurs charmes. Dans l'Inde, la mousseline date des incarnations de Brahma, et quand Cortès
conquit le Mexique, il trouva les grands de cet empire
barbare couverts de tissus de coton artistement travaillés.
Il faut convenir cependant que toutes ces étoffes fabriquées autrefois dans l'un et l'autre hémisphère, n'étaient
que fort peu de chose, comparées à celles que produisent aujourd'hui les grandes puissances manufacturières. L'Angleterre, par exemple, a exporté en 1849,
1,223,500,000 mètres de cotons fabriqués, et 1,233,811,000
en 1850. La circonférence de la terre n'étant que de
40 millions de mètres, le globe pourrait être emmaillotté
dans 40 tours de tissus anglais, faits dans une seule
année. Leur longueur, s'ils étaient mis bout à bout, excé-
derait 308,000 lieues de 2,000 toises chacune. Pour

opérer ce prodige, qui laisse l'antiquité bien loin derrière les modernes, il a fallu le génie d'Arkwright et de Watt, la houille de New-Castle, la culture du *Gossypium*, aux États-Unis, et l'empire de l'Océan, qui a donné celui du commerce à l'Angleterre.

Le cotonnier arborescent appartient aux deux hémisphères, seulement les espèces sont différentes dans les contrées orientales et occidentales, quoiqu'elles soient fort rapprochées et que la laine soyeuse, dont leurs graines sont enveloppées, soit presque identique.

Il est question des produits de cet arbrisseau dans les plus vieilles annales de l'Inde ; cependant il est fort remarquable que le cotonnier ne soit pas compris parmi les dix-sept semences utiles qui furent données aux premiers hommes par Brahma ; mais on n'y trouve pas non plus le chanvre et le lin (1). Un témoignage de l'antiquité de la culture de cette plante, qui ne se reproduit pas spontanément, c'est qu'elle existe dans toute l'Asie tropicale, et jusque dans les îles du Grand Océan les plus éloignées, où les hommes l'ont portée dans leurs transmigrations. L'île de Pâques, située à 4,500 lieues du Bengale et où Forster ne trouva que 20 plantes, possède des cotonniers de l'espèce *G. religiosum*.

Le Nouveau-Monde en avait quatre ou cinq espèces différentes, quand il fut découvert, il y a trois siècles et demi. Il ne sera pas sans intérêt de retracer les circonstances qui firent retrouver en Amérique un produit de l'Inde si important pour l'industrie moderne.

(1) Voy. le *Purana de Wischnou*, traduction de Wilson.

Quand Christophe Colomb aborda, le 12 octobre 1492, à Guanahani, l'une des îles Lucayes, et la première terre qu'il vit après avoir traversé l'Atlantique, ses vaisseaux furent environnés de canots montés par des indigènes, apportant du coton en écheveaux pour en faire des échanges. C'était déjà un fait singulier que ces hommes cuivrés, d'une race jusqu'alors inconnue, eussent des idées de commerce vraiment innées, et que les Espagnols retrouvassent au delà de l'Océan, à 2,000 lieues de la Péninsule ibérique, l'Al Godon, que les Arabes avaient introduit à Murcie et à Valence, après l'avoir importé de proche en proche des contrées de l'Orient. Il est superflu de dire qu'alors on ne regardait pas les choses d'assez près pour s'apercevoir que ce produit était donné par des espèces végétales différentes.

Cinq jours après, Colomb ayant surgi à Cuba, île que son étendue lui faisait prendre pour un continent, il y vit du coton tissu en étoffes. Les femmes indigènes s'en faisaient des ceintures et tramaient des espèces de réseaux qu'on tendait à deux poteaux éloignés et dans lesquels on se couchait la nuit; on les appelait, dans la langue du pays : Hamacas (1). Il y avait une si grande quantité de coton filé, distribué en fuseaux, que celui d'une seule maison fut estimé par les Espagnols à plus de 12,000 livres pesant. Une telle abondance ne pouvait être due qu'à la culture; cependant, en voyant l'irrégularité des plantations, les Castillans se persuadèrent que les cotonniers croissaient naturellement; opinion sans aucun fondement,

(1) Herrera, liv. I, chap. XII, XIII, XIV.

puisque ces arbrisseaux ne sont jamais rencontrés, comme
les végétaux spontanés, dans les lieux écartés des habitations. Oviédo tomba dans la même erreur, en relâchant
à Saint-Domingue ou Haïti, île où le coton était aussi
commun qu'à Cuba. « Ici, dit-il, la nature en produit tant,
que si on le cultivait, il y en aurait davantage et de meilleurs qu'en aucune autre partie du monde (1). » Pierre
Martyr d'Angleria, dont le récit est si précieux, porte le
même témoignage ; il dit que quand Colomb visita les
grandes montagnes du Cibao, en 1494, il les trouva rem-
plies de cotonniers. Ces arbrisseaux n'étaient pas moins
communs aux petites Antilles. Lorsque l'amiral descendit
à la Guadeloupe qu'il venait de découvrir le 2 novem-
bre 1494, il envoya Alphonse Ojeda dans l'intérieur de
cette île, qui s'élève jusqu'aux nuages et dont cent torrents
coupent le territoire. Cet intrépide explorateur lui rap-
porta qu'il avait trouvé partout du coton filé et en laine,
et des outils propres à le tisser (2). On apprit par cette
expédition, que les Caraïbes, habitants de la Guadeloupe
et qui appartenaient à une autre race américaine que
les indigènes de Cuba et d'Haïti, faisaient avec cette laine
des idoles qu'ils plaçaient dans leurs carbets ou villages.
Les Espagnols supposèrent que c'étaient les génies de la
nuit. Le même usage était suivi à Saint-Domingue où les
Zémis, qui étaient les pénates des Haïtiens, étaient faits
pareillement avec du coton (3). Les peuplades des contrées continentales avoisinant le golfe du Mexique, avaient

(1) Oviédo, Somm., ch. ii.
(2) Herrera, liv. II, ch. iv.
(3) P. Martyr, ch. iv, 58.

aussi des idoles de coton, quand Nugno Gusman surgit chez elles, en 1518 (1).

Le cotonnier était l'une des six plantes utiles qui étaient cultivées le plus anciennement par les nations mexicaines. On reconnaissait le tenir des Toltèques, peuple qu'il faut placer le premier dans les annales du Nouveau-Monde, s'il est vrai, comme on le déduit des hiéroglyphes aztèques, qu'il partit, l'an 544 de notre ère, d'un pays situé au nord et vint, après un voyage de cent quatre ans, fonder, dans la vallée d'Anahuac, la fameuse ville de Mexico. Les historiens de la conquête qui détruisit, en 1519, le vaste et florissant empire du Mexique, nous apprennent que l'usage du coton était, parmi ses peuples, aussi commun et presque aussi diversifié qu'il l'est maintenant chez les nations de l'Europe ; on en faisait des vêtements de toute espèce, des tentures, des armes défensives, etc., etc. Les provinces payaient annuellement à l'empereur un tribut en coton (2).

Cependant et malgré une large diffusion, cette plante utile n'était pas connue, au nord du Mexique, chez les peuplades américaines, qui habitaient le territoire actuel des États-Unis, — précisément les contrées qui fournissent aujourd'hui le coton consommé par l'Europe. Jean Smith, l'un des fondateurs des colonies virginiennes, dit que les indigènes n'avaient point de coton ; et en effet, les sauvages de la Nouvelle-Angleterre filaient avec adresse, des fibres d'écorces d'arbres. Il y a également

(1) Ramusio.
(2) Clavigero, t. I, p. 126, 228.

6

tout lieu de croire, d'après les relations de Fernand Soto
et de René Laudonnière, que le cotonnier était étranger
aux Florides, quand les Européens découvrirent ces contrées.

Mais il en était autrement dans l'Amérique méridionale;
le cotonnier y était connu partout, et sa culture semble n'y
avoir eu d'autres limites que celles imposées par le climat
des Terres magellaniques. Il y en avait jusque sous le
49e parallèle, au port Saint-Julien, chez les Patagons, si
l'on ajoute foi à la relation de Magellan, qui prétend avoir
relâché dans ce port en 1519. Il y est dit que les indigènes
avaient la tête liée avec une corde de coton, qui leur servait en même temps à tirer leurs flèches (1).

Les récits les plus circonstanciés de l'origine et de l'u-
sage du coton, parmi les peuples aborigènes de l'Amérique, sont ceux donnés par Garcilaso de la Véga (1) sur
l'empire du Pérou. Ce fut, suivant les traditions anciennes
de ce pays, Mama Cellio, femme de Manco-Capac, fondateur de Cusco, et le premier Inca ou souverain du Pérou,
qui enseigna aux femmes, par son exemple, à filer et à
tisser le coton, ainsi que la laine de Vigogne, et à en faire
des vêtements.

Les Péruviennes filaient en marchant et en s'occupant
d'autres choses; leurs fuseaux étaient de roseau; elles se
servaient des deux mains, pour tirer le coton de la quenouille, et elles le tordaient de la main gauche. Toutes les
toiles étaient faites avec du coton retord; elles avaient

(1) Debrosses, p. 132.
(2) Garcil. liv. I, ch. XVI.

quatre lisières; on ne les faisait que de la largeur nécessaire aux habits ; il n'y avait que peu de coutures à faire
et aucune coupe (1). Les vêtements de l'Inca étaient tissus
et faits, par les vierges consacrées au culte du soleil ; ils
étaient en coton teint de couleurs diverses. Le Llautu,
coiffure particulière aux Péruviens, et qui servait de diadème à leur prince, consistait en une tresse de coton de
la grosseur du doigt, tournée quatre ou cinq fois autour
de la tête. Il était noir pour le peuple et en coton de plusieurs couleurs pour les classes supérieures. D'Acosta, qui
avait vécu longtemps au Pérou, raconte que les cotonniers étaient très-multipliés, dans les vallées et les
terres chaudes et qu'ils fournissaient d'abondantes récoltes (2).

Au revers oriental des Andes, quoique la Flore indigène
fût différente, le coton était très-commun au Brésil quand
Cabral découvrit ce pays, en l'an 1500; et lorsque Pigafetta, l'un des compagnons de Magellan, relâcha, en 1519,
dans la baie de Rio-Janeiro, il reconnut que les lits suspen-
dus des indigènes étaient des filets tissus avec du coton. Il
est remarquable qu'ils leur donnaient le nom de Hamacas,
le même que Colomb avait trouvé à Saint-Domingue. Les
Galibis de la Guyane appelaient le coton Maourou, et les
Caraïbes des Antilles, Manoulou, appellation qui est évidemment la même modifiée légèrement, par chaque voyageur, selon sa prononciation ou celle des sauvages, au milieu desquels il se trouvait dans des occurrences sou-

(1) Garcil, liv. IV, ch. XIII.
(2) D'Acosta, liv. IV, ch. XXV.

vent peu favorables à des recherches philologiques (2).

Ces détails, que nous aurions voulu rendre moins pro-lixes, prouvent un fait inédit important dans l'histoire du coton : c'est que lors de la découverte de l'Amérique, il existait à l'état de culture, dans toutes les parties de cet immense continent, depuis Cuba, la plus septentrionale des Antilles, jusqu'aux limites de la Patagonie, dans un espace embrassant 70 degrés au moins. Comme les cé-réales de l'ancien monde et ses plantes textiles, le coton-nier se reproduisait par les soins des hommes, et ne croissait nulle part spontanément. Partout on le filait au fuseau, à la quenouille, comme les filasses du chanvre et du lin de l'ancien monde; et partout on en faisait plus ou moins habilement des tissus, pour l'usage des indigènes du Nouveau-Monde. Le Mexique et le Pérou, qui for-maient les deux grands empires, centres de la civilisation américaine, avaient poussé très-loin la fabrication des étoffes de coton; et il a fallu, pour les surpasser, que l'Europe sortît de l'ignorance du moyen âge, sans quoi nos serpillières de chanvre n'auraient pas offert un aussi beau produit industriel que les hamacs brésiliens et ca-raïbes, œuvres qui unissaient au plus haut degré l'élégance et la solidité.

S'il est un fait extraordinaire dans l'histoire de l'Éco-nomie domestique des peuples du monde, c'est la fortune prodigieuse de cette industrie de sauvages, devenue de nos jours la plus grande et la plus riche de toutes les in-dustries des premières nations civilisées de l'Europe.

(1) Pigafetta, ch. 1. — Thev. et Léry. Boyer, *Dict. Galibis*. — Ray. Breton, *Dict. caraïbe*.

Quand Christophe Colomb vit, quelques heures après
avoir découvert le Nouveau-Monde, les femmes cuivrées
de Guanahani aborder son vaisseau, pour lui offrir des
écheveaux de coton, combien était-il loin de prévoir que
ces fils déliés seraient, à quelques siècles de là, une immense richesse, surpassant tous les trésors que les Espagnols allaient demander aux mines des deux Amériques.
C'est un exemple signalé de l'aveuglement des hommes
qui veulent toujours sonder la profondeur de l'avenir et
qui ne savent pas même lire dans le livre des destins ouvert devant eux.

Pour donner avant tout quelque idée de cette richesse
produite par le coton, nous allons énumérer les faits généraux qui l'expriment, et dont les preuves se trouveront
déduites dans les pages suivantes ; ceci n'étant rien de plus
qu'un sommaire d'introduction :

**Valeur de la production des tissus de coton comparée
à la population de la France, à chaque époque.**

Années.	Valeur des tissus.	Rapport à la population.
1812......	176 millions de fr.	6 fr. par habit.
1850......	334 —	10 —

La valeur des cotons ouvrés a presque doublé en quarante ans d'une manière absolue et relative. Mais l'accroissement est en réalité triple ou quadruple, attendu que la
baisse des prix élève les quantités dans ces proportions.
La production de 1850, évaluée d'après les bases de 1812,
s'élèverait à plus d'un milliard. C'est le bas prix des cotons
ouvrés qui en a prodigieusement étendu l'usage et qui, en
permettant aux pauvres d'avoir du linge et des vêtements,

6.

a produit un phénomène domestique, nouveau et important dans les annales du monde.

Non-seulement la consommation s'est augmentée inexprimablement d'une multitude d'objets de première nécessité, ou seulement utiles et agréables ; mais encore le commerce d'exportation s'est enrichi très-notablement. Voici l'indication des valeurs qu'il a empruntées annuellement à la production des cotons ouvragés, nonobstant l'influence défavorable des temps.

	Valeur des cotons filés.	Valeur des tissus exportés.	Totaux.
1847.....	18,480,000	154 millions.	172 millions.
1848.....	10,176,000	131 —	141 —
1849.....	9,588,000	147 —	156 —

C'est un commerce d'exportation de 5 fr. par habitant de la France ; on peut croire qu'il doublerait facilement sans beaucoup d'efforts.

En résumé :

Le coton en laine importé vaut environ 72 millions de francs.

Il donne pour 150 millions de coton filé, dont on fabrique annuellement pour 334 millions de tissus.

L'exportation des cotons filés et des tissus vaut 157 millions ; la consommation est au moins de 187 millions de francs ou de 5 fr. 33 cent. de tissus par personne.

Le Royaume-Uni de la Grande-Bretagne et d'Irlande, et non l'Angleterre seule, — sera l'objet, dans les recherches suivantes, d'un pareil tableau analytique.

Le coton en laine importé, en 1851, était estimé, valeur officielle, à 615 millions de francs. En défalquant, 33 p. 100, attendu l'exagération des évaluations anciennes, il valait seulement 410 millions, qui supposent une masse de 274 millions de kilog., chacun à raison de 1 fr. 50 cent. Il faut en déduire :

10 millions de kil. employés brut ou exportés.
39   —   de déchet, ou un septième.
_____
TOTAL. 49 millions.

qui réduisent à 225 le poids du coton employé dans les fabriques. Nous savons, en effet, par d'autres autorités, que récemment il montait à 270 millions de kilogrammes où quatre fois la quantité importée en France. Le déchet n'étant pas défalqué de ce dernier terme, il montait à 265 millions de kilogrammes et ne différait pas essentiellement de l'autre chiffre dont la coïncidence vient l'appuyer.

La matière première exploitée par les fabriques anglaises valait, suivant une appréciation, 405 millions de francs, et suivant l'autre, 396 ; par un terme moyen, environ 400 millions. Si elle était quadruplée en valeur, par l'Industrie, la production des cotons s'élèverait maintenant, dans le Royaume-Uni, à 1,600 millions ; mais si elle était quintuplée, comme il y a peu d'années, elle monterait à la somme prodigieuse de deux milliards de francs. Nous inclinons à croire que l'abaissement des prix a réduit, comme en France, à 350 p. 100, l'accroissement de valeur donné au coton en laine par sa transformation, et que conséquemment la production des cotons ouvrés ne dépasse pas dans les Iles Britanniques, 1,382 millions de francs.

Il en est exporté, pour une valeur déclarée (1849) de

674 millions ; il en reste pour la consommation et en vente, une quantité un peu plus grande, valant 708 millions. C'est plus de 25 fr. par habitant ; ce qui serait énorme, si la contrebande ne diminuait considérablement cette part de la production, en se chargeant d'approvisionner de tissus et de fils anglais, les habitants du littoral depuis Hambourg jusqu'à Cadix, et plus loin encore.

En récapitulant ces données statistiques, on est conduit aux résultats suivants :

1º Royaume-Uni.

	Quantités.	Valeurs.
Cotons en laine importés......	274 mill. de kil.	410 mill. de fr.
Cotons employés bruts ou exportés............................	10 - -	15 —
Cotons employés comme matières premières.............	264 —	395 —
Cotons ouvragés ; leur valeur au quadruple.................	» »	1,580 —
Cotons estimés à 350 p. 100, comme en France..........	» »	1,382 —
Cotons exportés en tissus et filés ; leur valeur réelle	» »	674 —
Cotons consommés ou exportés en contrebande.............	» »	708 —

2º En France.

	Quantités.	Valeurs.
Cotons en laine importés.......	72 mill. de kil.	108 mill. de fr.
Cotons filés...................	60 —	150 —
Tissus de coton..............	80 —	334 —
Tissus exportés..............	» »	147 —
Cotons filés exportés..........	» »	10 —
Consommation des tissus......	» »	187 —
Total de la vente des cotons à l'étranger.................	» »	157 —

Exportation des cotons ouvrés du Royaume-Uni, en 1849. Valeur déclarée.

Tissus de coton.....	1,335,654,000 mètres.	470,850,000 fr.
Coton filé..........	74,750,000 kil.	167,554,000
Bonneterie.........	» »	12,988,000
Fils à coudre.......	2,475,000 kil.	10,685,000
Rubans et filets....	52,959,000,000 mètres.	12,182,000

VALEUR TOTALE de l'exportation des cotons. 674,259,000 fr.

—   —   en 1850..... 706,196,000

En dégageant des exagérations qui masquent leur vérité, les chiffres du mouvement des cotons, dans le Royaume-Uni, on trouve, lorsqu'ils sont rapprochés de ceux de la Statistique de France :

1° Que les cotons en laine importés en Angleterre forment une masse de 274 millions de kilogrammes, tandis que ceux reçus dans nos ports ne s'élèvent qu'à 72 millions ou un peu plus d'un quart seulement.

2° Que les cotons ouvragés — filés et tissus — valent au moins, dans le Royaume-Uni, 1,382 millions de francs, et les nôtres 344, ou le quart.

3° Que l'exportation des cotons filés ou tissus vaut, en Angleterre, 674 millions et même 706, valeur déclarée, tandis que cette exportation ne monte, en France, qu'à 157 millions de francs, ou d'un cinquième à un quart ; d'où il suit que notre plus grande infériorité existe moins encore dans notre fabrication que dans notre commerce de coton.

4° Et enfin que notre consommation en tissus et fils de coton n'est que de 187 millions, au lieu que celle des Iles

Britanniques serait triple ou quadruple, si la contrebande ne la dominait de moitié.

Les données que nous venons d'enregistrer, ne sont rien de plus que des indications, car, dans la réalité, aucune comparaison entre l'Angleterre et la France, ne peut être faite équitablement quant à l'industrie des cotons. Il y a seulement quarante ans que nous nous en occupons, au milieu des violentes distractions que donnent au pays les événements politiques et militaires, tandis que depuis quatre-vingts ans, l'Angleterre en fait un objet d'études économiques et technologiques, étant guidée merveilleusement par des hommes de génie et par des occurrences favorables au plus haut degré. Ces occurrences sont la possession de toutes les colonies qu'elle a prises, les unes après les autres, à la France, à l'Espagne, à la Hollande, et qui lui ont fourni les récoltes de tous les cotonniers existant alors. Il est vrai que les États-Unis ont émancipé l'Europe, de la nécessité d'acheter aux Anglais la matière première de leurs tissus ; mais pendant qu'ils en avaient le monopole, ceux-ci avaient amassé d'énormes capitaux, qui ont servi à étendre leurs fabriques et à assurer leur supériorité, en les dotant d'une multitude de machines propres à abaisser le prix du travail et à vaincre la concurrence. Dès 1787, les manufactures de coton avaient, en Angleterre, 360,000 ouvriers, bien plus que la France n'en occupe aujourd'hui. En 1791, elles employaient déjà 17,781,000 kil. de coton en laine, qui leur donnaient d'immenses profits. Chaque kilogramme de laine filée valait 10 liv. sterl. ou 250 fr. et le triple ou 750 fr. quand il avait été tissé en mousseline et orné au tambour. La matière première acquérait alors un prix de 59 p. 1 de sa valeur antérieure, ou près de 6,000 fr. pour un déboursé de 100 fr.

Quand on considère que cette prodigieuse fortune a duré depuis 1791 jusqu'en 1825, sans rencontrer la moindre rivalité, on s'explique comment l'Angleterre était devenue si riche qu'elle put subventionner l'Europe, pendant le quart d'un siècle. On comprend comment, avec ses immenses capitaux, elle put organiser sur la plus grande échelle, ses manufactures de coton, les consolider comme des monuments, et leur donner la puissance des merveilleuses machines d'Arkwright, de Watt et de Bolton.

Il semblait que la France, entrée si tardivement dans la même carrière industrielle, sans expérience, sans fer et sans houille, ces éléments indispensables du succès, ne pût même pas se traîner à la suite de l'Angleterre triomphante. Elle a cependant réussi, dans le dessein de la suivre et de l'imiter ; ses progrès, dans les tissus imprimés, ont même surpassé les siens ; et, malgré les tribulations qui ont suspendu sa marche plusieurs fois, elle n'est pas loin d'atteindre le tiers de cette fortune surprenante de l'Angleterre, dont elle désespérait, il y a quarante ans, de pouvoir rien acquérir, par ses travaux. Tant d'avantages pour la prospérité publique et privée, sont attachés au succès, qu'il faut désirer ardemment tout ce qui peut contribuer à l'obtenir, sinon pareil, du moins assez grand, pour accroître notre commerce avec l'étranger et donner à chaque adulte de notre population, trois chemises de calicot, et, de plus, aux femmes, des robes d'indienne à bon marché. Ce serait là une prospérité dont l'histoire économique de l'Europe n'offre pas d'exemple.

Nous exposerons, dans les pages suivantes :

1° La Statistique des cotons en laine ;

2° Celle des cotons filés ;

3° Celle des tiss. s de coton.

1° COTON EN LAINE. — Le coton est une laine végétale qui enveloppe, dans des capsules sèches, les semences de plusieurs espèces de la famille des Malvacées. Deux ou trois de ces espèces sont originaires de l'Inde, et donnent à ce pays la matière première des mousselines qu'on y fabrique de temps immémorial. D'autres espèces également frutescentes fournissaient aux Mexicains, aux Péruviens, aux Brésiliens et aux peuples des Antilles les cotons dont ils faisaient des vêtements et des cuirasses, quand les Espagnols et les Portugais envahirent leurs territoires. Une espèce herbacée, plus prompte par conséquent à se multiplier, a remplacé les espèces qui forment des arbrisseaux, et elle est devenue la plus abondante. Les cotonniers naturalisés dans l'Amérique du Nord, lors de l'établissement des Pensylvaniens, ont été propagés avec une activité admirable et sont aujourd'hui l'une des plus riches cultures du monde.

C'est encore une grande prospérité dont la France a eu l'initiative et dont elle a mal profité, suivant sa coutume. De toutes les cultures coloniales, celle du coton est la plus ancienne. Lorsqu'en 1492, Christophe Colomb découvrit la Guadeloupe, il y trouva de nombreuses plantations de coton, que les insulaires entretenaient avec soin, et dont ils tiraient diverses choses utiles à leurs besoins essentiels. Le Père Dutertre, dont le séjour dans cette île, colonisée par les Français, remonte aux premières années de leur établissement, rapporte que les cotonniers y étaient très-multipliés, et que les Caraïbes qui habitaient les campagnes les cultivaient autour de leurs carbets. Les hamacs de ces sauvages étaient tissés avec du fil de coton un peu gros, mais très-uni et bien tordu. On comptait, en 1636, qu'il fallait 7 à 8 livres de ce fil, pour faire un hamac de 12 pieds de long sur 6 à 7 de large. Il était teint à carreaux bleus avec de l'indigo ou à raies rouges avec du roucou. Les bords et les extrémités étaient garnis de franges ornées. Les cordes, pour suspendre le hamac à des poteaux ou à des arbres, étaient faites en filaments d'aloès américains ou avec ceux de plusieurs Malvacées arborescentes. C'était pareillement avec du fil de coton, que se faisaient les colliers des Caraïbes et les ceintures tissées de leurs femmes. Ces ouvrages étaient fabriqués avec beaucoup d'habileté à Saint-Vincent, lorsqu'en 1796, les Anglais attaquèrent ces indigènes dans leur dernier asile, et en effacèrent la trace.

Les premiers colons français des Antilles s'approprièrent la culture du cotonnier et réussirent à en tirer parti. De 1698 à 1702, ils vendaient le coton 9 sous la livre ; et les recensements attribuent, en 1779, 3,627,000 cotonniers à la Martinique, et 13,628,000 à la Guadeloupe, en 1772. L'hectare rapporte 500 livres de coton en laine dans les bonnes années. La récolte descend à la moitié dans les mauvaises, qui sont causées par les ravages des insectes. La Guyane, dans ses meilleurs jours, produisait 5 à 600,000 livres pesant d'excellent coton. Cette culture a toujours éprouvé mille sortes de désastres. Les compagnies, qui étaient jadis maîtresses de nos Antilles, imposèrent les cotons à un taux qui en fit abandonner la production. A la Guadeloupe, les colons ne pouvaient trouver à vendre cette denrée, parce que les marins prétendaient qu'elle tenait trop de place à bord des navires et qu'une telle cargaison était trop exposée au feu. A la Martinique, le succès des cannes à sucre fit délaisser les autres cultures, qui devinrent le partage des petits propriétaires, stigmatisés du nom de Petits Blancs. C'est ainsi que la culture du cotonnier, repoussée par les colons, échut aux habitants des États-Unis, qui ne se sont guère inquiétés du danger d'en apporter les récoltes dans leurs navires, ni de l'humiliation de s'enrichir par une culture dédaignée, qui semble, aux Antilles, ne pouvoir figurer que dans un jardin à nègres.

Cependant, le coton de la Guyane est d'une excellente qualité, et celui de la Martinique ne lui est pas inférieur. Ce n'est assurément pas la terre qui manque dans nos colonies; et s'il est possible d'y réussir à quelque chose, on peut affirmer que c'est au rétablissement de la culture du cotonnier, qui n'exige ni capitaux, ni attente, ni travail pénible et d'un apprentissage difficile.

Dans l'état actuel de la production de cette laine végétale, c'est à peine si l'on doit compter les Antilles parmi ses pays de provenance; notre approvisionnement nous est fourni en quantités minimes par le Brésil et l'Égypte; et pour cet objet important la France, ainsi que l'Angleterre, dépend des États-Unis. Si, par malheur, cette importation était empêchée par la guerre ou seulement par un bill de *non-intercourse*, il en résulterait pour ces deux pays des perturbations si grandes qu'on ne saurait en cal-

culer les effets. On peut dire toutefois que celles qu'é-
prouverait l'Angleterre, seraient d'une étendue et d'une
violence sextuples des nôtres.

On estime à 270 millions de kilog. la quantité des cotons en laine, importés en 1847, en Angleterre. Malgré
nos progrès, nous sommes bien loin d'un pareil terme ; et
l'on n'ose pas former le vœu d'y vóir arriver la France,
quand on considère les dangers que provoque une si prodigieuse fortune industrielle.

L'importation, en France, pour la consommation de nos
fabriques et pour l'exportation, s'est élevée récemment aux
quantités et valeurs ci-après énumérées :

	Quantites.	Valeurs réelles.	Val. off.
1847...	45,522,000 kil.	68,281,000	81 millions.
1848...	44,909,000	67,363,000	80 —
1849...	64,109,000	96,163,000	115 —
1850...	46,667,000	70,000,000	84 —
1851...	56,000,000	84,000,000	101 —

La valeur réelle est établie au prix moyen de 1 fr. 50 c.
Elle diffère énormément de la valeur officielle, estimée à
1 fr. 80 c., en 1826, et qui s'est amoindrie d'année en année. Elle s'augmente de l'impôt prélevé à l'importation,
et qui étant de 22 fr. par 100 kilog. s'est élevé, en 1851,
à 12,320,000 fr. ou un septième de la matière première
brute et de sa valeur réelle. Cet impôt équivaut à 8 millions de kilog. de coton en laine, dont il diminue la fabrication. Celle-ci quintuplant la valeur des cotons importés,
il cause à l'Industrie un préjudice de 32 millions de francs ;
réduction, qui entraîne celle de 25,000 ouvriers. Avec de

pareilles dispositions fiscales, invétérées, il est impossible de lutter contre l'Angleterre.

Les importations de coton en laine se distribuent ainsi qu'il suit, en quantités et en valeurs.

	Quantités.	Valeurs.
Cotons réexportés.......	9,000,000 kil.	13,500,000 fr.
— pour les filatures.	62,830,000	94,246,762
Totaux..........	71,830,000 kil.	107,746,762 fr.

Le déchet des cotons envoyés aux filatures est d'un septième, ce qui en réduit la quantité à 58 millions de kilog. au prix de 1 fr. 62 c. chacun.

Les 62 millions de coton en laine, importés pour les filatures, étant transformés en tissus et autres produits fabriqués, qui valent au moins 334 millions, l'industrie de nos manufactures quintuple la valeur de la matière première, et l'augmente quatre fois, ou autrement lui donne une plus-value de 250 millions de francs. Des opinions, hasardées à l'appui d'argumentations intéressées, ont exagéré la richesse de la production des cotons jusqu'à 800 millions de francs. Il n'y a point de fondement à de telles assertions.

Par des aperçus généraux, on estime que la consommation du coton en laine est ainsi qu'il suit maintenant :

Grande-Bretagne..........	270 millions de kil.
France..................	72 —
Autres États de l'Europe...	80 —
États-Unis d'Amérique.....	80 —
Total..........	502 millions de kil.

A 1 fr. 50 c., c'est une valeur de 753 millions de francs. Si la matière première était partout quintuplée, comme en France, la production industrielle du coton se rapprocherait annuellement de 4 milliards. Assurément, lorsque Colomb remarqua aux Lucayes, un arbuste à fleurs de Mauves, dont les semences étaient enveloppées d'un duvet soyeux, il ne prévit pas que c'était un trésor bien autrement précieux que les mines d'or du Cibao, et qu'il aurait mieux valu faire planter des cotonniers aux Indiens, plutôt que de leur faire creuser les mornes aurifères d'Haïti, qui devinrent leur tombeau.

L'extension continue de la culture des cotonniers aux États-Unis, et la liberté des communications maritimes jointes à la rapidité de plus en plus grande de la navigation transatlantique, ont abaissé gradativement le prix des cotons en laine et rendu plus accessibles les tissus qui en sont tirés. Voici les termes de cet abaissement :

	Prix du lainage.	Prix du coton filé.
1811....	14 f. 85 c. le kil.	25 f. 61 c. le kil.
1815....	6 38 —	15 20 —
1820....	3 87 —	10 39 —
1825....	3 44 —	6 77 —
1830....	2 22 —	4 90 —
1833....	8 27 —	5 36 —
1840....	1 92 —	3 64 —
1845....	1 55 —	3 21 —
1850....	1 50 —	3 00 —

Ainsi, en quarante ans, le coton en laine a diminué de prix de 13 fr. 35 cent. par kil., et il valait, en 1811, presque 15 fois autant qu'aujourd'hui. C'était, il faut le dire,

une exagération de valeur produite par la guerre et le blo-
cus continental; mais le prix de 1815 montre que ces
causes ne l'augmentaient que du double de la valeur qui
lui était donnée par l'enfance de l'Industrie. Aujourd'hui
10 mètres de calicot blanc, moyen, valent 7 fr. 15 cent.
ou 65 cent. chacun; il suffit pour les faire d'un kilogramme de coton en laine, au prix de 1 fr. 50 cent. La filature, le tissage et le bénéfice du marchand en détail
montent à 5 fr. 65 cent. La valeur de la matière première
est quintuplée et 15 cent. au delà. Il est évident que ce
n'est pas là un état normal, et que le prix des cotons doit
encore diminuer progressivement, ce qui rendra leur
usage plus étendu et plus vulgaire. Après la vie à bon
marché, rien n'est d'une utilité plus grande pour le peuple
que le bas prix des tissus dont on fait le linge de corps et
de ménage. Tout le monde sait que n'avoir pas de chemise
est le dernier degré de la misère, et coucher sans draps le
dernier degré de la malpropreté. Ces objets sont beaucoup
plus essentiels à l'aisance domestique que la Poule au pot
de Henri IV, qui, d'ailleurs, il faut bien l'avouer, n'était
qu'une gasconnade et une hâblerie du bon roi.

Pour atteindre ce but désirable, il faudrait pouvoir réduire considérablement, de moitié s'il était possible, le
prix du coton en laine. Il est bien déjà descendu de 12 fr.
à 6, — de 6 à 3, — de 3 fr. à 30 sous; il peut assurément arriver à 75 cent. Toutes les denrées coloniales ont
subi, depuis la paix, une dépréciation analogue. De nouvelles cultures du coton peuvent seules amener cette
baisse. L'Algérie y semble destinée naturellement. Ce vaste
pays ne saurait, comme au temps des Romains, produire

aujourd'hui des blés, puisqu'en les introduisant sur nos marchés, il étoufferait, ainsi qu'il le fit jadis en Italie, la culture nationale. Mais il peut exploiter sur la plus large échelle, la culture du cotonnier, favorisée, comme elle le serait, par le climat. Les essais, qu'on en a faits, ont réussi à souhait, en quantité et en qualité ; et la faible distance, qui séparerait la production de la consommation, donnerait à toutes les deux des avantages inestimables. Les cotons n'auraient plus à franchir 1500 lieues de mer, et ils ne nous laisseraient plus à redouter qu'à la moindre difficulté diplomatique 200,000 ouvriers se trouvassent sans travail. Il n'y a point de difficultés sérieuses à reproduire dans les campagnes de l'Algérie les immenses cultures de cotonniers, qui ont enrichi les États-Unis, et lui donnent annuellement une récolte de 2,400,000 balles ou 480 millions de livres pesant. Mais il importe de le remarquer, pour atteindre un aussi grand objet que celui de rendre, pour ainsi dire indigène, le cotonnier, en le multipliant, dans une colonie, située aux portes de la métropole, il faudrait bien se garder, comme nous y sommes enclins, d'en faire une culture de jardin, une expérience d'horticulture avec des résultats nuls ou sans effets utiles. Il serait absolument nécessaire de procéder en grand, comme à la Louisiane, pour les cotonniers, — dans l'Inde, pour le riz et l'indigo, — dans la Tauride, pour le blé ; et l'on devrait créer des plantations de Gossypium, non par hectare, mais bien par lieue carrée.

La possibilité d'une telle extension paraîtra fort douteuse, préoccupés, comme on l'est, d'opinions erronées sur cette culture. On croit volontiers qu'elle est hérissée d'obstacles, en voyant ses produits vendus à haut prix. On suppose qu'elle est pénible, hasardée, aventureuse à l'égal des récoltes de la Vanille, de la Cochenille ou seulement du Thé. Il n'en est rien; le cotonnier croît partout dans les pays chauds; il s'accommode des plus mauvais terrains et vient à merveille dans les sols tuffacés ou calcaires, qui ne peuvent produire aucune autre plante utile. Il n'a besoin ni d'engrais, ni de labour, ni de soins agricoles. Il suffit, pour produire un cotonnier arborescent, de faire un trou dans la terre avec un bâton pointu, et d'y placer deux graines, qu'on abandonne à la sollicitude de la Providence. La cueillette des flocons, qui sortent d'eux-mêmes de leur capsule, est faite par des femmes et des enfants. La séparation des graines n'exige qu'un peu d'habitude; et le plus difficile est d'empaqueter la moisson, et de l'empêcher de se gonfler, de s'étaler et de s'envoler au moindre vent. Il est vrai que parfois l'espoir du planteur est frustré par les ravages des insectes; mais l'Europe elle-même, malgré son climat privilégié et ses bienfaisantes alternatives de chaleur et de froid, est exposée, depuis quelques années, à ce genre de fléau. D'ailleurs, il n'est pas prouvé que l'Algérie n'en serait pas exempte, pendant un demi-siècle, comme il est advenu aux Antilles.

Il serait également avantageux, important, pour cette grande colonie et pour les fabriques de la métropole, que la culture du cotonnier devînt l'objet principal des soins agricoles des populations arabes et françaises. L'assimilation des produits algériens à ceux de notre territoire, faisant admettre en franchise, dans nos ports, les cotons de cette provenance, ils obtiendraient immédiatement une supériorité marquée sur ceux d'autres origines.

Un exemple frappant, que nous avons sous les yeux, doit nous persuader que le coton est l'un de ces produits dont l'influence est immense et la prospérité sans limite. En 1781, époque de la première fabrication des mousselines en Angleterre, ce pays employait 1,500,000 kil. de coton en laine, dont il faisait pour 50 millions de produits manufacturés. Maintenant cette importation est 180 fois aussi grande en quantité. Étant d'environ 270 millions de kilogrammes à 1 fr. 50 cent., elle vaut 405 millions de francs. Elle est estimée, pour 1851, à 615,540,000 francs; mais il faut retrancher au moins 33 p. 100 des valeurs officielles, et l'on peut la fixer, pour cette époque récente, à 410 millions. Nous rechercherons plus tard quelle valeur ont les tissus qu'on en tire.

En conseillant de faire de l'Algérie la base d'une prospérité, sinon aussi grande, du moins très-considérable, il importe de faire une observation essentielle à ce sujet. En examinant avec une médiocre attention, les différentes espèces de cotonniers arborescents, on les confond facilement les unes avec les autres, leurs diversités consistant dans des caractères peu tranchés. Cependant la laine qu'ils donnent, est loin d'être la même; et soumise à la filature, elle fournit des produits qui diffèrent entre eux, en valeur, de 100 p. 100. Ainsi, le coton, que rapporte notre colonie de Bourbon, dans la mer orientale d'Afrique, est d'une qualité tellement supérieure que, filé, à Manchester, il a donné à la livre, jusqu'à 300 écheveaux, dont le fil avait une longueur de 840 mètres. Le coton du Sénégal sur la côte occidentale du même continent, ne fournit à la fila-

ture, que 140 écheveaux, ou moitié moins, et enfin le coton commun de Surate, à l'extrémité occidentale de l'In-
doustan, ne fournit que 20 écheveaux ou 42 fois moins que
celui de Bourbon. Mais aussi ce dernier valait 10 fr. 25 c.
la livre, tandis que celui de Surate était tombé à 90 cent.
ou un douzième de la valeur du coton de Bourbon.

Il est donc d'une extrême importance de choisir avec
un soin minutieux, les graines des cotonniers, qu'on vou-
dra naturaliser en Algérie. Faute de ce soin, on peut tomber dans de grandes et fâcheuses méprises. En voici un
exemple dont nous avons été témoin. Par un projet généreux, pour multiplier aux Antilles les moyens d'alimentation, le gouvernement prescrivit, en 1794, que l'arbre à
pain, *Artocarpus incisa*, serait naturalisé à la Martinique.
Une expédition fut chargée d'en apporter des plants de
la Polynésie. Ceux qu'il introduisit dans la colonie furent
reproduits par des boutures et élevés près des habitations,
avec beaucoup de sollicitude. On attendit impatiemment,
pendant plusieurs années, l'époque à laquelle ils devaient
rapporter leurs fruits bienfaisants. Enfin ces fruits parurent; on s'attendait à les trouver entièrement remplis
d'une pulpe farineuse, sucrée, comestible, agréable, telle
que celle qu'ils donnent aux îles des Amis. Quelle surprise
fut celle des nombreux colons qui avaient élevé ces arbres,
quand, en ouvrant leurs fruits volumineux, ils les virent
remplis de châtaignes tenant la place de la pulpe alimen-
taire, sur laquelle on avait compté! C'est qu'au lieu d'importer aux Antilles des plants d'Arbres à pain, les navigateurs avaient pris, pour eux, par mégarde, ou par quelque
tromperie des insulaires du grand Océan, des plants du

Châtaignier du Malabar, autre espèce, ou plutôt autre variété plus proche de la nature sauvage, et dont les semences n'étant pas avortées, comme dans le fruit de l'Arbre à pain, ne donnent pas lieu au développement de la pulpe qui fait le grand prix de ce curieux et intéressant végétal. C'est ainsi que fut frustré le projet de doter nos colonies occidentales d'une espèce utile, et qu'on multiplia, en croyant fermement la posséder, un arbre qui n'a que fort peu de valeur. Il en serait pareillement si, par méprise, on naturalisait en Algérie le cotonnier de Surate, qui ne produit qu'une laine chétive, au lieu de celui de Bourbon, qui en donne une de qualité supérieure.

La consommation du coton en laine s'est augmentée progressivement, ainsi qu'il suit, en France et dans le Royaume-Uni de la Grande-Bretagne :

Angleterre.

Années.	Quantités.	Valeurs réelles.
1781....	1,500,000 kil.	30,000,000 fr.
1787....	11,300,000	187,500,000
1812....	30,642,000	150,000,000
1820....	68,703,000	346,075,000
1826....	81,445,000	263,050,000
1848....	315,459,000	473,188,000
1849....	330,960,000	496,440,000
1850....	298,609,000	447,000,000

Depuis 1812, en l'espace de quarante ans, l'Angleterre a presque décuplé sa consommation en coton brut. Le prix n'est pas du tiers. Le kilogramme, qui est payé maintenant à peine 1 fr. 50 cent., valait 5 fr. pendant la guerre, et

20 fr. en 1781. On a aujourd'hui 14 kilog. de coton pour le même prix qu'un seul, il y a soixante-dix ans.

L'importation du coton dans le Royaume-Uni correspond à l'énorme quantité de 10 kilog. par habitant ; mais les fabriques anglaises habillent de leurs tissus les populations des cinq parties du globe.

France.

	Quantités importées.	Valeurs réelles.
1816....	12,000,000 kil.	72,000,000 fr.
1826....	32,000,000	112,000,000
1836....	40,000,000	130,000,000
1846....	65,000,000	105,300,000
1850....	71,000,000	106,500,000

En trente-cinq ans la France a sextuplé sa consommation de coton en laine ; elle n'a augmenté que de moitié en sus la somme qu'elle mettait à son achat, en 1816. Le kilog. qui valait alors 6 fr. est réduit à 1 fr. 50 cent., c'est-à-dire au quart de son ancien prix ; et toutes choses égales d'ailleurs, on a quatre fois autant de marchandises de coton pour la même somme d'argent. Cinq personnes devaient alors se partager 1 kilog. de coton ; maintenant, chaque habitant de la France dispose de 2 kilog., qui peuvent donner 18 mètres de calicot de moyenne qualité.

2° Cotons filés. — La filature du lin, du chanvre et de la laine croupissait dans une ornière sans fin, quand un nouveau produit vint changer les destinées des matières textiles, et couvrir la nudité de l'homme par une si grande étendue de tissus, que la terre qu'il habite, pourrait en être revêtue. Ce produit c'est le coton, qui n'est ni une filasse tirée de l'écorce filamenteuse des plantes, ni une laine provenant de la robe des animaux, ni une soie filée par des chenilles ou des vermisseaux. Le coton sort d'une capsule, sous la forme d'un flocon de duvet soyeux, d'une blancheur éclatante et dont les fils imperceptiblement dentelés, se groupent en faisceaux par la filature, et deviennent, au moyen de l'art du tissage, de magnifiques étoffes, diaphanes comme l'air, fines, nuancées et brillantes comme les pétales des fleurs.

Nonobstant les communications de l'Egypte, avec l'Inde, par la mer Rouge, qui apportèrent aux Romains les mousselines tissées sur les bords du Gange, et quoique les Arabes eussent naturalisé dans leurs jardins de Valence et de Grenade les cotonniers des rives du Nil, ce furent les Conquistadors qui, à leur retour du Mexique, du Pérou et d'Hispaniola, opérèrent les premières importations fructueuses du coton en laine. Tout ce que put faire pour lui la routine, cette reine du monte, ce fut de le traiter comme une vile filasse, et de le livrer à la quenouille des vieilles femmes, afin qu'à l'aide de leur salive gluante et de leur rouet, elles en tirassent un fil inégal et grossier. Dans son pays natal, le coton était respecté comme un présent des dieux; il était préparé dans les palais de la ville de Mexico, par les mains des princesses, épouses ou filles de l'empereur Montézuma. En Europe, sa filature fut abandonnée aux hôtes infimes des prisons, des hospices et des dépôts de mendicité. La fortune lui devait une réparation digne de ses bienfaits; elle la lui donna en faisant de son industrie la plus grande qui jamais ait existé sur le globe.

Le premier qui opéra cette belle révolution fut un ouvrier anglais, James Hartgrave, simple charpentier, qui ne
savait ni lire ni écrire, et qui néanmoins inventa, en
1767, la machine à filer le coton. Il l'appela Jenny, du
nom de sa femme; par son moyen, au lieu d'un seul fil,
on pouvait en filer huit à la fois; et plus tard, enhardi par
ce succès, il en construisit une à 120 broches. Pour dis-
culper la France de l'accusation d'être le seul pays où
l'on récompense mal le talent, il faut dire qu'Hartgrave,
dont le génie enrichissait l'Angleterre de trésors sans pareils, fut ruiné par le vol de sa découverte et mourut dans
une prison.

La machine à filer fut perfectionnée, en 1769, par Ri-
chard Arkwright, et, en 1775, par Samuel Crompton. Elle
resta inconnue, en France, pendant trente ans. Enfin elle
fut importée, en 1800, par les frères Bauwens, de Gand,
qui la présentèrent au premier Consul. Elle avait pris le
nom de Mull-Jenny, qu'elle a conservé.

Depuis le commencement du siècle, son mécanisme et
ses fonctions reçurent des améliorations qui furent dues
principalement à Calla de Paris, Souchet de Rouen, et
Albert.

Maintenant le coton est entièrement filé à la mécanique
et s'est rendu partout indépendant de la quenouille. 734
moulins dont un tiers mû par la vapeur, mettent en mouvement 16,341 métiers et 10,402 autres machines, qui
font tourner 3,263,196 broches. Chaque métier correspond
à 200 broches, et chaque broche à 20 kilogr. de coton en
laine.

Cette matière première, soumise au filage, donne annuellement 31,415,000 kilogr. de coton filé, qui, au prix moyen de 3 fr. chacun, élèvent la production des filatures à une valeur de 94,246,000 fr. En 1834, le kilogramme de coton filé valait 5 fr. et même 5 fr. 60 cent. Les progrès de l'action des machines ont diminué la main-d'œuvre de deux cinquièmes au profit des consommateurs.

Par une suite d'aperçus, qui proviennent d'estimations locales, le nombre des broches servant maintenant à la filature du coton, s'élève aux termes suivants, dans les principaux pays manufacturiers :

	Broches.	
Angleterre..............	15,554,000	
Écosse.................	1,730,000	17,497,000
Irlande...............	213,000	
France........................		3,263,000
États-Unis d'Amérique............		2,500,000
Autriche........................		1,500,000
Prusse et Allemagne.............		815,000
Russie		700,000
Suisse........................		650,000
Belgique........................		353,000
Espagne........................		300,000
Italie........................		300,000
TOTAL...........		25,378,000

Les seuls nombres officiels et certains sont ceux appartenant à la France et à la Belgique. Parmi les autres, plusieurs nous paraissent exagérés, à commencer par les Iles Britanniques, qui ne doivent avoir que 13 millions de broches à filer le coton, au lieu de 17, puisque leur approvisionnement est de 270 millions de kilog. faisant quatre fois tout au plus celui de la France.

Statistique des filatures de coton.

Nombre de filatures...........................   566
—   de communes où elles sont situées............   275
Leurs valeurs locatives........................ 2,379,774 fr.
Montant de leurs patentes....................   259,469
Quantité de matière première. Coton en laine.... 62,830,000 kil.
Sa valeur.................................. 94,246,762 fr.
Quantité de coton filé, déchet non compris...... 58,000,000 kil.
Valeur totale du coton filé................... 147,206,902 fr.
Nombre d'ouvriers   63,064

         Hommes.....   22,807 à 1 f. 96 c.
         Femmes...... 23,531 » 1 01
         Enfants....... 16,726 » 0 59

      MOTEURS. Moulins à eau   478
      —   — à vent......   7
      —   — à manége ..   5
      —   — à vapeur ...   244

      FEUX. Fourneaux.......   37
      — Forges...........   83
      — Métiers   16,341
      — Broches.........   3,263,196

    Matières premières...................   65 p. 100
    Salaires, frais généraux et bénéfices....   35   —

Savoir : Salaires : Hommes........   13,592,912 fr.
            Femmes   7,082,831
            Enfants........   2,676,160
                —————
       TOTAL.......   23,351,315 15 p. 100
Frais généraux et bénéfices. 29,609,000 20   —
                —————
       TOTAL.......   52,960,000 35   —

Le calcul général ne donne pour la valeur du kilog. de

coton filé, que 2 fr. 55 cent., au lieu de 3 fr., prix antérieur, et qui paraît avoir diminué de quelque chose.

Non-seulement nos filatures fournissent aux fabriques
de tissus, mais encore elles commencent à fournir des cotons filés aux pays voisins. Cependant ces débouchés sont
encore trop peu considérables pour exercer quelque influence; ils indiquent seulement que si l'abondance de la
matière première le permettait, il y aurait là l'objet d'un
commerce digne d'intérêt. Il a été exporté :

En 1847...   ?,080,000 kil. de coton filé.
   1848...   1,696,000   —
   1849...   1,598,000   —

L'Angleterre, après avoir longtemps hésité à fournir du
coton filé aux pays étrangers, qui en font des tissus, à son
détriment, n'a pu résister à l'appât d'une vente avantageuse; et maintenant cette exportation égale en valeur un
neuvième de celle des tissus. En 1851, elle s'est élevée
nominalement à 320 millions de fr., presque autant que
la valeur de toute notre production en tissus de toute
sorte. Mais ce chiffre est illusoire et doit être réduit de 33
p. 100, ce qui borne l'exportation du coton filé anglais à
214 millions de fr., somme qui est encore prodigieuse.

3° TISSUS DE COTON. — Le coton est le Protée de l'Industrie moderne; il prend toutes les formes, les couleurs,
les aspects. C'est tour à tour, un tissu léger, diaphane,
qui enveloppe sans les cacher les charmes de la jeunesse
et de la beauté; on l'appelle mousseline, ou mieux en-

8.

core un réseau à jour, qui voile, en le laissant admirer, un joli visage ; on le nomme tulle ou dentelle, ou ce qui est moins brillant mais plus utile, une toile blanche, usuelle, qui nous fournit 25 millions de chemises annuellement, et dont l'appellation indienne, Calicot ou Calicout, est celle d'une ville du Malabar où Vasco de Gama surgit au terme de ses hardies navigations.

Le coton simule à s'y tromper : la soie par ses étoffes capillaires et lustrées, la laine par ses peluches et ses velours, le lin par ses batistes et ses dentelles et la toile par ses madapolams et autres tissus indiens fabriqués en France. Mais ses qualités supérieures, spéciales et économiques se déploient surtout dans les étoffes où il se montre lui-même. Ce sont la légèreté de ses tissus, leur souplesse, leur résistance à l'action de l'air et de l'humidité, leur aptitude à prendre toute espèce d'apprêts et de couleurs, et à se revêtir, par l'impression, des dessins les plus délicats, les plus compliqués, ornés des nuances de l'arc-en-ciel. Ces qualités sont d'autant plus précieuses que les étoffes qui les possèdent sont à bas prix, et accessibles à tout le monde, privilége très-important que jusqu'à présent ne peuvent obtenir ni les tissus de laine, ni ceux de soie, ni même les produits du chanvre et du lin.

Le premier service que le coton ait rendu à la société moderne, est assurément la multiplication ou pour mieux dire la vulgarisation domestique de ses tissus. Un indigent ne pouvait acheter qu'une chemise de toile, et se trouvait menacé de ne pouvoir la changer au bout d'une longue semaine de travail. Pour le même prix, il acquiert deux chemises de calicot, qui lui permettent d'agir comme s'il en avait une douzaine. La propreté, cette vertu des peuples, y gagne considérablement, et la santé publique aussi.

L'Industrie des tissus n'est pas moins redevable à l'introduction des fabriques de coton. Ce sont elles qui ont donné aux lainages la filature mécanique ; et le lin commence déjà à leur emprunter cet immense avantage, qui seul peut rendre son usage étendu, économique et populaire.

La prospérité du coton a fait naître une sorte d'enthousiasme, incompatible avec les froids calculs de la Statistique. L'orgueil du succès a fait exagérer énormément le développement de cette industrie ; et l'on a rêvé des chiffres, sinon semblables, du moins rivaux de ceux que publie l'Angleterre, non sans quelque suspicion de ne pas être plus fidèle à la vérité. De très-bons esprits, dont les appréciations numériques sont, en toute occasion, d'une exactitude étonnante, se sont laissé surprendre, par les vanteries de fabriques, et ont estimé la valeur de l'Industrie du coton à 650 millions, c'est-à-dire au double de la réalité. Kœchlin, un homme éminent qu'on ne peut accuser d'être un calculateur de cabinet, a eu le malheur d'avancer dans l'Assemblée nationale, que la production de l'Industrie des cotons s'élevait à 800 millions et leur exportation à 150. En effet, les tissus exportés, en 1847, étaient évalués, d'après le tarif de 1826, à 147 millions, mais en valeurs actuelles, ils ne s'élevaient qu'à 59, ou deux cinquièmes seulement de la somme prétendue. L'erreur, dans l'estimation de la production totale était la même et tout aussi forte. Au lieu de 800 millions cette production est de 320, ou uniquement de deux cinquièmes. Il devait être cependant bien facile à un manufacturier aussi expérimenté de reconnaître que le résultat de son calcul était impossible. En 1847, il fut importé 45 millions et demi de kilog. de coton, valant 68 millions de francs, pour en tirer une richesse de 800 millions de tissus, il aurait fallu donner à la matière première 12 fois sa valeur. C'est un prodige qui n'est possible que pour les ressorts de montre ou la dentelle ; et, c'est déjà beaucoup assurément que d'obtenir à force de génie, d'une balle de coton, quatre fois l'argent qu'elle a coûté dans le port du Havre.

Après six ans d'investigations laborieuses, nous pouvons offrir des résultats statistiques, achetés plus cher que ne voudrait y mettre aucun publiciste de l'Europe.

RÉSUMÉ

des valeurs de la production générale des tissus de coton.

	Nombre d'établissem.	Valeur des mat. premières. Coton filé.	Valeur des prod. fabriqués.
Tissus de coton pur.	1,484	98,736,826 fr.	163,696,940 fr.
— à jour.......	46	5,350,480	14,455,901
— mélangés....	195	37,325,506	55,849,094
TOTAUX........	1,725	141,412,812 fr.	234,001,935 fr.
Articles subalternes.	11	1,549,700	2,127,360
TOTAUX........	1,736	142,962,512 fr.	236,129,295 fr.
Accessoires aux tissus purs.............	287	60,649,215 fr.	88,318,198 fr.
Accessoires aux tissus mélangés.........	17	4,342,521	9,437,681
TOTAUX........	304	64,991,740 fr.	97,755,879 fr.

	Nombre d'établissem.	Valeur des mat. premières.	Valeur des prod. fabriqués.
TOTAL GÉNÉRAL......	2,040	207,954,258 fr.	333,885,174 fr.
Nombre des filatures.....	566		
TOTAL des établissements.	2,606		

Nombre d'ouvriers et de métiers.

Tissus de coton pur..........	145,474 ouvriers.	92,623 métiers.
— à jour.................	17,377 —	1,687 —
— mélangés...............	25,716 —	16,693 —
TOTAUX..........	188,567 —	111,003 —
Articles subalternes et accessoires	23,299 —	2,370 —
TOTAL GÉNÉRAL.....	211,866 —	113,373 —
Plus, ceux des filatures........	63,064 —	16,301 —
ENSEMBLE.......	274,930 ouvriers.	129,674 métiers.

Les chiffres qui forment ces tableaux sont inédits, relevés officiellement par établissement et les seuls qui aient été ainsi recueillis sur cet important objet. Plus loin les détails de leurs éléments principaux seront développés. Nous donnerons ici les résultats de leur masse exprimée en valeurs.

2,040 établissements cotonniers exploitent des matières premières, évaluées 208 millions de francs; leurs opérations, au moyen de 212,000 ouvriers et de 113,000 métiers, élèvent cette matière première à 334 millions de francs. C'est une augmentation de richesse de 126 millions ou de moitié en sus. Il ne faut pas perdre de vue que la matière première des tissus produits par cette belle et sur-

prenante industrie, est du coton filé qui vaut, par sa main-
d'œuvre, le double du coton en laine.

Si, pour rechercher la valeur totale obtenue par le travail de nos 2,000 établissements, on prenait le coton
brut comme base des calculs, la plus-value serait bien autrement considérable. La quantité de 62,830,000 kilog.
destinée à nos fabriques, ne vaut que 94,246,000 fr. ; on
en tire pour 334 millions de tissus, l'accroissement de valeur est donc de 240 millions ou trois à quatre fois la valeur de la matière première. — 350 p. 100

Chaque établissement rapporte 112,000 fr. ; chaque ouvrier y compris ceux des filatures produit 1,200 fr. par an,
sans distinction d'âge ou de sexe, chaque métier 2,500 fr.
et chaque kilogramme de coton employé 6 fr. 50 cent.
Cette exposition rapide fera saisir les combinaisons qui,
par des opérations successives, transforment la laine du
cotonnier en un fil délié, et puis font de ce fil des tissus
utiles, élégants, embellis par les arts et vendus à bas prix.
— 65 cent. ou 13 sous le mètre de calicot moyen.

Ces combinaisons, quoique très-simples, ont échappé
dans leur enchaînement, à des calculateurs exercés cependant, et de singulières erreurs sont résultées de leurs méprises. Ces erreurs sont des répétitions de valeurs ou
autrement de doubles emplois, qui causent d'énormes
exagérations dans l'estimation de cette industrie. On mé-
connaît que la valeur totale des tissus montant à 334 millions contient nécessairement la valeur de leurs matières
premières : d'abord celle du coton en laine, et puis celle
du coton filé. En trouvant cette dernière produite par des
établissements séparés, qui ont, sous le nom de filatures,

une autre existence que celle des fabriques de tissus, on oublie que ce sont uniquement des ateliers préparatoires, qui travaillent pour ces fabriques ; on relève la valeur de leurs produits, on l'additionne avec celle des tissus, et cette alliance illicite fait monter à 482 millions l'Industrie des cotons. Il paraît même que peu satisfaits d'une répétition de 147 millions, quelques publicistes y ont ajouté celle de la valeur du coton en laine, qui, étant de 94 millions, porte à 575 ce total fictif. Plusieurs évaluations s'expliquent ainsi ; mais on ne saurait imaginer par quels faux calculs, on est arrivé à celui de 800 millions, qui surpasse toutes les erreurs possibles. Il est évident qu'on ne peut accumuler toutes ces sommes et les réunir les unes aux autres, puisqu'elles sont comprises essentiellement dans la matière première des tissus, dont la valeur se confond avec la plus-value que donne la fabrication.

Ainsi, en dernière analyse :

Le coton en laine importé s'élève en quantité à.	71,830,000 kil.
Celui réexporté dans les pays voisins à..........	9,000,000
Celui restant pour nos fabriques à..............	62,830,000
En valeur, le coton importé monte à..........	107,746,000 fr.
Celui réexporté à.............................	13,500,000
Celui restant pour les filatures à..............	94,246,000
La filature ajoute à sa valeur.................	52,960,000
Et alors, étant filé, il vaut....................	147,206,000
Le tissage, l'impression, l'apprêt, élèvent la valeur du coton filé de.........................	187,000,000
Et alors, au moyen de toutes ces opérations, les cotons tissés valent............................	334,000,000

Ce magnifique édifice, élevé par une industrie pleine

d'activité et d'intelligence n'existait pas, il y a soixante ans. En 1788, Tolosan, dans ses Recherches sur les produits manufacturés de cette époque, ne nomme pas les cotons ouvrés. En 1789, toute leur fabrication se bornait à celle des mouchoirs, dont les villes de Rouen et de Montpellier avaient le monopole. Ce fut, en 1804, que fut établie à Saint-Quentin la première machine à filer le coton. Les progrès dus à cette introduction mémorable changèrent dans cette ville les conditions de la vie. Les machines à vapeur se multiplièrent et centuplèrent les forces du travail. On fabriqua avec des avantages dont il n'y a plus d'exemple, des calicots de toute espèce, des mousselines, des gazes et même des cotons imprimés. En 1822, les succès avaient tellement enhardi les ingénieux industriels de Saint-Quentin qu'ils essayèrent de faire des châles de laine et coton imitant les cachemires. Ainsi se trouva réfutée par les faits cette folle opinion du temps que le tissage des cotons ne pouvait appartenir à la France, et que leur filage même serait toujours plus parfait en Angleterre, pays qui possédait les machines avec la houille, l'acier et les ingénieurs pour les construire.

En conséquence, l'étranger pourvoyait à notre consommation; il nous fournissait annuellement, avant 1790, 6 millions de kilogrammes de coton filé ou en laine, valant 24 millions de francs, et pour 13 autres millions de tissus, toiles et mousselines. — La contrebande doublait cette valeur. On prétendait que 70,000 ouvriers mettaient en œuvre les cotons importés, ce qui, par impossible, aurait borné le travail de chacun à 86 kilogrammes. Tout cela était bien misérable, pour un pays peuplé de 25 millions d'habitants, qui étaient à la tête de la civilisation européenne.

En 1812, l'Industrie cotonnière avait marché malgré la guerre et la nécessité d'acheter à l'ennemi les matières premières. En défalquant les départements réunis, on trouvait dans ceux de l'ancienne France, au nombre de 46 :

64,168 métiers pour le tissage.
1,028,696 broches, 160 par métier au lieu de 200.
9,324 métiers pour la bonneterie.
194,043 ouvriers de toute sorte.
11,195,000 kil. de coton filé.

Le coton en laine à 7 fr. coûtait 78,365,000 fr. Le tissage n'en augmentait la valeur que de 2 fois et un quart. En sorte que la production s'élevait à la somme de 176 millions, ou par un prix moyen, 16 fr. le kilog. de tissus quelconques. Il n'en vaut pas 10 aujourd'hui et il n'y a aucune comparaison dans la perfection des étoffes.

Les départements producteurs étaient, en 1812, les mêmes qu'aujourd'hui, seulement leur industrie venait de naître. Voici les principaux :

	Coton filé.
AISNE. — Saint-Quentin, Saint-Michel, Aubenton...	218,000 kil.
AUBE. — Troyes, Arcis, Nogent....................	188,000
CALVADOS. — Condé, Caen, Falaise..............	85,000
GARD. — Nîmes, Anduze.......................	98,000
HÉRAULT. — Aniane, Ganges, Montpellier.........	84,000
LOIRE. — Montbrison, Charlieu.................	95,000
MAINE-ET-LOIRE. — Angers, Cholet..............	100,000
MANCHE. — Valogne, Saint-Wast...............	164,000
NORD. — Lille, Roubaix, Cambrai, Quesnoy.......	5,827,000
OISE. — Beauvais............................	95,000

	Coton filé.
Pas-de-Calais. — Arras, Bapaume, Saint-Pol.....	197,000
Haut-Rhin. — Bosvillers......................	218,000
Seine-Inférieure.— Rouen, Dieppe, Le Havre.....	1,012,000
Seine-et-Oise. — Essonne, Dourdan, Versailles....	220,000
Somme. — Amiens, Abbeville, Doulens............	375,000

Dans toute l'Industrie cotonnière de la France à cette époque, il ne s'agissait guère que de la bonneterie, du calicot et tout au plus de quelques mousselines communes ; mais quand la paix permit aux manufacturiers de s'éclairer par l'exemple des succès de nos voisins, ils fabriquèrent presque simultanément des nankins imités de ceux de l'Inde, des cambrics, des percales, des organdis, des basins, des mousselines fines et façonnées et même des tulles unis et d'autres ornés richement ; ils s'exercèrent sur les tricots, les velours de coton, les peluches noires ou colorées ; et ils réussirent au delà de toute espérance, dans ces objets variés. On les vit produire des coutils, des satins de coton, des blondes, des dentelles et des tulles embellis de broderies élégantes, qui surpassèrent tout ce que l'Europe avait encore vu produire avec les flocons soyeux du Gossypium.

Une multitude de mécaniques, chefs-d'œuvre de l'art le plus ingénieux, furent les agents de ces surprenants progrès. Les métiers à la Jacquart, inventés pour les soieries, furent appliqués aux tissus de coton, pour les brocher, et l'action de la vapeur substituée au travail des hommes, permit de faire à bas prix des étoffes charmantes. Mulhouse surtout se distingua dans ces hauts faits de l'Industrie nouvelle. L'aïeul de Kœchlin avait fondé, dans cette ville une manufacture d'impressions de tissus, qui fut la première de ce genre. Ce fut une mine féconde et inépuisable de richesse; et l'on ne saurait assez environner d'éloges les noms des créateurs de ces grandes ressources du pays. Mais nos sociétés modernes sont ainsi faites qu'elles comblent d'honneurs, de récompenses, de richesse des gens, qui ne leur ont rendu aucun service ou qui même leur ont été funestes, tandis qu'elles se rappellent à peine des hommes dont le génie leur a ouvert d'immenses carrières de prospérité. Hartgrave est mort de misère, et nous avons vu Molard, le fondateur du Conservatoire des arts et métiers, se mourir dans une maison déserte et dévastée, sans autre secours qu'une petite fille de douze ans, qui ne pouvait rien pour lui, sinon lui prodiguer sa tendresse et ses larmes.

Dans le département du Haut-Rhin, Dolfus se signala par la hardiesse de ses créations; il organisa 300 métiers mécaniques dont la puissance secondait 4,000 ouvriers. Dès lors l'ancienne Alsace devint pour les tissus de coton, ce que Lyon est pour les soieries, et les Ardennes pour les draps supérieurs; elle produisit les indiennes fines et embellies de dessins du meilleur goût et du plus grand éclat. La Normandie fut reléguée dans une région moins brillante; elle continua à tisser des cotonnades communes, mais qui sont moins inquiétées par les changements des modes, et dont les consommateurs sont plus nombreux.

L'intérêt, qui s'attache à l'industrie des cotons, œuvre créée de toute pièce par la génération contemporaine, nous impose le devoir d'exposer, avec détail, les branches principales de ses fabrications. Ce sont :

1° Les tissus de coton pur ;

2° Ceux à jour ;

3° Les accessoires aux tissus ;

4° Les articles subalternes ;

5° Les tissus mélangés.

Tous les chiffres que nous allons donner, proviennent de relevés officiels, par établissements, et non d'aperçus en masse. Ils sont le plus rapprochés possible de la vérité.

1° Statistique des tissus de coton pur.

Nombre d'établissements....................	1,484
Nombre de communes où ils sont situés......	315
Valeurs locatives..........................	992,747
Montant des patentes.......................	184,030
Valeur de la matière première. Coton filé....	98,736,826
Valeur des produits fabriqués. Tissus divers..	163,696,940
Nombre total d'ouvriers....................	145,474

Hommes...	69,410	Salaires.	1 f. 50	20,823,000 fr.
Femmes....	52,932	—	0 85	12,026,980
Enfants....	23,125	—	0 50	3,468,750

Métiers, 92,123. Autres machines, 2,820. Broches, 190,336.

Produits fabriqués....................	163,696,000 fr.	
Matière première. Coton filé.........	98,736,000	60 p. 100
Bénéfices, salaires, frais généraux....	64,960,000	40 —
Savoir : Salaires....................	36,318,000	22 —
Bénéfices et frais généraux..	28,642,000	18 —

3° Tissus à jour et autres.

	Établissements.	Matières premières.	Produits fabriqués.	Nombre d'ouvriers.
Tulles.................	19	4,959,402 f.	11,222,801 f.	10,777
Tulles machines........	1	45,560	549,500	60
Dentelles..............	1	5,440	20,100	400
Broderies..............	25	344,077	2,663,500	6,140
TOTAUX.......	46	5,350,480 f.	14,455,901 f.	17,377

3° Accessoires aux tissus.

Blanchiss. Teintureries...	177	22,085,783 f.	30,114,525 f.	3,859
Impress. Toiles peintes...	87	30,710,092	45,839,665	10,081
— de batiste......	23	7,853,340	12,362,008	3,888
Totaux.......	287	60,649,215 f.	88,318,198 f.	17,828

4° Articles subalternes.

Ouate	1	15,000 f.	35,000 f.	18
Fils retors, ganses.......	4	378,000	585,000	180
Mèches à chandelles.....	2	276,000	405,360	135
Passementerie. Bretelles..	4	880,700	1,102,000	250
Totaux.......	11	1,549,700 f.	2,127,360 f.	583

5° Statistique des tissus de coton mélangés.

	Nombre d'établiss.	Matières premières. Coton filé.	Produits fabriqués.	Nombre d'ouvriers.
Coton et laine.				
Velours, tapis. Ét. diverses.	42	18,779,818 f.	26,779,962 f.	7,043
— couvert., bonneter.	16	6,957,600	10,243,600	6,690
Coton, laine et lin........	5	843,692	1,453,231	685
Coton et soie. Ét. diverses.	62	3,596,146	5,181,555	1,617
Coton, laine et soie......	45	6,271,200	10,523,346	8,511
Coton, laine, poils de chèv.	25	877,050	1,667,400	1,170
Totaux.......	195	37,325,506 f.	55,849,094 f.	25,716

Accessoires.

Coton, laine. Filature, teint.	15	4,281,133 f.	9,269,681 f.	4,748
— — Blanchissage, Apprêts...............	2	61,398	168,000	140
Totaux.......	17	4,342,531 f.	9,437,681 f.	4,888
Total général......	212	41,668,037 f.	65,286,775 f.	30,604

Métiers, 16,693. Autres machines, 7,802. Broches, 71,802.

36 machines à vapeur.

Voici les proportions économiques que nous donnent ces tableaux :

Tissus à jour, tulles, dentelles, broderies.

Produits fabriqués..............	14,556,000 fr.	
Matières premières..............	5,350,000	37 p. 100
Salaires, bénéfices et frais généraux.	9,106,000	63 —

Accessoires aux tissus, teinturerie, blanchisserie.

Produits fabriqués..............	88,318,000 fr.	
Matières premières..............	60,649,000	69 p. 100
Salaires, bénéfices et frais généraux.	27,669,000	31 —

Tissus de coton, mélangés, avec leurs accessoires.

Produits fabriqués..............	65,287,000 fr.		
Matières premières..............	41,668,000	64 p. 100	
Salaires, bénéfices et frais généraux.	23,619,000	36 —	
Savoir : Hommes ...	12,582	300 jours	7,549,200 fr.
Femmes.....	6,474	—	1,942,200
Enfants......	6,660	—	999,000
TOTAUX...	25,716		10,490,400
Salaires......................	10,490,400	20 p. 100	
Frais généraux et bénéfices...	13,129,000	16 —	

Sur 334 millions de francs de tissus réguliers fabriqués annuellement, y compris la valeur de leurs accessoires, il y a pour 252 millions de *tissus de coton pur*, ou presque les deux tiers de la richesse entière produite par le tissage.

Ce sont des calicots, des toiles de coton, des percales. des madapolams, des mousselines, des nankins et autres tissus infiniment variés.

La matière première s'élève à près de 160 millions; mais, dans cette somme, il y a 88 millions d'accessoires, et le coton filé n'y entre que pour moins de 100 millions — 98,736,000 fr. — qui, à 3 fr. le kilogramme, supposent une quantité de 33 millions de kilogrammes de coton filé, fournissant un poids de tissus un peu plus grand à cause des apprêts et teintures. Sans notre exportation, il y aurait chaque année et pour chaque habitant de la France, presque un kilogramme de tissus de coton pur, non compris les mélangés. C'est l'équivalent de 9 mètres de calicot pour chemises ou autres sortes de vêtement. Il suffit de ce terme numérique pour exprimer quel immense secours est donné à la vie domestique, par le tissage du coton.

Sur 2,045 établissements cotonniers, pour le tissage, et non compris les filatures, il y en a 1,771, destinés au coton pur, ou 88 sur 100. Malgré les progrès et la vogue des établissements de tissus mélangés, des tulles et des dentelles, c'est toujours le tissage du coton pur, qui forme la masse principale de cette grande industrie. Il occupe 146,000 ouvriers sur 212,000, ou presque les trois quarts.

Les *tissus à jour*, les Tulles, dentelles et broderies en coton, sont un travail des campagnes, dans les départements du Nord, et la Statistique ne peut en déterminer l'étendue qu'incomplétement. On y employait autrefois le fil de lin, qui accroissait le prix et la solidité des tissus, mais qui en limitait la vente. Les données acquises indiquent que 15 millions d'objets fabriqués n'exigent guère que pour 5 millions de matière première, et laissent 63 p. 100 aux salaires et aux bénéfices. C'est l'unique exemple d'un taux aussi élevé. Un autre avantage est la possibilité d'occuper à ce travail les populations agricoles, réduites, par nos longs hivers, à l'oisiveté. Il n'y a pas de prodige industriel plus frappant que de voir sortir de mains grossières, rendues calleuses par le travail des champs, des ouvrages qui sont des chefs-d'œuvre de délicatesse et d'élégance. Nous ne comptons que 18,000 personnes vouées à cette industrie ; il faut probablement tripler ce nombre, et il ne s'agit ici que des agrégations d'ouvriers.

Les *tissus mélangés* sont une création presque récente, qui donne lieu chaque jour à des combinaisons nouvelles très-ingénieuses et couronnées par le succès.

212 établissements sont destinés à cette industrie. C'est un dixième de ceux exerçant le tissage du coton. Ils ont près de 26,000 ouvriers, le sixième du nombre de ceux faisant des tissus de coton pur.

La laine, la soie, le lin, le poil de chèvre entrent dans la confection des tissus mélangés, mais le coton y domine ; et nous ne mentionnons pas ici ceux où il en est autrement ; ils prendront place à la suite des étoffes avec la matière desquelles ils ont le plus d'affinité.

Sans doute les tissus, mélangés de coton, en majeure partie, contiennent une certaine quantité d'autre matière, qu'il faudrait pouvoir en défalquer ; mais cette quantité, étant fort variable, ne peut être déterminée. Au reste, le mélange, qui diminue la quantité de coton filé, trouve une compensation dans l'introduction de cette matière, sans qu'il en soit tenu compte, dans les tissus de soie et coton, laine et coton, lin et coton, et autres combinaisons analogues avec trois éléments, comme avec deux. Nous reporterons ceux-ci à l'article de la matière dominante qu'ils contiennent. Sans cette distribution, nous n'aurions pu éloigner de ce sujet complexe la confusion.

Les matières introduites dans les tissus mélangés, surtout la laine et la soie, sont de 15 p. 100 plus chères que le coton ; elles portent à 75 au lieu de 60, la proportion des matières premières, dans les produits fabriqués. C'est le terme le plus élevé, qui existe dans les tissus de coton, et il caractérise des étoffes de luxe. Il rend nécessaire de réduire les salaires, les frais généraux et les bénéfices, qui tous ensemble ne montent qu'à 25 p. 100. Cette réduction a lieu au moyen de 24,500 machines, métiers ou autres. C'est un exemple de la puissance qu'exerce la mécanique sur les valeurs industrielles. Les établissements qui font des tissus mélangés ayant été installés les derniers, ils se sont pourvus d'un mobilier perfectionné, qui n'existe pas aussi complétement dans les fabriques déjà anciennes de tissus de coton pur. Ceci explique la singulière différence des chiffres suivants :

	Coton pur.	Coton mélangé.
Matières premières................	60 p. 100	64 p. 100
Salaires, frais généraux et bénéfices.	40 —	36 —
Savoir : Salaires..................	22 —	20 —
Frais généraux et bénéfices.	18 —	16 —

Les établissements de tissus de coton, mélangés, sont organisés d'après ce principe, que nous recommandions en 1824, dans le premier ouvrage statistique qui parut après la paix (1) ; c'est celui qu'il faut réduire le taux des profits, afin de les multiplier, en augmentant l'étendue de la vente.

_____

(1) *Le Commerce au* xixᵉ *siècle*, 2 vol. in-8. Épuisé.

CHAPITRE III.

STATISTIQUE DES SOIERIES.

Il naquit jadis, tout au commencement des choses, dans les régions orientales de la haute Asie, un Papillon de nuit, d'une figure peu avenante, et dont l'aspect n'annonçait nullement ses brillantes destinées. Il produisait une chenille poilue, fort laide, longue de trois pouces et d'une si grande avidité qu'elle dépouillait jusqu'à leur dernière feuille les arbres auxquels son existence était attachée. Pendant un millier d'années cet insecte vécut, dans sa terre natale, complétement ignoré du monde naissant, se multipliant et mourant, comme le fait la plèbe des humains, sans que personne s'enquît s'il avait quelque titre à prendre place dans l'histoire. Son sort fut tout à coup changé par l'une de ces chances imprévues, qui ont érigé l'humble betterave de nos champs en rivale de la canne à sucre, et qui font vaincre à la course le meilleur cheval anglais par un boisseau de houille réduisant un peu d'eau en vapeur. Voici comment survint sa fortune subite.

Le troisième successeur de Fohi, le fondateur de l'empire chinois, se nommait Tchinong. C'était un prince bienfaisant et philanthrope, et l'on aurait dit qu'il s'inspirait des sentiments de Fénelon et des projets de Turgot, s'il n'avait devancé de cinquante siècles ces hommes vénérés. Par exemple, il trouvait que ses sujets étaient fort mal vêtus ; et, en effet, pendant l'été, ils portaient des habits tissés avec des lanières d'écorce d'arbre, et dans l'hiver ils se couvraient de la peau des moutons dont ils avaient fait leur repas. Tchinong résolut d'améliorer ces costumes des temps de barbarie, et de faire dater de son règne la convenance, la commodité, la richesse et la beauté des habits ! Pour arriver à ce quadruple but, qu'il semblait impossible d'atteindre, il eut recours à un papillon.

Il y a dans chaque découverte deux faits différents : l'un est vulgaire et ne sert à rien de toute éternité ; l'autre est une vue nouvelle qui nous est révélée par un homme de génie, et dont le mérite consiste en une grande utilité. Ainsi, tout le monde savait, il y a quatre-vingts ans, que le tonnerre tombe de préférence sur les clochers aigus et les arbres élevés. Franklin survint et tira de cette observation surannée la théorie de la foudre et l'invention du paratonnerre. On avait remarqué que la mer rejetait sur les rivages de l'Atlantique des graines rouges étrangères à l'Europe. D'où provenaient-elles ? Les savants du XIVe siècle en faisaient des productions de l'Océan ou des jeux de la nature. Christophe Colomb y trouva le témoignage d'un monde inconnu, possesseur d'une flore tout autre que celle de notre hémisphère. Il navigua quarante jours vers l'ouest, et il découvrit l'Amérique.

L'empereur Tchinong était un esprit sagace et pénétrant, comme Colomb et Franklin. Au lieu de se proposer, comme ce dernier, de soutirer l'électricité des nuages, par une pointe d'acier ou par un cerf-volant, ou comme

l'autre, de compléter la circonférence du globe ou de faire
tenir un œuf sur son petit bout, voici le problème moins
ambitieux qu'il se proposa : Cet insecte, se dit-il, en par-
lant de la chenille du papillon Bombyx, file pour lui-même
de très-belle soie, il faut la lui faire filer pour nous. Il s'en
sert pour emmaillotter sa larve hideuse; obligeons-le à
nous la donner pour tisser des vêtements à nos populations
et rehausser la beauté de nos femmes, en les revêtant d'é-
légantes robes de soie.

On doit dire que, quoique cet ingénieux empereur vé-
cût dans un temps fort rapproché du commencement du
monde, il en était déjà comme à présent : rien n'était
nouveau ; son invention, tout originale qu'elle semblait,
n'était pas autre chose que ce qui se pratiquait depuis
longtemps à l'égard des abeilles, qui, dans toute la Chine,
fabriquaient pour loger et nourrir leur progéniture, de la
cire dont les hommes faisaient des cierges destinés aux
pagodes, et du miel en grande estime chez les écoliers.

Dans toutes les entreprises industrielles, il y a un côté
faible, qui souvent empêche de marcher celles qui sont
le mieux conçues : c'est l'exécution. Tchinong recourut
fort utilement, à cet effet, aux petits doigts en fuseaux de
sa femme, qui, avec une habileté toute féminine, découvrit le bout du fil dont était formé le cocon, le tira déli-
catement, le dévida sans le rompre, et le contourna dans
toute sa longueur sur une précieuse bobine. Ce fil était
d'une ténuité si grande que les cheveux les plus fins paraissaient près de lui comme les câbles des jonques chi-
noises. L'impératrice le doubla, le tripla, le tordit et multiplia ainsi sa force de résistance. Le plus difficile était

fait. On possédait de la soie filée, il ne fallait plus que procéder au tissage pour avoir les étoffes, dernier objet de tous ces soins. Il ne s'agissait pour y réussir que de rapprocher les fils, les rattacher les uns aux autres et les croiser. Les exemples à imiter ne manquaient pas dans la nature. La grande tribu des Arachnides fait non-seulement des fils, mais encore tisse des toiles variées très-artistement. Il semble d'ailleurs que, dans les inventions industrielles, c'est surtout la première découverte qui coûte ; celles qui la complètent surviennent bien plus facilement. Tant est-il que Tchinong eut le bonheur de voir, avant sa mort, le succès de l'œuvre qu'il avait entreprise ; et que c'est depuis son règne si reculé que les Chinois sont vêtus de soie, grands et petits, riches et pauvres, disent les missionnaires. La seule différence qui existe est celle de la qualité des soieries, dont la beauté diffère, selon les espèces et les prix, comme celle de nos lainages. Chacun sait qu'un seul mètre de drap de Sedan vaut 50 mètres de serge. A la Chine, où la fabrication des étoffes de soie date de 5,000 ans, il y a bien plus de recherches et de raffinement dans les sortes supérieures que dans la manufacture de nos draps, qui n'a pas plus de deux siècles.

Un fait singulier ressort des annales de la Chine les plus anciennes ; c'est qu'alors la femme du souverain n'était pas uniquement chargée, comme les princesses de l'Europe, de pourvoir à la succession du trône, elle avait de plus un emploi qui ressemblait beaucoup à un département ministériel ; elle présidait à la production de la soie et à la fabrication des soieries ; et ces deux industries lui devaient leurs progrès, leur extension et leurs perfectionnements successifs. Antérieurement à l'an 2000 avant notre ère, c'est-à-dire avant Abraham, Joseph et les Pharaons de la dynastie des Pasteurs, on compte une demi-douzaine d'impératrices qui, dans l'histoire, sont signalées pour des soins fructueux ou des inventions analogues à celles qui, parmi nos contemporains, recommandent la mémoire de Camille Beauvais et de Jacquart.

C'est ainsi que fut amené à l'état domestique, comme la vache, la chèvre, l'abeille, un animal immonde, un ver rampant et méprisable, une chenille laide et vorace, un papillon de nuit : le Bombyce du mûrier. Cette espèce est si bas dans l'échelle des êtres, qu'elle ne possède que deux instincts : manger avec une incroyable avidité, et filer pour se faire un lit en soie, où s'opère mystérieusement sa transfiguration. Ce fut cet insecte, privé de toute autre faculté, et qui près de la fourmi et de l'abeille, n'est qu'un avorton, dont le génie de Tchinong tira, pour le bien-être de ses sujets, trois avantages éminents : un travail en famille, sous le toit domestique, avec des salaires pour les femmes et les enfants; — des étoffes d'un usage utile, populaire, universel, qui joignent la commodité à la variété et à la beauté; — et enfin un riche objet de commerce avec l'étranger, qui, après cinquante siècles et pendant une période de splendeur industrielle, fait demander encore aujourd'hui à la Chine pour 10 millions de francs de soieries, au compte seulement de l'Angleterre et sans y comprendre l'Inde, les États-Unis, la Hollande et la France elle-même.

Une industrie si précieuse, exercée par une grande population, semble avoir dû se propager rapidement de la

Chine dans toutes les contrées asiatiques, et s'être étendue jusqu'en Europe. Sous la domination romaine, notre continent possédait déjà une foule de productions qui lui avaient été données par l'Asie, et que la Chine cultivait également : les poires, les figues, les grenades, les prunes, les abricots, les raisins, les coings, les noix, les amandes, et beaucoup d'autres encore. Le chemin qu'elles s'étaient frayé pour arriver dans nos régions méridionales, pourquoi le mûrier et son papillon parasite ne l'auraient-ils pas trouvé ? C'est sans doute parce que les conditions de leur importation étaient complexes et difficiles, tandis qu'il suffisait pour naturaliser tous ces fruits d'en apporter un noyau ou un pépin, et de le confier à un sol propice.

Au reste, rien ne prouve mieux la vérité de ce grand fait de l'unité d'origine des espèces végétales et animales. Dans la distribution géographique des êtres, un arbrisseau de la famille des Orties fut donné au territoire des provinces septentrionales de la Chine, à peu près sous les mêmes parallèles que la Basse-Égypte. A ce végétal dont les destinées paraissaient à jamais obscures, et qui semblait inutile aux hommes, était attachée l'existence d'un insecte, d'un papillon de nuit dont la chenille ressemble beaucoup à celle de plusieurs espèces trop communes dans nos campagnes où leurs ravages font le désespoir des cultivateurs. Mais le Bombyce de la Chine diffère des autres par la faculté de filer de la soie, pour préparer à sa chrysalide le lit fermé où doit s'opérer son changement de forme. On voit qu'en outre des conditions climatériques, il faut, pour transporter d'un pays dans un autre, la production de la soie, naturaliser d'abord les mûriers, et ensuite les vers qui s'en nourrissent. Il faut, de plus, une population capable de mettre à profit l'introduction dé ces nouveautés, en apprenant l'art de dévider la soie, de la mouliner et de la tisser. Il est évident que cette tâche compliquée dépassa la puissance des communications de la Chine avec l'Inde, pendant plusieurs milliers d'années ; car ce ne furent point les hommes qui y mirent obstacle ; il n'y avait pas alors, comme en Angleterre, au XVIIIe siècle, de lois portant la peine de mort contre l'exportation de certaine industrie, et il n'existait ni douaniers ni gardes-côtes pour donner force à ces lois ou pour en tenir lieu.

Ce n'est pas toutefois que, dans ces temps éloignés, l'esprit humain fût impuissant. Bien au contraire, on est étonné quand on parcourt les Livres sacrés de l'Asie, qui datent de cette époque, les Kings de la Chine, les Védas de l'Inde, de trouver dans ces œuvres de la plus haute antiquité une séve d'imagination, une force d'abstraction, une élévation d'idées dont nos jours de lumière sont tout au plus capables. Donc ce n'était pas la faiblesse d'intellect des peuples qui s'opposait aux combinaisons nécessaires pour acquérir l'art de faire de la soie, de fabriquer la porcelaine, de se servir de la boussole ou de faire des feux d'artifice, choses communes à la Chine et ignorées des pays voisins; c'est tout simplement parce que leur esprit était préoccupé d'autres objets. Les Brahmes et les dévots sectateurs de Bouddha mettaient assurément bien plus d'importance dans une liturgie, dans une incantation qui pouvait sauver leur âme de l'épreuve d'un mauvais séjour dans un corps immonde, qu'ils n'en mettaient

dans toutes les acquisitions de l'industrie, propres seulement à adoucir nos jours passagers.

Il faut croire que, pendant longtemps, les Chinois ne
fabriquèrent que des soieries de ménage grossières, faites
uniquement pour vêtir leur population. Les expressions
dont se servent les livres sacrés et les auteurs les plus anciens prouvent qu'il ne leur était pas plus difficile de faire
des étoffes de soie que de faire de la toile de chanvre. Il
y a une assimilation complète entre ces deux sortes de fabrications qui nous paraissent si différentes. Chi-tse dit
que l'empereur Tchinong enseigna au peuple tout ce qui
concerne le chanvre et le mûrier, afin qu'il y eût des toiles
et des étoffes de soie en abondance. Et dans le livre San-
Feu, ces fabrications sont considérées comme des occupations populaires d'une nécessité analogue aux travaux
agricoles. Si l'homme, dit-il, qui est parvenu à la force de
l'âge ne laboure point, il ne récoltera rien pour apaiser sa
faim, et si une femme ne s'occupe point à filer et à faire
de la toile, elle n'aura point de vêtements pour se défendre du froid. Ainsi les industries textiles étaient déjà en
pratique à la Chine trente siècles avant notre ère ; elles
étaient dévolues aux femmes ; elles s'exerçaient sous le
toit domestique, et s'appliquaient également au chanvre et
à la soie. Il n'est nullement question du lin dans ces
vieilles chroniques qui conservent les plus anciens souvenirs des sociétés humaines. Il en serait encore ainsi, quand
bien même on retrancherait de leur antiquité un millier
d'années. Mais les missionnaires jésuites, dont le témoignage n'est pas suspect de système philosophique, ont appuyé leur chronologie sur l'autorité incontestable du fir-

mament, en calculant les éclipses de soleil qu'elles
mentionnent et qui n'ont pas moins de quarante siècles (1).

Mais à force de faire des étoffes vulgaires, les Chinois
parvinrent à en faire de magnifiques. Ils donnèrent à leurs
tissus une finesse, un moelleux, un éclat sans égal ; ils les
embellirent par des dessins de plantes, de fruits, d'oiseaux, et par des figures fantastiques, analogues aux ara-
besques. Ils réussirent surtout à leur conserver, après leur
fabrication, un lustre doré que toute notre science triomphante ne peut imiter, et qui semble tenir à la nature de
la soie chinoise, c'est-à-dire à la supériorité de la nourriture des vers qui la donnent. C'est cette nuance inimitable
et si belle que Claudien désigne par l'épithète de *luteus* (2).

Dans ces temps, où l'on exprimait dans plusieurs lan-
gues par le même mot : un étranger, un ennemi et une
victime (3), les voyages étaient fort périlleux, et ils l'étaient
d'autant plus que, pour atteindre leur objet, il fallait traverser de nombreux pays ou faire de nombreuses relâches.
Les marchands de l'Occident qui entreprenaient d'aller à
la Chine, attirés par la renommée des soieries de ce pays
et de ses autres richesses commerciales, étaient exposés à
des dangers multipliés de toute espèce. En partant de Bas-
sorah ou de quelque autre port du golfe Persique, ils devaient franchir une énorme distance de 1,800 lieues en
ligne droite, quintuplée par la nécessité de suivre les côtes de
l'Asie méridionale, et de contourner tous ses caps, notam-

(1) Les PP. Gaubil, Premare, Parennin et Du Halde, etc.
(2) *Lutea serum.*
(3) *Hostis, hostia.*

ment ceux qui terminent le presqu'île de l'Inde et la presqu'île de Malacca. On se fait une haute idée de l'intrépidité et de la persévérance de ces navigateurs qui entreprenaient sans cartes, sans boussole, des expéditions de 8 à 9,000 lieues, dans des barques dont les bordages étaient cousus au lieu d'être cloués, et qui devaient affronter les hautes vagues de l'Océan Indien, les typhons de la mer de Chine, les écueils inconnus semés sur cette longue route et les pirates impitoyables embusqués sur leur passage. Ces navigateurs étaient des Arabes, race courageuse, intelligente, avide, qui, la première, explora le monde oriental, et dont les récits sur la Chine au milieu du IXᵉ siècle, sont extrêmement précieux et intéressants.

Au terme de leur voyage, les marchands arabes surgissaient à Kanfou, grande ville de la Chine, qui possédait un commerce considérable. On peut en juger par cette circonstance que dans un désastre qu'elle éprouva, il périt 100,000 étrangers. Aucune ville de l'Europe n'attire une si grande affluence. Les soieries qu'on y fabriquait, tiraient leur matière première des environs dont les habitants se livraient, au IXᵉ siècle, à la tâche laborieuse d'élever des vers à soie. On en est instruit par une catastrophe qui arriva en 878. Un chef d'insurgés qui prit la ville de Kanfou et la mit à sac, fit couper avec tous les arbres fruitiers du territoire, les mûriers dont la feuille servait à nourrir les insectes dont on tirait la soie. Cette odieuse destruction fit cesser la fabrication et le commerce des soieries, du moins pendant nombre d'années.

De pareils événements, en joignant leur puissance malfaisante à celle des obstacles naturels qui rendaient déjà si difficiles les communications avec la Chine, réduisirent à quelques rares exemples l'importation des soieries de ce pays dans les contrées de l'Occident. Voici les plus remarquables dont on ait conservé le souvenir.

Un demi-siècle avant notre ère, la belle reine d'Égypte, Cléopâtre, avait un voile de gaze de soie, provenant de la Sérique ou la Chine, et qui, sans doute, était venu des bords du fleuve Bleu sur ceux du Nil, par l'intermédiaire des marchands arabes dont les navires remontaient la mer Rouge jusqu'à Suez. Ce voile ne ressemblait pas à ceux de nos dames, qui n'ont que quelques centimètres carrés ; il descendait de la tête aux pieds et pouvait envelopper tout le corps comme un Bournou ; il était probablement de la couleur naturelle à la soie, c'est-à-dire d'un blond doré, car nous apprenons par Lucain, que Cléopâtre le fit teindre en pourpre à Sidon, où l'on excellait à donner cette couleur brillante aux tissus. Pauw en a induit que les Chinois ignoraient encore à cette époque l'art de teindre la soie. C'est une erreur, car le Chouking signale comme l'une des productions de la province de Su-Theou, sous le règne d'Yao, l'an 2205 avant notre ère, des soieries rouges, noires et blanches. C'était à peu près l'époque à laquelle suivant les chronologistes, Nemrod fondait l'empire de Babylone et Assur celui d'Assyrie. Faute d'études suffisantes, le savant auteur des recherches sur les Égyptiens et les Chinois, a fait un anachronisme de 22 siècles.

Sous Néron, les gazes de soie de la Sérique étaient employées à la parure des Dames romaines ; leur transparence leur faisait donner les noms de *Nebula linea*, — *Ventus textilis*, — *Vitreæ vestes*, et le philosophe Sénèque reprochait aux femmes de laisser voir leurs charmes, à travers leurs robes. Dans les peintures d'Herculanum, les nymphes sont vêtues de tuniques translucides, qui sont indubitablement en gaze de soie de la Chine. Les marchands arabes, qui, plus tard, visitèrent ce pays, y retrouvèrent ce même tissu et ils en parlent en retraçant les mêmes particularités. Les Eunuques, disent-ils, qui sont de grands personnages, chargés des affaires de l'État, sont habillés en soieries de la première qualité. L'un d'entre eux portait l'une sur l'autre cinq robes de soie si fines, qu'on distinguait à travers les signes qu'il avait sur la peau ! La soie en était écrue, et n'avait pas été foulée.

A Rome, pendant longtemps, les femmes seules portèrent des vêtements de soie et leur luxe paraissait trop grand et trop efféminé pour les hommes. Tibère, au commencement de son règne, rendit une loi qui leur défendait comme un déshonneur de s'habiller en soie. Ce fut Héliogabale, un monstre, comparable à Caligula et à Néron, quoiqu'il n'eût que dix-huit ans, qui, dans sa magnificence insensée, prodigua la soie et le premier s'en fit faire des vêtements complets — *Holosericum* (1). Alexandre Sévère, son successeur, réhabilita par son caractère, l'usage de la soie; il s'en servit, non pour des habits pompeux, mais pour un objet utile; il en fit faire des chemises, sorte de vêtement jusqu'alors inusité chez les Romains, qui portaient sans intermédiaire, sur leur corps, leur tunique de laine. Le luxe des habits de soie se propagea, malgré la décadence de l'empire, mais c'était une

(1) Lampridius.

richesse analogue à celle des métaux précieux. On en trouve la preuve dans la capitulation de la ville de Rome, l'an 408, sous l'empire d'Honorius. La vieille reine du monde fut obligée de se racheter du pillage, en donnant au barbare Alaric, avec de l'or et de l'argent, 4,000 robes de soie. La route qu'avaient suivie ces tissus, pour arriver sur les bords du Tibre, était indiquée par un autre trésor qu'il fallut aussi livrer à l'ennemi. C'étaient 3,000 livres de poivre, provenant indubitablement des Indes, et importées en Italie, par le golfe Arabique, avec les soieries de la Chine (1). Il fallut trente-quatre siècles ou cent générations humaines pour en arriver là. En vérité, le monde est bien vieux, si chacune des choses dont nous jouissons, n'a pas eu des progrès plus rapides.

Cependant malgré cette désespérante lenteur, les progrès, en toute chose, ont presque toujours plus d'une route, pour arriver à leur but. Quand le Nouveau-Monde fut découvert par les îles de l'archipel des Antilles, il allait l'être par l'Amérique boréale; — quand les navigateurs arabes se rendaient aux Indes, par les golfes Persique et Arabique, Vasco de Gama doublait le cap de Bonne-Espérance, et surgissait dans l'Océan Indien, par une autre voie; — quand le commerce avec la Chine s'opérait par une longue et périlleuse navigation, il se frayait en même temps un chemin presque aussi long et aussi dangereux, à travers les régions inhospitalières de la Haute-Asie, et réussissait à transporter d'une extrémité à l'autre de ce vaste continent les riches productions de l'Empire chinois. Des

(1) Zosime, l. v, c. 40.

caravanes partaient de la Chine septentrionale, et s'engouffraient dans la région des ténèbres, expression chinoise du Chouking, qui rappelle les ténèbres cimmériennes d'Hérodote. C'était la Mongolie des géographes modernes et la Scythie au delà de l'Imaüs des anciens, c'est-à-dire les steppes immenses qui s'étendent entre les monts Himalaïa et la Sibérie, autrement l'Asie boréale. Une grande partie de ce désert, nommée Cobi ou Chamo, y est couverte de sable et n'a de végétation que dans quelques rares oasis. Un tel voyage devait ressembler à celui de Tombouctou; mais au lieu de 400 lieues, il fallait en parcourir plus de 2,000 ou le quintuple. L'histoire offre peu d'exemples d'un pareil esprit d'entreprise et d'une force de volonté aussi grande. Les marchands arabes qui nous ont laissé l'itinéraire de ces expéditions, auxquelles sans doute ils étaient associés, disent que la route était trifurquée quand elle arrivait dans les contrées occidentales, habitées par des peuples civilisés. Elle passait à Samarcande, entrait en Perse et s'étendait par l'Asie Mineure jusqu'à Constantinople. Les mésaventures auxquelles étaient exposées les caravanes pendant un si long voyage, rendaient les soieries de la Chine, qu'elles apportaient, extrêmement rares et par conséquent fort chères. L'empereur Justinien, fatigué de ces inconvénients, résolut d'émanciper l'empire de la dépendance où le mettaient ces onéreuses communications, et il prit des mesures pour acquérir l'industrie précieuse de la soie. On a dit que la Perse l'avait déjà acquise, et que pour en conserver le monopole elle défendait sévèrement qu'on exportât de ses provinces les vers à soie. La possession de la fabrication des soieries par les Persans à des époques anciennes, nous paraît douteuse. On ne voit mentionnés dans leurs annales que des tissus de laine et des toiles de lin ; et l'on ne saurait douter, d'ailleurs, que, s'ils avaient eu des vers à soie, ils ne les eussent multipliés, comme à la Chine, et qu'ils en auraient tiré la meilleure partie de leurs vêtements. D'ailleurs, il aurait été bien plus facile à Justinien de se procurer des œufs de Bombyce, dans les provinces de Perse, limitrophes de l'empire, que d'en envoyer chercher aux Grandes Indes, et les prohibitions n'ont jamais, comme on sait, empêché les choses nouvelles de passer les frontières. On est tenté de croire que les soieries, qui existaient alors en Perse, y venaient de la Chine, par les caravanes de la Mongolie. C'est pourquoi leur prix était exorbitant et restreignait leur usage. Chardin rapporte que l'étoffe de soie, brodée d'or, nommée Brocart, valait de son temps 1,100 écus l'aune à Ispahan, ce qui l'élevait à la valeur de 6,700 en monnaie actuelle. Une robe coûtiat 25 à 30,0000 francs, comme l'habit de Bussy-Rabutin, qui était brodé en diamants.

Un fait certain, c'est que la belle industrie de la soie ne fut point donnée à l'Europe par la Perse, qui, cependant, depuis Alexandre, était perpétuellement en relation avec elle ; elle lui vint par un tout autre pays.

L'antiquité désignait vaguement par le nom de Sérique, la grande région que nous appelons la Chine. Une province qui en était dépendante, la petite Bucharie, était habitée par les Sères proprement dits ; elle avait pour capitale la ville de Turfau, qui était le centre de la fabrication et du commerce de la soie, et semble avoir été le

pays natal des mûriers. C'est là que se donnaient rendez-
vous les caravanes, venant de l'Occident à travers les
steppes arides de la Mongolie. Le géographe Ptolémée
mentionne ce marché. Mais, dans la suite, les Huns ou
plutôt les Tartares-Mongols détruisirent par la conquête
du pays, cet ordre de choses. Les Sères, chassés par eux,
descendirent dans des contrées, plus rapprochées de la
mer, et situées sous un climat plus doux. Ils s'établirent
dans la région nommée Indo-Chine, parce qu'elle est
intermédiaire à l'Inde et à l'Empire chinois. Ils cultivè-
rent dans cette nouvelle patrie, l'Industrie de la soie ; et
leurs colonies de Malacca et de Ceylan se l'approprièrent
avec beaucoup de succès. Cette dernière île, qui fut appelée Ser-Endip, à cause de la race dont elle était peuplée,
devint le but du voyage, qu'avaient entrepris deux moines
grecs, par ordre de Justinien Ier, pour transporter à Constantinople, vers 550, l'Industrie de la soie.

Le motif qui détermina l'Empereur à tenter de naturaliser cette belle production dans ses États fut, dit Procope,
le prix excessif que coûtaient les soieries importées de la
Perse. Il fallait les acheter au poids de l'or; ce qui suppose qu'elles étaient fort rares, et rend fort peu vraisemblable qu'elles y fussent fabriquées avec des cocons produits dans le pays. Tant est-il que les deux missionnaires
grecs, au lieu de tourner leurs tentatives vers la Perse, les
dirigèrent vers l'Inde. Arrivés à Ceylan ou Ser-Endip, ils
acquirent la connaissance de la fabrication des tissus de
soie ; mais se convainquirent de l'impossibilité d'emporter
à Constantinople des vers vivants. Pour y suppléer ils se
procurèrent une quantité de leurs œufs, qu'ils enfermè-

rent dans des roseaux creux, dont les extrémités étaient bouchées. A leur retour, après un double voyagé de 2,500 lieues, ils réussirent à faire éclore ces œufs par la chaleur du fumier, qui y ranima la vie. Là se borna tout leur succès. Par une étrange ineptie, qui prouve dans quelle caducité la science de l'observation était tombée, dans le Bas-Empire, les deux missionnaires avaient omis de reconnaître comment se nourrissaient les vers à soie, et ils s'étaient imaginé que tout leur était bon. On fut détrompé par leur mort; et le seul profit qu'on tira d'un aussi long voyage fut d'apprendre qu'il fallait à ces animaux une nourriture spéciale, indigène de leur pays natal, et sans laquelle on ne pouvait avoir aucun espoir de jamais les conserver. Il ne nous faudrait pas trop user du droit de railler les naturalistes de Justinien, pour avoir rendu inutile, par leur inadvertance, un voyage de la moitié du tour du globe; car, de nos jours, au milieu des plus beaux triomphes de la science, l'introduction de la vanille aromatique aux Antilles, a totalement failli, parce qu'on avait oublié d'observer quelle sorte d'arbre servait de tuteur, dans son pays natal, à cette plante grimpante.

Justinien, avec une persévérance digne d'éloges, dans un projet éminemment utile, expédia de nouveau à Ceylan les deux missionnaires grecs, et cette fois ils en rapportèrent, avec des vers à soie, des semences ou des plants de mûriers pour les nourrir. Des mesures efficaces reproduisirent et perpétuèrent les uns et les autres, sans doute, d'abord à Constantinople, et bientôt après dans la Morée, le climat de la Grèce ayant paru plus favorable que celui de la Romanie, à la prospérité de cette nouvelle colonie venue de si loin et à travers tant d'obstacles. Le mûrier, qui n'avait qu'un nom, Sérique ou Chinois, prit celui de la Morée — *Morea*, — sa terre d'adoption ; et la soie a gardé, en latin, une appellation, qui rappelle qu'elle provient du pays des Sères — *Serica*.

La Sicile et l'Italie étant voisines de la Grèce, et en communication perpétuelle avec elle, devaient être associées, dès le VIIe siècle, aux avantages de l'acquisition de la soie. Cependant on dit que ce ne fut qu'au temps des croisades que le mûrier fut naturalisé dans la Calabre et successivement dans les autres provinces du royaume de Naples. Lorsqu'en 1494, Charles VIII fit la conquête de ce pays, des gentilshommes du Dauphiné, qui l'avaient suivi dans cette expédition, emportèrent en France des plants de mûrier et firent venir ensuite de la graine de vers à soie. C'est à cette première tentative qu'est due l'introduction de l'industrie séricicole dans nos provinces orientales ; toutefois les progrès en furent très-lents et à vrai dire imperceptibles, comme tout ce qui était utile, pendant la longue période du règne des Valois. Il fallut, sous Henri IV, que Sully fît planter des mûriers, par ordre, comme l'avait fait Justinien un millier d'années auparavant.

Mais, depuis longtemps, ce succès avait été procuré à l'Espagne, par les Arabes. Les voyageurs de cette race active et entreprenante qui, les premiers, avaient rapporté de la Chine des soieries, tirèrent également de ce pays les moyens d'en fabriquer chez eux. Ce fut postérieurement au IXe siècle qu'ils introduisirent cette industrie dans quelques-unes des provinces de la vaste domination de leurs califes. L'Afrique fut de ce nombre, et ce fut vraisemblablement de Tunis que les vers à soie furent portés en Espagne. Il est certain que Murcie et Valence avaient, au XIIe siècle, des fabriques de soieries ; mais la proscription des Maures, après la conquête de Grenade, mit un terme à ces progrès. Ce fut l'Italie seule qui dans ses républiques commerçantes et industrieuses, garda le secret d'élever le Bombyce de la soie, de le multiplier et de lui faire céder aux hommes ses fils précieux. Elle n'a pas cessé, depuis trois cents ans, de fournir des soies gréges à la France, où l'on s'occupa bien plutôt de la fabrication des soieries que de l'industrie, qui en fournit la matière première. Enfin, de nos jours, les efforts de quelques particuliers, joints à d'heureuses applications des découvertes modernes, ont réussi à reproduire dans une vingtaine de nos départements, les phénomènes zoologiques qui, depuis cinq mille ans, donnent à la Chine une industrie admirable. Déjà cette belle acquisition est au nombre des richesses de la France, et les succès qu'on en obtient garantissent que, dans un avenir peu éloigné, elle parviendra à la plus haute prospérité.

En résumé :

Le mûrier et le ver à soie, qui se nourrit de ses feuilles, ont eu, pour pays natal, exclusivement à toute autre région du globe, la Sérique des anciens, formant aujourd'hui une partie de la Chine septentrionale, vers le 40e parallèle.

De cette contrée jusqu'au midi de la France, ces deux productions asiatiques ont dû franchir, par la navigation et par les caravanes, une distance de près de 3,000 lieues.

Les semences du mûrier et le papillon dont l'existence est attachée à cette grande Urticée, étant privés de la faculté de locomotion, que possèdent plusieurs insectes et les graines de beaucoup de plantes, c'est uniquement par la volonté des hommes que leur importation, de proche en proche, a été effectuée.

L'art d'élever des vers à soie, d'en faire des animaux domestiques, et de se servir de leur fil, pour tisser des étoffes, dont sont faits les vêtements ordinaires de la population, remonte, à la Chine, suivant les annales de cet Empire, à une prodigieuse antiquité de près de cinquante siècles.

Mais il n'y a pas plus de deux mille ans que les soieries ont commencé à être connues en Europe ; et les vers à soie n'ont été naturalisés qu'en l'an 550, il y a seulement 1300 ans. C'est à l'empereur Justinien qu'on doit cette acquisition précieuse et celle du mûrier, qui en est inséparable.

De Constantinople, où ils furent d'abord introduits, les vers à soie furent portés en Grèce, puis en Sicile et dans le royaume de Naples ; et de ce dernier pays, en France, tout à la fin du xve siècle.

Pendant trois cents ans, des obstacles enfantés par la servitude de l'industrie, l'ignorance et les préjugés des classes ouvrières, l'indifférence où le mépris des grands pour les choses utiles, l'engouement pour les productions étrangères ont arrêté l'essor de cette riche et magnifique industrie.

C'est à peine depuis quarante ans que la production de la soie, dans nos provinces méridionales, est devenue une industrie populaire, un travail important, et l'un des progrès de la richesse publique qui donne les plus flatteuses espérances.

Son développement a été devancé par la fabrication des soieries, qui s'est élevée en France, de nos jours, à la plus étonnante perfection, et qui surpasse tout ce que l'on peut concevoir et imaginer de plus beau. Il ne nous reste plus qu'à alimenter par des soies françaises cette magnifique fabrication. Dieu veuille que les Pouvoirs publics bien inspirés, favorisent l'accomplissement de cette œuvre éminemment utile à l'industrie, au commerce et au bien-être qu'obtiennent les populations rurales, par un travail fructueux, pendant la morte saison.

Nous ferons connaître dans les sections suivantes :

1° La production de la soie en cocons, dans les magnaneries, multipliées en France depuis peu d'années;

2° La filature de la soie et ses préparations;

3° Les tissages de la soie, pour en former les belles étoffes appelées : soieries, crêpes, blondes, gazes et autres tissus.

Il est autrement difficile de préparer et d'exécuter une Statistique industrielle, par des relevés dressés dans chaque établissement, que de faire, comme Chaptal, de la Statistique de divination, ou comme d'autres en se faisant le copiste inhabile de l'ouvrage d'autrui. Toute investigation numérique qui n'a jamais été entreprise, oppose de grands obstacles par cela seul qu'elle est nouvelle ; ce qui l'empêche d'être comprise, appréciée et secondée. C'est pis encore quand elle rencontre des hommes et des événements qui contrarient, arrêtent ou compromettent ses progrès. Aucune de ces tristes chances n'a manqué, pendant dix ans, au travail dont nous allons présenter les résultats. Leur influence l'a privé sans doute de la perfection qu'il pouvait atteindre; mais tel qu'il est, il possède sur tout autre de même genre, une priorité incontestable ; et ses défectuosités de détails, n'altèrent point l'avantage qu'on peut en tirer, d'obtenir pour la première fois des chiffres composés rationnellement, par l'agglomération des nombres subalternes, et non formés arbitrairement par des évaluations en masse.

II. PRODUCTION DE LA SOIE. — On ne se doute guère, lorsqu'on met sa cravate, combien ce morceau de soierie a exigé de soins, de travail, d'industrie avant d'arriver à son humble destination. Il a fallu pour parvenir à faire cette œuvre obscure et vulgaire que des missionnaires impériaux allassent par terre et par mer à l'extrémité de l'Asie, — qu'on multipliât des papillons avec la même sollicitude que des chèvres de Cachemire, — qu'on apportât de la Chine avec eux des plants d'un arbrisseau, auquel leur existence est attachée, — que ces nouveaux hôtes et leur pitance voyageassent d'un pays à l'autre de l'Europe, en échappant au froid des hivers et à la négligence ou à l'impéritie, alors aussi commune, au moins, que de nos jours; — qu'on apprît à les soigner, les élever, et à perfectionner leur filature naturelle, — que, de ces fils si délicats qu'on peut à peine les toucher, une industrie ingénieuse réussît à fabriquer de charmants tissus, — qu'une autre industrie les revêtît de couleurs aussi belles que variées, — et, pour en finir, qu'une autre encore les ornât de riches et gracieux dessins.

Combien d'hommes et d'intelligences n'a-t-il pas fallu mettre en mouvement pour toutes ces opérations ? combien de rudes et difficiles épreuves les frêles insectes, qui en sont l'objet, n'ont-ils pas dû subir, en traversant de si vastes espaces, et en passant par tant de mains, de siècle en siècle? Car, ils ont franchi, non-seulement la distance qui nous sépare de l'Océan oriental, mais encore cinq mille ans de domesticité. Le Vaïki, l'un des Kings ou Livres saints de la Chine, nous apprend que Tchinong, le troisième successeur de Fohi, qui vivait trois mille ans avant notre ère, c'est-à-dire quand il n'existait encore, à dix siècles près, ni Grecs, ni Assyriens, ni Hébreux, cultiva lui-même le chanvre et le mûrier, pour faire de la toile et des soieries; c'était un roi bienfaisant, qui sema cinq sortes de blé, dont il propagea la culture, et à qui l'on doit l'invention de la poterie et celle de la fonte. Voilà une origine des vers à soie, qui leur donne une antiquité très-respectable, et nous serons fort aise d'avoir retrouvé leurs titres de noblesse, s'ils peuvent les recommander à nos contemporains, qui attachent tant de prix aux anciennes origines. Il est fort douteux qu'il y en ait, parmi nous, quelque autre de cette date.

Mais une recommandation, qui paraîtra plus puissante encore, c'est la richesse que produisent ces petits animaux. Nous allons exposer, par des termes officiels très-rapprochés de l'exacte vérité, ce qu'est maintenant, en France, cette richesse, espérant qu'elle exercera des séductions, qui contribueront à son accroissement.

On sait qu'à chaque espèce d'arbre est liée l'existence d'une sorte de papillon, qui vit de ses feuilles et de ses fleurs ; et cette union intime, que l'antiquité représentait par ses **Dryades** et ses **Hamadryades'**, se retrouve jusque sur le Mancenillier vénéneux, dont toutes les parties transsudent un suc lactescent corrosif. Un ver habite la corolle de ses fleurs. C'est aux mûriers qu'est attachée la vie précieuse des vers à soie.

Ces arbres appartiennent à la famille des Urticées. Il y en a une quinzaine d'espèces; ils croissent jusqu'à la hauteur de 15 à 20 pieds, ou restent en buissons, et forment de bonnes haies; leurs fleurs viennent en chaton, les femelles séparées des mâles, mais portées sur le même pied. Le mûrier blanc — *morus alba* — qui est l'espèce cultivée, a la taille d'un cerisier, le bois jaune, les branches éparses et confuses, les feuilles pétiolées, dentées, lisses, taillées en cœur. Ses fruits sont blancs, ronds et d'un goût fade ; ses fleurs sont vertes et monoïques. Il y en a de nombreuses variétés produites par la culture.

Ce beau végétal vient de la Chine, où il était cultivé de temps immémorial. Il fut transporté dans l'Inde en deçà et au delà du Gange. Ses semences que l'empereur Justinien envoya chercher à Ceylan, furent naturalisées dans les îles de l'Archipel. Ce ne fut que vers 1440 que les mûriers furent cultivés en Sicile et en Italie. Il y avait 875 ans qu'il étaient partis des bords de l'Océan indien. Lors de l'expédition de Charles VIII, en 1494, les Français importèrent de la Sicile, en Provence, plusieurs plants de mûriers, qui prospérèrent dans les environs de Montélimart. Le roi en fit faire des pépinières, qui sans doute dépérirent, car Henri IV fut obligé de les faire renouveler. Colbert, impatienté de la lenteur de ces progrès, fit planter des mûriers le long des grands chemins, croyant ainsi les multiplier immensément. Les seigneurs, propriétaires des terres limitrophes, en prirent ombrage; et le ministre, changeant sa première mesure qui n'avait pas eu de succès, recourut à une autre plus sûre. Il prescrivit que 24 sous seraient payés pour chaque arbre ayant atteint l'âge de trois ans. Ce moyen peupla de mûriers le Languedoc, la Provence, le Vivarais et la Touraine.

En France, grâce à Dieu, tout vient facilement, mais, par malheur, tout s'en va de même. Les mûriers disparurent presque entièrement, quand la révolution eut détruit le luxe des soieries, et quand les cotons se furent mis à leur place. Il a fallu faire de nouvelles plantations pour tenir lieu de celles abandonnées. C'est la troisième fois qu'il en advient ainsi.

Lorsqu'il y a dix ans nous dressâmes, sous l'autorité des Pouvoirs publics, la Statistique agricole de la France, nous constatâmes que les mûriers couvraient tout au moins une surface de vingt lieues carrées moyennes. Voici quelle était leur distribution :

	Étendue.	Nombre de mûriers.
Gard...................	14,940.79 hect.	5,709,466 pieds.
Drôme................ .	6,212	5,170,704 —
Ardèche..............	5,602.53	2,000,000 —
Vaucluse.............	3,985.67	3,985,670 —
Hérault..............	2,592	2,497,944 —
Isère	2,073	1,314,244 —
Bouches-du-Rhône.....	1,456	1,039,560 —
Rhône................	1,295	1,107,893 —
23 autres départements.	5,545.92	1,242,716 —
TOTAUX..........	40,716.74 hect.	24,069,694 pieds.

Ou vingt lieues et demie carrées.

On voit avec surprise que la Touraine, où les premières plantations de mûriers furent faites par Louis XI, et dont le climat favorise leur croissance, n'a pas 20 hectares en exploitation, contenant moins de 10,000 pieds. Nous admettons que les nombres ci-dessus se sont accrus, par les effets de la vogue des soieries de 1840 à 1846; il est toutefois vraisemblable que les années suivantes les auront rendus stationnaires.

Après avoir exposé quelle est la quantité de subsistance dont disposent 31 départements de la France actuelle, pour la nourriture des vers à soie, nous allons énumérer le poids et la valeur des cocons donnés par ces vers, dans une récolte moyenne.

	Quantité de soie. En cocons.	Sa valeur.
Gard.................	2,696,231 kil.	11,180,830 fr.
Drôme...............	2,585,352	8,258,356
Vaucluse............	1,660,600	7,266,764
Ardèche.............	1,765,121	7,413,508
Hérault.............	1,248,072	3,920,059
Isère...............	539,507	1,640,629
Bouches-du-Rhône......	519,780	1,675,567
Rhône...............	471,560	1,980,552
23 autres départements..	1,041,933	6,380,538
TOTAUX...........	12,529,058 kil.	49,834,290 fr.

Les disparates existant, dans ces nombres, entre un département et un autre, sont causées par la nouveauté des plantations de mûriers, et aussi par l'incurie apportée dans leur culture. 23 départements, qui ont des plantations partielles, disséminées et récentes, ne produisent pas

plus de cocons que l'Hérault, qui a une étendue de plan-
tation moindre de moitié. Mais, comme nous agissons
sur des nombres considérables, les résultats suivants, qui
sont inédits, méritent confiance ; ils seront plus favorables
dans quelques années.

Il y a, terme moyen général, 600 mûriers par hectare.

Les feuilles qu'ils fournissent font obtenir, par chaque
hectare, 300 kil. de cocons.

La valeur des cocons étant de 4 fr. le kilogramme,
l'hectare planté en mûriers rapporte 1,200 fr. par an.
C'est, comme on voit, une riche culture industrielle. Le
froment, sauf les années stériles, donne à peine 200 fr.,
qui sont atténués par la jachère de la troisième année.

Chaque mûrier rapporte un produit de 2 fr., ce qui est
énorme ; mais la manutention des cocons est délicate et
dispendieuse. Néanmoins, c'est une industrie très-pro-
ductive.

La France possède vingt lieues et demie carrées de plantations de mûriers, qui en contiennent 24 millions. La
quantité de soie en cocons, fournie par les vers, qu'ils
nourrissent, forme une masse de 12 millions et demi de
kilogrammes, et une richesse de 50 millions de francs. Il
ne faudrait pas des efforts bien extraordinaires, pour doubler la valeur de ce produit et acquérir, en Europe, la possession presque totale des soies. On peut en juger par les
progrès qui restent à faire à nos magnaneries pour arriver à un terme obtenu au moyen des perfectionnements
imaginés et mis en pratique par l'ingénieux Camille Beauvais, de regrettable mémoire. Tandis que ce savant tirait
90 kil. de cocons de 1,000 kil. de feuilles de mûrier, la

plus grande partie de nos établissements n'en obtiennent que 35 kil. de cocons ou presque deux fois moins.

Néanmoins, il faut reconnaître que nos soies indigènes ont acquis une grande supériorité. Les fabricants de Lyon demandèrent à Louis XIV, il y a un siècle et demi, l'autorisation d'employer des soies de France dans les étoffes d'une qualité inférieure, ce qui leur était interdit à cause qu'elles étaient si mauvaises qu'elles décréditaient la fabrique. Il en est aujourd'hui tout autrement. En 1820, les soies de Piémont se vendaient 10 à 12 fr. par kilogramme de plus que celles de France. Celles-ci maintenant sont préférées, ce qui suppose que leur qualité s'est améliorée dans la proportion d'un cinquième ou même d'un quart.

III. FILATURE DE LA SOIE. — Les plus vieilles annales du monde, celles de la Chine, nous apprennent qu'il y a cinq mille ans on filait déjà la soie dans l'Asie orientale. Cette industrie si précoce était sans doute une imitation de celle de plusieurs espèces d'animaux, qui filent et tissent instinctivement depuis le commencement des choses, et qui accomplissent à merveille ces deux opérations. Le Bombyce du mûrier (ou ver à soie, *Bombyx mori*, Linn., se file, quand il est en chenille, une coque ovale, d'un tissu serré de soie très-fine, quelquefois blanche et le plus souvent d'un jaune doré. Mais il y a beaucoup d'autres sortes de chenilles qui se livrent à ce travail. On en trouve une à Madagascar qui vit en société nombreuse, et forme des nids de trois pieds de haut, composés de coques qui sont serrées les unes contre les autres, et s'élèvent jusqu'au nombre de 500. Les indigènes se servent de leur soie. Les Araignées filent pareillement une espèce de soie dont on est parvenu à faire des bas et des gants. Au lieu de rets à larges mailles, celles des pays chauds, et spécialement les Mygales, ourdissent avec les fils qu'elles produisent la vaste coque servant de berceau à leurs 1800 petits, et, en outre, pour fermer leur terrier, un opercule d'un tissu blanc, serré, solide, long et large de cinq à six pouces, et capable de résister aux attaques de leurs ennemis. Si l'on détruit ce tissu, elles le remplacent par un autre dans l'espace d'une nuit.

Il n'y avait dans tous ces rudiments de filature qu'une indication; on va voir quel parti les hommes en ont tiré.

Il y a dix ans, nous constatâmes, par une grande investigation statistique, exécutée dans chaque commune, qu'il était produit annuellement en France 12,500,000 kilog. de cocons de soie, valant 50 millions de francs. En 1851, les cocons employés par les filatures avaient une valeur de 57 millions, qui supposent que leur quantité s'élevait à 14,250,000 kilogr. L'augmentation de la production avait été de près de 2 millions de kilogr. ou un sixième. C'est un progrès satisfaisant.

Le dévidage des cocons ou le tirage de leurs fils se fait au moyen de tours ou métiers à filer la soie. Chacun d'eux a une bassine dont l'eau chauffée à la vapeur, sert à détremper le cocon. Le brin de soie en est détaché avec une grande dextérité, et reçu sur une petite roue qui, par son mouvement, l'enroule. Une faible machine à vapeur fait agir les tours de tout un atelier, et fournit aux bassines l'eau chaude qui leur est nécessaire. C'est un double perfectionnement très-utile. Les fils destinés au tissage ont besoin d'être moulinés, c'est-à-dire réunis et tordus. La trame est faite par un doublage et une torsion nouvelle. L'organsin est une trame plus doublée et plus forte. Le retordage qui s'opère avec un rouet, destiné à cet objet, prépare pour la couture et la passementerie des soies plus tordues encore et plus résistantes.

Toutes ces opérations étaient faites autrefois en famille; depuis l'introduction de la machine à vapeur comme moteur des tours, elles ont lieu en ateliers, à l'instar des autres industries. Le travail s'est perfectionné, étendu et activé; et l'on assure même que les ouvrières n'y ont rien perdu à aucun égard.

On voit par ces détails, que nous abrégeons, combien est complexe l'industrie séricicole; elle consiste dans une série d'opérations, qui transforment et perfectionnent les produits naturels, et font finalement d'un cocon de chenille un tissu de velours ou de satin. La valeur s'accroît à chaque Avatar, comme disent les Indous. Le kilog. de cocon vaut 4 fr.; celui de tissus en vaut le décuple et jusqu'au centuple.

STATISTIQUE DE LA FILATURE DES SOIES.

SOMMAIRE.

	Nombre d'établissements.	Valeur des matières premières.	Valeur des produits fabriqués.	Nombre d'ouvriers.
Côte d'Or...............	1	18,000 f.	25,000 f.	22
Nord. Bourre de soie....	1	40,000	200,000	297
A reporter.....	2	58,000	225,000	319

Report....	2	58,000 f.	225,000 f.	319
Région du Nord occid.	3	750,000	1,125,000	225
— Midi orient. Soie grége et ouvrée...	220	15,456,573	19,064,380	10,358
— Soie grége, en trame moulinée........	196	22,137,383	25,306,587	6,102
— Soie ouvrée, organsinée...........	130	16,502,005	18,523,650	4,101
— Soie teinte, moulinée. Gard.......	12	1,982,000	2,842,330	818
TOTAUX.........	563	56,885,961	67,087,147	21,923

Les principaux nombres sont répartis par départements ainsi qu'il suit :

1º Filature de la soie grége et ouvrée.

	Nombre d'établissements.	Valeur des matières premières.	Valeur des produits fabriqués.	Nombre d'ouvriers.
Gard...............	81	4,829,162 f.	5,964,183 f.	3,790
Vaucluse...........	34	2,962,812	3,719,742	1,309
Drôme.............	27	2,574,702	3,132,502	1,507
Hérault............	21	2,195,327	2,641,044	1,396
Ardèche...........	25	1,449,375	1,699,898	1,018
Var...............	12	623,000	753,160	710
Isère..............	6	370,300	569,400	230
Basses-Alpes........	8	362,645	436,601	214
Aveyron...........	4	51,000	73,530	95
Aude..............	1	24,850	37,000	49
Pyrénées Orientales...	1	23,400	37,500	40
TOTAUX.......	220	15,466,573 f.	19,064,560 f.	10,358

Ces établissements possèdent 1,180 métiers et 1,224 autres machines. Ils occupent :

688 hommes, à 2 f. 17 c. par jour.

8,626 femmes, à 1 08   —

1,044 enfants, à 0 67   —

Les produits fabriqués valent, 19,064,000 fr.

Les matières premières   —   15,456,000   80 p. 100

Les salaires et bénéfices   —   3,608,000   20 —

2° Soie grége, moulinée, ouvrée, en trames.

Cette autre préparation a lieu, par départements, ainsi qu'il suit :

	Nombre d'établisse- ments.	Valeur des matières premières.	Valeur des produits fabriqués.	Nombre d'ouvriers.
Ardèche................	76	9,311,536 f.	10,330,963 f.	2,282
Drôme.................	63	5,987,200	7,140,958	2,061
Vaucluse	31	4,034,200	4,565,860	1,154
Isère..................	12	1,129,960	1,390,740	262
Gard..................	5	1,103,232	1,243,006	182
Loire.................	6	53?,600	588,500	117
Hérault................	3	39,655	46,560	44
Totaux........	196	22,137,383 f.	25,306,587 f.	6,102

Ces établissements possèdent 3,908 métiers et 1,435 autres machines. Ils occupent :

447 hommes, à 1 f. 89 c. par jour.

4,403 femmes, à 0 93   —

1,252 enfants, à 0 66   —

Les produits fabriqués valent, 25,306,000 fr.

Les matières premières   —   22,137,000   87 p. 100

Les salaires et bénéfices   —   3,169,000   13 —

3° Soie ouvrée, organsin.

Cette autre préparation a lieu principalement dans les trois départements ci-après :

	Nombre d'établisse-ments.	Valeur des matières premières.	Valeur des produits fabriqués.	Nombre d'ouvriers.
Ardèche...............	95	12,446,705 f.	13,793,356 f.	3,072
Drôme...............	25	3,312,800	3,848,430	794
Haute-Loire............	10	742,500	881,864	235
Totaux.......	130	16,502,005 f.	18,523,650 f.	4,101

Ces établissements possèdent 191 métiers et 617 autres machines. Ils occupent :

> 370 hommes, à 1 f. 56 c. par jour.
> 2,732 femmes, à 0   77   —
> 999 enfants, à 0   52   —

> Les produits fabriqués valent, 18,533,000 fr.
> Les matières premières   —   16,502,000   89 p. 100
> Les salaires et bénéfices   —   2,021,000   11   —

4° Soie teinte, moulinée, à coudre, et pour lacets.

Enfin le Gard, qui possède en propre cette industrie, a :

	Valeur des matières premières.	Valeur des produits fabriqués.	Nombre d'ouvriers.
12 établissements..	1,982,000 fr.	2,842,330 fr.	818

Avec 119 métiers et 63 autres machines, il occupe :

> 68 hommes, à 2 f. 08 c. par jour.
> 738 femmes, à 0   94   —
> 12 enfants, à 0   58   —

Les produits fabriqués valent,   2,842,000 fr.
Les matières premières   —   1,982,000   70 p. 100
Les salaires et bénéfices   —   860,000   30   —

Paris ajoute quelque chose à l'industrie de la soie. Il compte 10 établissements pour filer de la soie grége et de la bourre de soie, — pour mouliner, retordre les fils ; — et pour peigner les bouts de chaîne de soie qui ne peuvent être employés par les tisseurs.

Ses produits fabriqués montent à 389,500 fr. On compte 215 ouvriers, savoir : 47 hommes, 113 femmes et 55 enfants. Les hommes sont payés 2 fr. 50 cent.

RÉSULTATS GÉNÉRAUX.

La filature de la soie grége, le moulinage et l'organsinage s'opèrent dans 563 établissements, qui occupent 22,123 ouvriers.

Leurs produits fabriqués valent,   67,087,000 fr.
Les matières premières   —   56,956,000   85 p. 100
Les salaires et bénéfices   —   10,131,000   15   —

Les ouvriers étaient, en 1831, au nombre de :

1,643 hommes, à 2 f. 00 c.   985,800 fr. pour 300 jours.
16,904 femmes, à 1   00   5,071,200   —
3,376 enfants , à 0   60   557,040   —

21,923 ouvriers. Salaires..   6,414,040 fr.

Les salaires annuels montant à........ 6,414,000 fr. 10 p. 100
Les bénéfices et frais généraux sont de. 3,717,000   5   —

On voit que la conversion de la soie en cocons, ou sa

transformation en soie filée se fait à bas prix, parce que c'est une industrie de femmes très-peu payées et que les machines employées sont simples et peu dispendieuses. La grande valeur de la soie provient de la cherté de la matière première, c'est-à-dire des cocons. C'est dans l'éducation des vers à soie qu'il faut chercher à mettre de l'économie. Les cocons payés à raison de 4 fr. le kilog. sont beaucoup trop chers. Il faudrait pouvoir simplifier et perfectionner les magnaneries à ce point qu'elles produisissent le double et pussent prospérer avec des prix moindres de moitié. C'est sans doute déjà beaucoup qu'elles satisfassent à demi aux besoins de nos fabriques de soieries. Mais, dans l'état actuel des sciences industrielles, c'est loin d'être assez. Dans son extension, notre commerce exige bien plus, et nos consommations demandent un accroissement considérable.

Les matières premières de tous nos tissus de soie, fabriqués annuellement, valent 190 millions de francs. En voici le détail inédit :

		Francs.
Soie filée en France.......	2,500,000 kil. à 40 fr.	100 millions.
Soie importée de l'étranger.	2,358,000 —	94 —
TOTAUX........	4,858,000 kil.	194 millions.

Nous verrons plus tard quelles quantités et valeurs de tissus de soie sont créées par ces éléments.

Les quantités de soies gréges, étrangères, importées en France, pour la consommation de nos fabriques, ont été ainsi qu'il suit :

1815......	283,432 kil.	14,793,650 fr.
1820......	570,730	29,586,971
1825......	688,515	33,385,474
1830......	700,866	33,587,000
1835......	958,881	49,669,000
1845......	1,600,000	64,000,000
1847......	1,701,600	76,000,000
1848......	862,000	38,000,000
1849......	2,358,000	97,000,000 (1)

Ainsi l'importation est décuple en quantité de celle qui avait lieu 33 ans auparavant. Il est manifeste que la production peut, en la remplaçant, acquérir une accession de près de 100 millions de francs.

La production de la soie filée était estimée, il y a quelques années, aux quantités suivantes, produites en Europe et en Asie :

Piémont et Gênes...............	1,000,000 kil.
Lombardie. Provinces vénitiennes.	3,500,000
Parme, Modène, Lucques........	275,000
Toscane......................	150,000
États Romains................	400,000
Naples et Sicile...............	600,000
Toute l'Italie..........	5,925,000
France......................	2,500,000
Grèce, Turquie, Levant...........	283,000
Espagne.....................	121,000
Asie Mineure.................	284,000
Perse.......................	608,000
Inde et Bengale, import......... Chine, —	772,000
Total général..........	10,493,000 kil.

(1) 83,000,000, valeur actuelle.

Les filatures de soie les plus anciennes, celles d'Orange, de Lisle, de Cavaillon avaient sans doute, depuis long-temps une supériorité remarquable. Mais de nouveaux procédés introduits dans l'Ardèche et le Gard, ont étendu les avantages généraux de la filature ; par exemple : le mariage des bouts, qui se sont cassés, ne laisse plus main-tenant qu'un déchet d'un demi pour cent. On doit de beaux et nombreux perfectionnements à Camille Beauvais, qui a construit des magnaneries sur des dimensions en-core inconnues, et qui, par des cours d'eau et un chauffage gradué, a réussi à préserver les vers à soie d'une partie des maladies, dont ils étaient attaqués autrefois.

IV. Tissage de la soie. — Rien qu'à voir à leur état brut, le coton, la laine, le chanvre ou le lin, on distingue leur origine et l'on devine leur destination. Il en est autre-ment de la soie ; elle est enveloppée de mystères, et sa nature est cachée sous des apparences trompeuses ; on la prendrait volontiers pour une production végétale du genre des Byssus, et son aspect ne décèle point par qui et com-ment elle fut enfantée, ni quelles opérations singulières ont présidé à sa naissance.   •

L'Occident ne l'obtint point en partage, lors de la dis-tribution primordiale des meilleures choses de notre monde. Il fut obligé, pour vêtir ses populations, de tondre ses troupeaux et de dégager de leur écorce le chanvre et le lin. Mais, après beaucoup de siècles, ayant appris qu'à l'extrémité de l'Asie orientale, dans le pays des Sères, c'est-à-dire à la Chine, on tissait des étoffes d'une admirable beauté, deux moines furent envoyés, en l'an 565, par l'empereur Justinien, pour s'enquérir des moyens de leur fabrication, et les procurer aux habitants de Constantinople. Ces missionnaires industriels apportèrent de Ceylan une quantité de petits œufs si semblables à des semences de végétaux qu'on leur donna le nom de graines. Ces œufs contenaient des vermisseaux, qui furent élevés et nourris comme des animaux domestiques, et d'où sont issus les vers à soie, sans nombre, pullulant dans les contrées chaudes de l'Europe méridionale, depuis une période de deux cent quatre-vingt-dix ans. Ces vers sont les générateurs de fils si extrêmement déliés que des cheveux paraissent des câbles auprès d'eux. C'est néanmoins cette filature d'animaux dont on tire, par une succession d'opérations délicates, la matière première de tissus magnifiques, qui surpassent en richesse, en beauté, en éclat toutes les autres espèces d'étoffes qu'on ait jamais faites.

Jusqu'alors, en effet, les rois de la terre avaient été fort pauvrement vêtus. La caste sacerdotale était habillée, dans l'ancienne Égypte, de longues robes de lin, c'est-à-dire de toile blanche dont les échantillons recueillis dans les tombes royales, montrent que le moindre calicot rivalise avec elles de beauté. Les Pharaons, qui s'honoraient d'appartenir à la caste des prêtres, devaient en porter le costume, et leur luxe était ailleurs que dans leurs vêtements. Dans tout l'Occident, un manteau de pourpre était le signe de la puissance royale, consulaire, impériale, sénatoriale. C'était un tissu pareil à celui de nos étamines, teint en rouge ou en nacarat, au moyen d'un petit coquil-

lage des bords de la Méditerranée. Les teinturiers de Tyr
avaient acquis à cette ville une grande renommée, par
cette pourpre qui ne valait pas mieux que notre teinture
de garance. Toute cette industrie n'avait rien de transcendant ; cependant elle témoignait des efforts d'une civilisation dont étaient bien éloignés les barbares du Nord,
quand, au ve siècle, ils envahirent l'Europe. Au lieu de
se revêtir de tissus, les hordes germaniques portaient des
peaux de bêtes avec leur poil ou leur laine ; et les Wisi-
goths, maîtres de Toulouse, Nîmes et Bordeaux, gardaient
encore ces habits de sauvages au milieu des peuples policés
soumis à leur joug. Mais bientôt les barbares apprirent la
valeur des biens qu'ils avaient d'abord méprisés. Lorsqu'en 409, Alaric força la ville de Rome de se racheter du
pillage dont elle retarda seulement les désastres, il exigea
pour sa rançon de grands trésors et 10,000 robes de soie,
considérées comme des objets très-précieux. Le prix qu'on
y attachait était d'autant plus grand que les tissus dont
elles étaient faites, provenaient des pays les plus éloignés :
l'Inde et la Chine, et que leur importation, par la navigation de la mer Rouge, était exposée aux chances les plus
périlleuses. C'était à la même origine qu'appartenaient le
voile de la reine Cléopâtre dont parle Lucien, — les chemises de soie portées par l'empereur Alexandre Sévère,—
et les robes de même étoffe dont Héliogabale se parait, et
qui justifiaient l'accusation de mœurs efféminées dans l'o-
pinion des Romains. Une loi de Tibère, interprète de cette
opinion, porte qu'aucun homme ne doit se déshonorer en
se revêtant d'habits de soie; cependant, quelques siècles
après, l'un de ses successeurs s'ingéniait à en procurer à

ce même peuple, pour satisfaire le goût effréné dont il s'était pris pour les parures de cette sorte.

La Grèce, profitant de son heureux climat, s'appropria la production de la soie ; et, lorsque les Turcs l'envahirent, ce furent ses habitants fugitifs qui apportèrent en Italie l'art d'élever les vers dont elle est tirée. La Sicile les multiplia avec un grand succès ; elle fournit aux manufactures des républiques italiennes du moyen âge, la matière première des tissus de soie, fabriqués à Florence, à Pise, à Padoue, à l'imitation de ceux de l'Orient. Mais pendant longtemps la Chine et l'Inde continuèrent de fournir à l'Europe les plus belles soieries. Les Vénitiens, le seul peuple qui eût alors des navires, apportaient ces magnifiques étoffes et les faisaient payer au poids de l'or. L'Eglise les adopta pour ses autels, ses bannières, ses vêtements cléricaux. Les monarques en firent leur écharpe, leur manteau royal, les draperies de leur trône, leurs costumes de cérémonie et leurs étendards. L'oriflamme était en taffetas couleur de feu. Charlemagne, dont la simplicité de mœurs et d'habits était digne d'un grand prince, ne portait qu'une ceinture en soie, par-dessus la saie gauloise. Ce fut lui pourtant qui, en 780, envoya au roi de Mercie, Offa, les premiers vêtements de soie mentionnés dans l'histoire d'Angleterre. Ce présent consistait en deux vestes et une ceinture. L'usage des soieries importées fut extrêmement lent à s'introduire dans ce pays. Une chronique nous apprend qu'en 1280, quelques dames portaient des manteaux de soie dans une fête donnée à Ké lworth. En 1534, le clergé se revêtait d'habits d'église en tissus de soie, riches et dispendieux. Le roi Henri VIII fut le pre-

mier qui porta des bas de soie; ils venaient d'Espagne, où
les Arabes avaient introduit cette industrie. Edouard VI
reçut de sir Thomas Gresham, une paire de bas semblables et de la même provenance. Ce présent fut hautement
apprécié.

En France, le luxe des soieries fit des progrès plus rapides et plus grands. Les actes des conciles et les lois
somptuaires le réprimaient continuellement, prononçant
des peines contre les ecclésiastiques qui s'habillaient en
soie, et contre les femmes des bourgeois qui avaient l'au-
dace de les imiter. Quant aux seigneurs féodaux, comme
ils dictaient les lois, ils n'étaient pas tenus à les observer.
Aussi les vilains leur reprochaient-ils, dans une insurrec-
tion dont Froissard donne le récit, d'être vêtus richement
de velours, tandis qu'eux avaient à peine de la serpillière
pour se garantir du froid. On a lieu de s'étonner que dans
cette longue succession de rois, de ministres, de ducs
puissants comme des souverains, aucun n'eut l'idée si
simple d'imiter l'empereur Justinien, en naturalisant les
vers à soie dans le pays, pour le dispenser de faire venir
à grands frais les soieries des contrées étrangères. Ce fut
un roi assez mal famé, Louis XI, qui, au XVe siècle, con-
çut cette idée utile et bienfaisante. Il fit planter en Touraine des mûriers pour servir à la nourriture du Bombyce
de la soie, et qui est la condition de son existence. Il semblait que la France allait posséder des soieries, comme
l'Italie et la Grèce; mais les Valois, alliés aux Médicis, ai-
mèrent mieux leur acheter ces étoffes que de s'occuper du
soin de les faire fabriquer. Il fallut que Henri IV restaurât
cette industrie par une protection vraiment royale, qui

permît de la rendre l'une des premières richesses du pays.

Mais avant d'arriver jusqu'à nous, et d'atteindre la prospérité dont elle jouit maintenant, la fatalité l'a soumise deux fois aux plus cruelles épreuves, et peu s'en est fallu qu'elle n'ait péri, victime de la politique de Louis XIV et des vengeances de la Convention. Cette industrie était surtout pratiquée, au xvii⁰ siècle, par les Protestants du Languedoc ; mais la révocation de l'Edit de Nantes livra ceux qui s'en occupaient avec succès, à des persécutions sans autre terme que la mort ou l'expatriation. Les exilés, qui purent gagner une terre étrangère et ne pas y mourir de besoin, lui donnèrent, pour payer l'asile qu'elle leur accordait, une industrie nouvelle jusqu'alors inconnue à ses habitants. C'est là l'origine des fabriques de Berlin et de Londres, qui sont dues à des Protestants français, chassés inhumainement de leur patrie par une politique odieuse et insensée. On élève jusqu'au nombre de 55,000, les réfugiés qui vinrent du Midi de la France, en 1685, s'établir près de Londres, à Spitalfields, et qui y fondèrent l'industrie des soieries de l'Angleterre, maintenant rivales des nôtres.

Le xviiⁱᵉ siècle, doué d'habitudes élégantes et trop enclin à l'amour du luxe, avait employé tout son cours à cicatriser ces blessures. Mais quand la révolution eut élevé ses tempêtes, les royalistes s'étant emparés de Lyon, métropole de l'Industrie séricicole, la ville fut assiégée, prise et traitée presque aussi barbarement que si la république eût été Louis XIV et Lyon le Palatinat. La fabrication des soieries périt dans ce terrible naufrage, avec ses savants manufacturiers, leurs capitaux et leurs intelligents ouvriers. Mais, il faut le dire, la ruine de leur industrie avait précédé cette destruction ; les opulents consommateurs des produits de Lyon avaient disparu ; il n'y avait plus ni cour, ni prélats, ni financiers pour les acquérir ; et la soierie avait pour unique usage de servir à faire les drapeaux victorieux de nos armées. Si la gloire tenait lieu de toute chose, les fabriques de ce temps auraient pu se vanter d'avoir tissé des étendards arborés dans des pays conquis aussi vastes que ceux où jadis dominaient les aigles romaines.

L'Empereur fit sortir Lyon de ses décombres ; il restaura ses fabriques en rendant obligatoire l'usage de ses brillants produits dans les costumes officiels. Le rétablissement du culte, suivi du développement de sa nouvelle splendeur, lors de la Restauration, y contribuèrent considérablement. Mais la source de toute prospérité, la paix, fut le génie protecteur le plus puissant de l'Industrie des soieries. Jacquart la servit avec une supériorité d'invention comparable à ce que Hartgrave avait fait en Angleterre, pour le coton. La beauté des teintures, l'excellence des dessins, la variété inépuisable des formes du tissage, et en tout, une élégance pleine de charme, un goût, qui ne s'égare point, dans ses choix toujours nouveaux, ont fait de cette industrie un art sans pareil dans l'Histoire économique de l'Europe. Il n'y a pas un monarque qui ne soit volontairement tributaire de la fabrique de Lyon, et qui ne lui accorde, en même temps, son admiration et son argent.

Nous présenterons, dans les pages suivantes, la Statistique de la fabrication des tissus de soie. Nous ferons précéder ce travail difficile des termes généraux, qui permet-

tront d'apprécier la richesse de cette belle industrie, et
ses progrès depuis le règne de Louis XVI.

En 1788, un homme instruit et laborieux, — réunion de
qualités plus rare qu'on ne le croit, — Tolosan, qui était
inspecteur du commerce, mit à profit ses fonctions pour essayer de fixer, par des chiffres, la valeur de chaque industrie.
Le mémoire où il les consigna, est rare et peu connu. Nous y
puisons les données suivantes qui ont beaucoup d'intérêt :

Soieries. Tissus de toute sorte..........	70,000,000 fr.
Bonneterie de soie...................	25,000,000
Rubans. Blonde. Gaze. Passementerie...	30,000,000
VALEUR TOTALE des produits fabriqués.	125,000,000
— des matières premières......	83,400,000
— du travail et des bénéfices...	41,000,000

Il s'ensuit que la production s'élèverait à 5 fr. par habitant, ce qui était considérable. L'étranger fournissait la plus
grande partie de la matière première : la soie filée, qui valait 66 p. 100 des tissus ou les deux tiers de leur valeur. Le
tissage, les frais généraux et les bénéfices montaient à
33 p. 100, un tiers seulement des soies ouvrées. La bonneterie de soie avait un débit considérable, dans le temps
où l'usage des souliers était général, et celui des bottes inconnu aux classes supérieures de la société.

Les provenances, quantités et valeurs de la matière première étaient ainsi qu'il suit :

	Quantités.		Valeurs.
Soie récoltée....	1,080,000 kil. à 57 fr.		56,160,000 fr.
Soie importée...	520,000	—	27,040,000
TOTAL.....	1,600,000 kil.		83,200,000 fr.

On voit que la France produisait, il y a soixante-quatre ans, deux fois autant de soie que l'étranger nous en vendait, et cependant les procédés de la production étaient fort imparfaits.

En 1775, un inspecteur des manufactures du Languedoc évaluait les récoltes de soie du royaume à 30,000 quintaux ou 1,500,000 kil. estimés 79 millions de francs. C'était une énorme exagération, comme on en fait encore de nos jours. Arnould croyait, en 1790, que la production avait diminué, et ne dépassait pas une valeur de 50 millions.

Les soies filées importées, de 1787 à 1789, ne valurent, exportations déduites, que 25,500,000 fr.

Les tissus exportés pendant cette époque de paix et de prospérité, montèrent seulement, y compris une partie des étoffes mélangées, et en défalquant pour 4 millions d'importation, à la somme de 26,224,000 fr.

Les produits fabriqués valant 125 millions, il devait rester plus de 100 millions de tissus de soie, gaze, blonde et rubans pour la consommation. C'était 4 fr. par personne ; dividende énorme, dans un pays où la subsistance était chère et mal assurée, les salaires très-bas et les impôts accablants, à cause de leur mauvaise distribution. L'accusation d'un luxe ruineux, portée contre le xviiie siècle, est complétement justifiée. Les courtisans avaient, comme Bassompierre, un habit de 60,000 fr., les courtisanes paraissaient à Longchamps dans des carrosses dorés, tirés par des chevaux dont les harnais étaient ornés de pierreries, — et le prince de Guémenée faisait une infâme banqueroute de 30 millions, — le roi Louis XV jouait à la hausse des prix du blé, pour se procurer d'immenses et odieux profits ; — et un cardinal, en habits sacerdotaux, était arrêté, chez le roi, pour avoir trempé dans la filouterie d'un collier de diamants de 1,500,000 fr.

Un événement mémorable, qui ouvrit des destinées nouvelles à la France, la convocation des États-Généraux, fut, pour les soieries, une occasion de triomphe, car il en fit le symbole de la suprématie sociale, le signe hiérarchique de l'aristocratie et le privilége absolu des deux ordres de l'État, qui possédaient la terre, la richesse et la puissance. Le haut clergé eut, pour costume officiel, la soutane et le camail en soie violette avec le rochet en dentelle, tandis que le bas clergé fut vêtu de bure noire avec le rochet en batiste. La noblesse prit l'habit de drap d'or, couvert du manteau de cour, en soie, avec le plumet blanc au chapeau et l'épée au côté. Le tiers, ce monarque futur et bientôt redouté, fut habillé humblement de la tête aux pieds, en laine noire, avec un petit manteau d'étamine à la Crispin. Au lieu des dentelles de la noblesse, il dut porter la longue cravate de mousseline blanche, affectée aux Magisters de village, sous le nom de rabat. Cette orgueilleuse et imprudente manifestation laissa d'aigres souvenirs contre les soieries, qui, depuis ce temps, ont cessé de fournir le costume de cérémonial des Pouvoirs de l'État. Mais les femmes, s'emparant de cet ancien emblème de la supériorité sociale, en ont fait leur plus belle parure ; et leur constance à s'en servir, a dédommagé la fabrique lyonnaise de l'infidélité des modes politiques.

Après cet événement, il se trouve une lacune de quinze ans, dans l'Histoire de l'Industrie séricicole. De 1790 à

1803 son cours fut suspendu. A cette dernière époque, elle reprit une nouvelle existence.

En 1812, la récolte de la soie en cocons fut, ainsi qu'il suit, dans les départements producteurs :

Ain	5,650 kil.
Allier	2,860
Ardèche	1,233,000
Bouches-du-Rhône	393,100
Drôme	676,600
Gard	770,000
Hérault	218,700
Indre-et-Loire	16,000
Isère	832,000
Loire	16,000
Var	95,000
Vaucluse	991,000
TOTAL	5,250,000 kil.

Cette production indigène de la soie en cocons, au prix moyen de 2 fr. 75 cent. le kil., valait 14,437,000 fr. Elle donnait, en soie filée, les quantités et valeurs ci-après :

Soie grége	308,000 kil.	à 41 fr.	12,628,000 fr.
Soie organsinée	172,000	à 52	8,944,000
TOTAUX	480,000 kil.		21,572,000 fr.

L'importation de l'étranger ajoutait à la production indigène :

Soie grége	124,091 kil.		5,087,731 fr.
Soie organsinée	84,703		5,929,210
Soie teinte	35,337	à 24 fr.	848,088
TOTAUX	244,131 kil.		11,865,030 fr.
TOTAL GÉNÉRAL	724,131 kil.		33,437,000 fr.

Ces données sont les seules certaines ; celles qui suivent, quoique émanées de hautes autorités, sont malheureusement de la Statistique d'induction.

N'ayant aucun moyen de constater la production des tissus de soie, M. de Montalivet ou plutôt Anthelme Costaz, supposa que leur valeur était triple de celle qu'avait la matière première. Cette proportion exagérée élevait les tissus fabriqués en France à 100 millions de francs.

M. Chaptal, tout enclin qu'il était à gonfler les chiffres dont il faisait usage, réduisit de 33 p. 100 cette estimation ; il admit que la fabrication doublait seulement la valeur des matières premières. Dans cette nouvelle hypothèse, les tissus de soie valaient 66 millions. Il aurait fallu diminuer encore leur valeur si, comme en 1788, elle n'avait augmenté que de moitié en sus celle des soies ; alors les tissus n'auraient pas dépassé 50 millions ; mais les progrès qu'avait faits la fabrication, donnent tout lieu de croire que cette proportion était changée. Les préfets attribuaient en 1811, les nombres suivants de métiers battants et d'ouvriers, aux villes manufacturières des soieries :

	Métiers.	Ouvriers.	
Rhône........	10,720	15,500	Étoffes et bonneteries.
Loire.........	8,210	15,453	Rubans.
Gard	4,910	13,695	Taffetas, Bonneteries.
Vaucluse.......	1,778	5,098	Taffetas, Satin.
Indre-et-Loire..	320	960	Étoffes diverses.
Hérault........	922	922	Bonneteries.
Haute-Loire....	550	1,200	Étoffes diverses.
Totaux	27,410	52,834	

Il est essentiel de remarquer, pour expliquer nos dissidences avec l'ouvrage de M. Chaptal, que cet auteur n'a pas tenu compte des bases, qu'il avait posées, et qui proviennent de l'Exposé sur la situation de l'Empire. Ses nombres, qui sont des estimations arbitraires, les excèdent de beaucoup; les voici :

Valeur des soieries fabriquées...........		107,560,000 fr.	
— des mat. prem. indig.	23,560,000	45,560,000	42 p. 100
— — étrang.	22,000,000		
Salaires, frais généraux et bénéfices......		62,000,000	58 —
Savoir : 52,800 ouvriers, à 2 fr. pendant			
300 jours de travail...........		31,680,000	29 —
Frais généraux et bénéfices......		30,320,000	29 —

On ne trouve point ce tableau dans le livre de M. Chaptal, mais ses chiffres ont permis de le dresser, en les agroupant dans un ordre rationnel, sans aucun changement.

Cet auteur suppose qu'en 1812 l'exportation des tissus de soie s'élevait à environ 30 millions de francs, somme dont l'expression manque dans les documents officiels. En la défalquant de la production, la valeur de la consommation des soieries, semble avoir été, en France, dans les dernières années de l'Empire, de 77 millions, ou 25 à 26 fr. par habitant.

Voici, par des chiffres officiels, la valeur actuelle de cette grande industrie, relevée par établissement :

STATISTIQUE DES SOIERIES.

RÉGION DU MIDI ORIENTAL.

1° Soie pure.

ÉTOFFES UNIES, FAÇONNÉES, BROCART, VELOURS, PELUCHE, FLORENCE,
SATINS, GAZE, CRÊPE.

	Nombre d'établisse-ments.	Valeur des matières premières.	Valeur des produits fabriqués.	Nombre d'ouvriers.
Isère........	6	3,050,000 f.	4,270,000 f.	819
Basses-Alpes.	2	470,000	800,000	252
Gard........	11	1,796,000	2,736,000	1,540
Rhône		113,666,370	230,091,500	82,200
Loire........	6	2,384,787	4,137,000	1,310
Ardèche	1	62,400	86,400	47
Drôme	1	135,000	200,000	117
Vaucluse	29	1,212,750	1,801,385	3,465
TOTAUX....	56	122,777,307 f.	244,122,885 f.	89,730

2° Mélanges.

RUBANS, CHALES, BONNETTERIE, GANTS, FILOSELLE, BOURRE DE SOIE,
FANTAISIE.

Loire........	258	37,800,000 f.	56,700,000 f.	32,500	
Rhône.......		8,383,500	23,387,500	7,200	
Loire........	5	49,500	297,000	102	Châles.
Gard........	14	819,400	1,538,600	1,145	Gants.
—	3	446,000	693,200	440	Filoselle.
Drôme	1	50,000	110,000	42	Bas de s.
Hautes-Alpes.	3	26,250	113,050	112	Bonneter.
Gard........	8	112,000	270,000	250	id.
Drôme	2	104,000	142,000	115	id.
Gard........	12	1,982,000	2,842,330	818	(1).
TOTAUX....	306	49,772,650 f.	86,093,680 f.	42,724	

(1) Soie teinte, moulinée et à coudre, lacets, rubans croisés.

3º Produits subalternes.

	Nombre d'établisse-ments.	Valeur des matières premières.	Valeur des produits fabriqués.	Nombre d'ouvriers.	
Gard........	1	24,000	40,000	50	Filoselle.
—	1	350,000	700,000	600	id.
Totaux....	2	274,000	740,000	650	

4º Accessoires.

Gard........	1	26,100	38,750	80	Teinturer.
Rhône.......	70	3,000,000	6,000,000	1,200	Impress.
Totaux....	71	3,260,100 f.	6,038,750	1,280	

5º Tissus de soie mélangés.

Isère........	1	82,500 f.	105,000 f.	53	Soie et cot.
Loire........	6	886,850	1,084,740	257	id.
Puy-de-Dôme.	1	403,385	519,470	784	Cot. Lin.
Rhône	2	11,820,000	12,300,000	265	Soie. Cot. Teintur.
Totaux....	10	13,112,735 f.	14,009,210 f.	1,359	
Total général du Midi orient.	445	189,062,792 f.	351,004,525 f.	135,763	

RÉGION DU NORD ORIENTAL.

Haut-Rhin...	1	375,000	600,000	205	Tiss. Rub.
Aisne........	3	164,000	530,000	725	id.
Nord........	1	596,000	740,000	440	Soie. Cot. Impress.
Totaux....	5	1,135,250 f.	1,870,000 f.	1,370	

RÉGION DU NORD OCCIDENTAL.

	Nombre d'établissements.	Valeur des matières premières.	Valeur des produits fabriqués.	Nombre d'ouvriers.	
Somme......	1	200,000 f.	850,000 f.	225	Gaze.
Calvados.....	50	114,515	686,888	6,042	Blonde. Dentelle.
Oise........	2	19,120	33,700	250	Id.
Seine-et-Oise.	1	237,000	384,000	180	Bas de s. Nouv^tés.
Loiret	2	120,000	300,000	92	Id.
TOTAUX....	56	690,635 f.	2,254,588 f.	6,789	

RÉGION DU MIDI OCCIDENTAL.

Tarn........	400	52,000	190,000	1,600	Moyenne.
Landes......	1	8,000	10,000	14	Filature.
Tarn-et-Gar.	3	156,000	237,000	205	Id.
Tarn........	3	70,000	119,000	140	Id.
TOTAUX....	407	286,000 f.	556,000 f.	1,959	

SOMMAIRE GÉNÉRAL.

Régions.	Nombre d'établissements.	Valeur des matières premières.	Valeur des produits fabriqués.	Nombre d'ouvriers.
Midi oriental........	445	189,062,792 f.	351,004,525 f.	135,763
Nord oriental.......	5	1,135,250	1,870,000	1,370
— occidental.....	56	690,635	2,254,588	6,789
Midi occidental.....	407	286,000	556,000	1,959
TOTAL GÉNÉRAL..	913 (1)	191,174,677 f.	355,685,113 f.	145,881

La production des soieries est localisée entre les Alpes

(1) Moins les établissements de la fabrique de Lyon.

et le Rhône, dans la France orientale. Les autres régions n'en fabriquent que pour 5 à 6 millions ; et la plupart de leurs établissements sont nouveaux ; leur succès importe beaucoup aux populations voisines, qui en obtiendraient un travail nouveau.

Le seul département du Rhône produit annuellement pour 271,778,000 fr. de soieries pures ou mélangées de toute espèce. Il n'y a pas un autre exemple dans l'Europe continentale d'une aussi riche industrie, concentrée dans une ville et sa banlieue. Le département de la Loire, qui faisait autrefois partie de celui du Rhône, fabrique chaque année pour 63 millions.

Toute l'industrie des soieries, tissus et accessoires, purs ou mélangés, relevée par établissement et par chaque sorte de produits, vaut 356 millions ; et attendu qu'il échappe toujours quelques articles, dans une investigation aussi étendue et aussi complexe, on peut, sans crainte d'exagération, la porter à 400 millions.

En 1840, un rapport à la Législature, par M. Meynard, d'après les chiffres infimes de l'administration de ce temps, estimait :

La production de la soie grége, à   100 millions de fr.
La valeur des tissus fabriqués, à.. 200   —
Et l'exportation, à.............   120   —

L'erreur, quant à la fabrication, était de 100 p. 100 en moins, et de 50 p. 100 en plus quant à la production indigène de la soie. On ne saurait se tromper davantage. Ces méprises donnent une juste opinion de la Statistique des bureaux, qui s'ingèrent dans ses opérations.

L'un des grands éléments de la prospérité de cette industrie, c'est l'inépuisable fécondité de l'invention des produits, qui se succèdent chaque année. Ce sont : des brocarts d'or et d'argent à riches dessins variés à l'infini, — des châles de satin, des écharpes brodées, brillant des plus belles couleurs, — des gazes marabout, découpées, imitant la dentelle ; — des damas, des velours façonnés, — des mousselines en soie, avec dorure, pour les bals, — des tulles-bobins, en soie, dont la fabrication vaut 2 millions, — des Sylphides imitant la gaze brodée, — des ornements d'église reproduisant les dessins du moyen âge, — des étoffes usuelles innombrablement variées : des velours légers imités de ceux de Hollande, fabriqués par 4,500 métiers, — des tissus pour gilets, façonnés, brochés, imprimés, — des foulards écrus d'Avignon, — des peluches, pour chapeaux, imités de l'Allemagne, — des étoffes de Nîmes à bas prix, occupant 8,000 métiers et 25,000 ouvriers, etc., etc.

L'attrait de ces produits est manifesté par leur succès à l'étranger. Voici les chiffres progressifs de l'exportation des tissus de soie à des époques récentes :

1845.....	140 millions de fr., valeur officielle.	
1847.....	105	— —
1849.....	181	— —

Par un phénomène économique fort extraordinaire, nos tissus de soie, loin d'avoir diminué de prix, comme les cotons et tant d'autres marchandises, ont augmenté de valeur eu égard à leur quantité en poids. Il a fallu, en 1851, élever le taux d'appréciation officielle de nos soieries, fixé en 1826, et qui avait cessé de représenter leur valeur réelle. L'augmentation de cette valeur est approximativement d'un quinzième. En 1849, l'exportation évaluée officiellement à 181 millions en valait effectivement 193. Ceci est un exemple unique, qui s'explique par l'atténuation du poids des étoffes nouvelles, et par l'accroissement de prix que leur obtient la beauté de leur exécution, au moyen du concours heureux des sciences et des arts, dans la fabrication des tissus de soie.

CHAPITRE IV.

STATISTIQUE DES TISSUS DE LIN ET DE CHANVRE.

I. HISTORIQUE. — Le Chanvre et le Lin sont des végétaux de la Flore asiatique, naturalisés par l'importation dans les autres parties de l'ancien monde et étrangers aux deux Amériques lors de leur découverte. L'un appartient à la famille des Urticées et l'autre à celle des Caryophyllées dont l'œillet de nos jardins est le type le plus connu. Ces deux plantes ont des congénères nombreux et sans utilité, qui se reproduisent spontanément, tandis qu'elles ne viennent que par la culture, comme les céréales, la vigne, les légumes et généralement les végétaux essentiellement alimentaires. Cette restriction semble annoncer quelque identité historique dans l'origine des uns et des autres. Il serait téméraire d'en inférer qu'ils sont des vestiges d'un monde différent où les plantes avaient un autre mode de se reproduire que celui qu'elles ont communément aujourd'hui. Mais on peut bien rationnellement en conclure que le Chanvre et le Lin ont perdu par la même cause que le froment, le vin, le maïs, le manioc, la faculté de se propager d'elles-mêmes, et que cette cause est probablement une

antiquité de culture semblable et prodigieusement reculée.

Les premières lueurs de l'histoire montrent la vérité de
ces aperçus. A l'époque la plus reculée, le Chouking, l'un
des livres sacrés de la Chine, nous apprend que, dans ce
vaste empire, sous le règne de Tchinong, le troisième successeur de Fo-hi, environ trois mille ans avant notre ère,
la fabrication des toiles de chanvre fut enseignée au peuple,
par ce souverain, simultanément avec celle des soieries.

Les Égyptiens attribuaient à Isis le tissage du lin, ce qui
faisait de cette invention l'œuvre des temps mythologi-
ques, pendant le règne des dieux, qui dura, dit-on, dix-
huit mille ans jusqu'à Ménès, le premier des Pharaons,
dont nous sommes séparés, d'après les calculs de Mané-
thon, par un intervalle de sept mille cent vingt-sept ans.
Tous les historiens et les monuments nous apprennent
qu'aux époques les plus éloignées les Égyptiens étaient vêtus de longues robes de lin, à commencer par leur caste
sacerdotale. Les Hébreux, qui, pendant un séjour de quatre siècles sur les bords du Nil, avaient pris les coutumes
de leurs hôtes, s'habillèrent comme eux et continuèrent de
se vêtir ainsi, lorsqu'ils se furent réfugiés dans le désert,
au delà de la mer Rouge. Les lévites étaient vêtus de lin
comme les prêtres de Memphis.

Les Grecs, qui, comme le disaient les prêtres d'Égypte,
étaient nés la veille, faisaient cependant remonter à leur
Olympe l'usage de la quenouille et du fuseau. Trois divinités redoutables, les Parques, filles de Jupiter, étaient
chargées de filer la trame des destinées des hommes.
L'une tenait le roseau qui sert encore aujourd'hui de

quenouille et autour duquel était contournée la filasse embrouillée, emblème de notre existence ; l'autre enroulait autour du fuseau le fil fragile, image trop fidèle de nos jours ; la troisième était armée des ciseaux homicides, qui tranchaient inexorablement ce fil, et arrêtaient soudain le cours de la vie humaine. Cette fable ingénieuse, dont on ne retrouve aucun trait dans les autres mythologies, nous montre que la filature, avec les mêmes moyens d'exécution que maintenant encore, était en si haute estime dans ces temps éloignés parmi les habitants de la Grèce, ou plutôt parmi leurs ancêtres d'Asie, qu'ils l'avaient fait pratiquer par leurs divinités dans le séjour céleste. Ce mythe nous enseigne, de plus, par un exemple singulier, l'usage de la division du travail, qui date de l'enfance des sociétés helléniques et remonte beaucoup au delà.

Il est vraisemblable que la culture du lin fut introduite dans la Grèce par les colonies égyptiennes qu'amenèrent Cécrops dans l'Attique et Danaüs dans l'Argolide. Dès lors, les hommes, dans leurs transmigrations, emportaient les semences des plantes qu'ils voulaient propager dans leur nouvelle patrie ; et le lin ne pouvait être oublié par ceux qui sortaient de l'Égypte, où il formait une culture fort importante. On en trouve la preuve dans l'Exode, qui signale comme l'un des grands fléaux dont fut frappé le pays, la destruction du lin par la grêle.

Les peuples celtiques qui, de l'Asie centrale, passèrent en Europe et devinrent les premiers habitants de notre continent, suivirent l'usage commun et y apportèrent, des bords de l'Oxus et de l'Iaxarte, les céréales et les plantes textiles qu'ils cultivaient dans leur pays natal. Nous n'en avons pas d'autres témoignages historiques que la possession du froment et l'usage de la toile, qu'ils avaient depuis un temps immémorial, avant leur contact avec les Romains. Mais ces peuples n'ayant point laissé d'annales, il n'en peut être autrement. Au reste, en voyant dans les contrées habitées par leur race la plus pure (1), les pratiques de la filature et du tissage exercées aujourd'hui comme il y a des siècles, avec une sorte d'instinct populaire et grossier, opiniâtrément opposé à tout perfectionnement, on reconnaît là une industrie primitive, conservant son caractère celtique, malgré la civilisation romaine et celle de nos jours.

C'est ainsi que, de génération en génération, la culture de ces deux plantes s'est propagée à travers les siècles. L'industrie, qui met en œuvre leur filasse, et qui en fait de la serpillière ou de la batiste, des câbles de vaisseaux ou de la dentelle, était trop précieuse pour être négligée; mais, demeurée dans la classe servile, ignorante et routinière, elle n'a fait aucun progrès au milieu des progrès de toutes choses.

Elle était, à raison même de son antiquité, d'une fabrication si vulgaire, qu'on dédaignait de recueillir les données numériques exprimant la production des tissus de lin et de chanvre, et que, par conséquent, on n'a pu en établir la détermination à d'anciennes époques. Nous allons essayer de remplir cette tâche dans les limites possibles.

En 1788, lors de la prospérité la plus grande que la France eût encore eue, Tolosan, inspecteur des manufactures, se prévalant de ses connaissances et de ses fonctions,

(1) L'Armorique, par les Celtes; la Cambrie, par les Cimbres ou Gallois.

établit ainsi qu'il suit la valeur des tissus de chanvre et du lin dans un . émoire rare, curieux et très-mal copié par les publicistes qui l'ont cité (1).

Toiles et toileries de chanvre, lin et coton.	200,000,000 fr.
Bonneterie de fil......................	6,000,000
Dentelles............................	10,000,000
Fil, ruban de fil, lacets, filets, corderie....	10,000,000
TOTAL	226,000,000 fr.

Nous retranchons du total de l'auteur neuf millions de bonneterie de coton, et nous regrettons de ne pouvoir en défalquer pareillement la valeur des toiles de coton; mais elle devait, dans ce temps, s'élever à très-peu de chose.

Pour une population d'environ vingt-cinq millions d'habitants, c'était 9 francs par personne, terme fort bas, puisqu'alors les dernières classes du peuple étaient habillées en toile au lieu de lainage, et que le linge de corps et de ménage n'était pas, comme il l'est aujourd'hui, en grande partie fait avec des tissus de coton.

Les chiffres donnés par Tolosan sont une évaluation totale de l'industrie manufacturière et de l'industrie domestique; ils sont confirmés par les termes statistiques que nous établissons pour des époques postérieures, d'après des documents réguliers. Nous ne pouvons en faire autant des éléments fournis par le même auteur sur la valeur du travail nécessaire pour mettre en œuvre le chanvre et le lin. Cette valeur est fort exagérée, comme le montrent les proportions ci-après :

(1) Arnould, par exemple, a pris le chiffre de la valeur du travail pour celui de la production : 161 pour 226. T. II, p. 221.

1788. Valeur des produits fabriqués....... 226,000,000 f.
  —   des matières premières......   65,000,000   30
  —   du trav., des bénéf. et fr. génér. 161,000,000 70

Tolosan ne donne que le premier et le dernier chiffre, mais le second en ressort infailliblement et pèche par défaut ; il devrait s'élever à 85 p. 100 au moins.

Malgré l'avilissement du travail agricole à cette époque, le prix de la matière première dépassait le quart ou le tiers de la valeur des produits fabriqués et se rapprochait des deux cinquièmes ou 40 p. 100 au lieu de 30 ou même 27.

Par l'une de ces bizarreries qui montrent qu'en aucun temps la France n'a su exploiter la richesse qu'elle possède, dans la fertilité de son territoire et la force virile de ses populations, il fallait recourir à l'étranger pour alimenter notre industrie et fournir à notre consommation. On importait régulièrement des fils, avec du chanvre et du lin, pour les valeurs suivantes :

1787..... 10,489,000 fr.
1788..... 12,752,000
1789..... 7,765,000

Il est vrai que nous exportions des toiles, des batistes, des linons et des dentelles ; mais, en définitive, il fallait compléter notre production par une importation égale à la moitié de nos ventes.

	Exportations.	Importations.
1787.....	34,720,000 fr.	18,436,000 fr.
1788.....	39,025,000	19,988,000
1789.....	31,614,000	16,399,000

Un autre ordre de choses régnait, en 1812, sous l'Empire. Voici des chiffres officiels qui le font connaître, mais qui comprennent les départements réunis (1).

I° Matière première.

Chanvre...	129 départ.	601,809 quint. mét.	Val. 48,144,000 fr.
Lin.......	76 —	251,200 —	— 32,656,000

TOTAUX............ 853,009 quint. mét.   80,800,000 fr.

2° Production manufacturée.

Chanvre.	Cordages....	27,600,000 fr.
—	Grosse toile.	38,400,000
—	Toile fine...	29,060,000
	TOTAL...	95,060,000 fr.
Lin.	Toile ordinaire...	34,935,000 fr.
—	Toile supérieure.	53,760,000
—	Dentelle	12,000,000
	TOTAL......	100,695,000 fr.

Valeur totale de la production.......	195,755,000 fr.	
— de la matière première.......	80,800,000	41 p. 100
— du travail et des frais généraux.	114,955,000	59 —

La matière première montait à 41 p. 100 de la valeur de la production, et le travail avec ses accessoires à 59.

Ces termes officiels ne comprennent que la production manufacturière et laissent en dehors l'industrie domestique. Les proportions qu'ils donnent parlent en faveur de leur exactitude. On regrette de ne pouvoir séparer la pro-

(1) Exposé de la situation de l'Empire.

duction de l'ancienne France de celle des départements réunis; mais leurs chiffres sont confondus par régions de manière à empêcher de les distinguer. Nous avions cru pouvoir obtenir les moyens de faire cette séparation à l'aide de l'ouvrage de Chaptal sur l'industrie; un examen attentif nous a convaincu que l'auteur, quoiqu'il possédât les documents manuscrits dont on s'était servi pour l'Exposé de la situation de l'Empire, avait substitué aux chiffres qu'il pouvait y puiser, des chiffres conjecturés très-malheureusement.

Il établit ainsi qu'il suit la production manufacturière :

Produits fabriqués.....	182,097,000 fr.	
Matières premières.....	55,699,000	30 p. 100
Travail, bénéfices......	126,398,000	70 —

Puis y joignant la fabrication des campagnes dans la proportion d'un tiers pour le chanvre et d'un quart pour le lin, il suppose ainsi qu'il suit la production générale :

Produits fabriqués.....	242,796,000 fr.	
Matières premières.....	72,598,000	30 p. 100
Travail et bénéfices....	170,198,000	70 —

Les chiffres attribués par l'auteur à la valeur de la production des chanvres et lin, en 1812, manquent entièrement de vérité. Jamais ces matières premières n'ont été aviliés au point de n'entrer que pour 30, ou moins d'un tiers dans la valeur totale des produits fabriqués, et jamais le travail n'a obtenu sur leur masse 70 p. 100 ou presque les trois quarts du prix. Longtemps nous avons cru que ces proportions étaient imaginaires. C'était une erreur;

elles sont copiées des termes vicieux qui résultent d'un faux calcul de Tolosan, et elles correspondent au nombre exagéré de 161 millions qu'il accordait trop libéralement au travail. Il était bien plus simple et plus rationnel de consulter les documents officiels contemporains que de remonter à ceux supputés vingt-cinq ans auparavant et de les adopter sans décomposer leurs éléments ; opération qui aurait démontré leur défectuosité.

Ceci est un exemple remarquable des aberrations de la Statistique au commencement de notre siècle, lors même qu'elle était traitée par des hommes distingués dans la science et longtemps investis des plus hautes fonctions dans l'État.

Assurément, en 1812, lorsque le coton ne faisait pas concurrence à la toile, la consommation individuelle du chanvre et du lin, en tissus et autres objets, n'était pas inférieure à celle de 1788 ; elle dépassait conséquemment 300 millions de francs, en y comprenant la fabrication domestique des campagnes. Si l'on adopte ce terme, sauf toute réserve, et qu'on applique à la France proprement dite les proportions que nous ont données pour l'Empire les documents officiels, on arrive aux résultats suivants :

Produits fabriqués en 1812. 300,000,000 fr.
Matières premières........ 123,000,000   41 p. 100
Travail et frais généraux... 177,000,000   59 —

Ces chiffres supposent que les matières premières formaient les deux cinquièmes de la valeur des produits fabriqués ; et toutes nos recherches indiquent approximativement ce terme. La consommation ne devait pas dépasser notablement 10 francs par personne. La Statistique suivante, qui offre l'état actuel des choses, offrira un degré de certitude beaucoup plus grand.

STATISTIQUE DES CHANVRES ET DES LINS, EN 1850.

II. FILATURE ET TISSAGE.

PRODUCTION INDUSTRIELLE.

1° Filature.

	Établisse-ments.	Matières premières.	Produits fabriqués.
Chanvre. Filasse. Peigneries...	21	718,750 f.	955,050 f.
Étoupes. Filatures............	7	1,086,125	2,038,048
Chanvre et lin. Filatures......	66	14,758,390	24,315,336
Lin et coton. Filatures........	1	83,525	144,015
Lin et chanvre. Filatures. Blanch.	9	4,064,229	6,509,890
Lin. Filatures................	23	6,313,069	10,051,520
Lin. Peigneries. Blanchisseries..	4	145,900	208,000
TOTAUX............	131	27,169,988 f.	44,222,462 f.

2° Tissage.

	Établisse-ments.	Matières premières.	Produits fabriqués.
Chanvre. Toile à voile........	14	1,861,150 f.	3,145,467 f.
Lin. Tissage.................	1,848	1,943,299	2,783,746
Chanvre et lin. Tissage.......	2,337	23,026,680	36,905,167
Lin et coton. Tissage.........	208	6,461,659	9,614,624
Lin et laine. Flanelle. Serge....	50	70,000	100,000
Lin et chanvre. Dentelles.......	2	8,200	262,100
Lin. Coton. Soie. Dentelles. Blondes.................	3	43,032	415,964
Lin. Chanvre. Toiles cirées.....	5	175,000	248,000
TOTAUX............	4,467	33,589,920 f.	53,475,068 f.
Cordages..........	631	6,132,624	9,056,589
TOTAL GÉNÉRAL......	5,098	39,722,544 f.	62,531,657 f.

3° Accessoires.

	Établissements.	Matières premières.	Produits fabriqués.
Chanvre et lin. Blanchisseries..	3	36,485 f.	103,800 f.
Lin et coton. Blanchisseries.....	48	14,292,391	16,560,462
Lin. Coton. Impress. de batiste.	23	7,853,840	10,051,520
Totaux............	74	22,182,716 f.	26,715,782 f.

RÉCAPITULATION.

Filature.....................	131	27,169,988 f.	44,222,462 f.
Tissage.........	5,098	39,722,544	62,531.657
Accessoires..................	74	22,182,716	26,715,782
Total............	5,273		

En additionnant ensemble toutes ces valeurs différentes, comme on n'est que trop porté à le faire, sans songer qu'on reproduit trois fois les mêmes valeurs partielles, on trouve les totaux suivants, qui sont entièrement illusoires.

Valeur des matières premières...	89,075,248 fr.
Valeur des produits fabriqués....	133,469,901

C'est cette manière de procéder, qui a donné des chiffres si élevés, lorsqu'on a recherché la valeur de l'industrie textile des chanvres et des lins. Il y a là une grande et manifeste erreur. Il est évident que la valeur de la matière brute ou seulement en filasse entre dans la proportion de 61 p. 100 dans la production de la filature, et que le travail de celle-ci ajoute 39 à son prix. Les matières premières des produits fabriqués, c'est-à-dire des toiles, fils, dentelles et autres objets, sont manifestement la filasse de chanvre et de lin, élaborée par la filature, qui, en la transformant, a augmenté sa valeur de deux cinquièmes. Les produits fabriqués comprennent donc dans leur valeur, celle de leurs matières premières, qui sont, d'abord, la production de la filasse, et ensuite la filature. En évaluant à part chacun de ces deux éléments, et en ajoutant la somme de ces évaluations à celle de la production des tissus, on fait un double emploi, et l'on reproduit une seconde fois deux articles dont on a déjà tenu compte. Ainsi, quand vous achetez un mètre de toile, vous payez en bloc, tout ensemble : la culture du chanvre ou du lin, son teillage, son filage, la fabrication du tissu, et son blanchiment. Voici dans quelles proportions relatives se trouvent ces éléments, dans les grandes masses, que nous avons soumises au calcul.

Matière première. Filasse.	27,169,988 fr.	41 p. 100
Filature. Fils.............	17,052,474	25 —
Total........	44,222,462	66 —
Fabrication. Tissage.....	22,809,113	34 —
Total........	67,031,575	100 p. 100

Nous arrivons à un total de 67 millions, au lieu de 62 et demi, parce qu'il y a des revirements des fils des manufactures, dans le tissage domestique.

Des termes correspondants ne peuvent être établis pour les époques antérieures, parce qu'on ignore les valeurs de la filasse et celle de la filature dans ces temps éloignés.

Pour les comparer avec le nôtre, nous allons ramener

les chiffres contemporains au même type que nous avons
pu tracer pour 1788 et 1812 :

```
Produits fabriqués. Chanvre et lin.   62,531,657 fr.
Matière première. Filasse.........    27,169,988    44 p. 100
Travail et frais généraux.........    85,361,669    56  —
        Savoir : Ouvriers à 300 jours par an.
  33,067 hommes, à 1 f. 86 c.    18,451,386 fr.
  15,868 femmes , à 1    00       4,760,400
   7,868 enfants , à 0    70       1,652,280
  _____                        _____
  56,803 ouvriers.               24,864,066    40 p. 100
Frais généraux et bénéfices.     10,497,603    16  —
```

On voit que les salaires des hommes employés à cette
industrie sont plus bas que la moyenne générale de la
totalité des manufactures. C'est que la fabrication des tissus a conservé ses anciens errements ; elle travaille lente-
ment et médiocrement, tandis que les industries nouvelles
ou renouvelées ont une tout autre allure et sont bien
mieux rémunérées.

La même indication résulte des autres termes statistiques.

5,273 établissements sont agroupés dans 839 communes, ou 6 à 7 dans chacune.

Leurs valeurs locatives montent à 1,298,251 fr., ou
224 fr. seulement pour chacun d'eux, qui occupent
onze ouvriers.

Les patentes ne s'élèvent qu'à 140,000 fr., 26 à 27 fr.
par établissement.

Les moteurs sont : 64 moulins à eau, 25 à manége,
90 à vapeur. On y compte : 211 fourneaux, 26 forges,

20,901 métiers, avec 210,282 broches, ce qui ne fait en moyenne que 10 par métier. D'autres machines sont au nombre de 2,263. Tout cela forme un chétif mobilier industriel. Les 90 machines à vapeur sont d'installation nouvelle, et fonctionnent dans les filatures de lin à la mécanique, établies depuis très-peu d'années, et dont on doit souhaiter vivement la multiplication et les heureux succès.

Cette Statistique est uniquement celle de l'industrie manufacturière et publique des chanvres et des lins ; elle ne forme qu'une faible partie, le sixième environ de l'industrie générale, exercée en France, sur les matières fournies par ces plantes textiles. Il y a un grand défaut de logique dans les recherches sur ce sujet, de n'avoir pas établi explicitement et en premier lieu, la division essentielle de la fabrication :

1° Dans les manufactures ;

2° Sous le toit domestique, pour la consommation des familles, qui s'en occupent.

Nous avons exposé plus haut les nombres qui font connaître la première de ces deux parties. Les chiffres en ont été donnés directement par une investigation officielle. Nous allons procéder à l'exploration statistique de la seconde partie. Ici l'on ne peut s'attendre à un relevé numérique des éléments de cette industrie privée, exercée dans chaque maison rurale, par la population féminine, qui, presque par toute la France, emploie à filer le temps que lui laisse le travail des champs. Mais nous avons une base suffisante, pour des calculs positifs, dans la Statistique agricole de la France exécutée, il y a douze ans, par nos soins. On y trouve, par départements et par arrondissements, tous les détails désirables sur la production du chanvre et du lin, telle qu'elle a été constatée, dans chaque commune de notre territoire. En voici le résumé.

STATISTIQUE DE LA CULTURE DU CHANVRE ET DU LIN.

1° Étendue.

Chanvre................ 176,148 hect.
Lin 98,242
        TOTAL......... 274,390   140 l. carrées.

2° Semence.

	Quantité par hectolitre.	Hectol.	Valeur.	Valeur totale.
Chanvre...	2	56	42 f. 51 c.	7,487,617 fr.
Lin	2	57	53	7,759,360

3° Production annuelle. Quantités.

	Graine.	Filasse.
Chanvre...	1,671,641 hect.	67,507,096 kil.
Lin	737,374	36,875,401
	TOTAL.........	104,382,497 kil.

4° Prix.

	Graine.	Filasse.
Chanvre...	17 f. 05 c. l'hect.	0 f. 90 c. le kil.
Lin	21 65 —	1 15 —

Valeur de la production totale.

	Par hectare.	Valeur annuelle.
Chanvre...	489 f. 85 c.	86,287,341 fr. 60 p. 100
Lin	585 35	57,507,216 40 —
	TOTAL..........	143,794,557 f. 100 p. 100

Ainsi, la France produisait, il y a quelques années, pour 144 millions de francs de filasse de chanvre et de lin. Dans cette somme, celle de chanvre entrait pour 86 millions ou trois cinquièmes, et celle de lin, pour 57, ou deux cinquièmes seulement. A quelles valeurs ces matières premières s'élevaient-elles, d'abord après la filature, et ensuite après le tissage ? Ce problème intéressant est résolu, par les proportions que nous ont données nos recherches sur l'industrie manufacturière.

Voici les trois termes fournis par les deux enquêtes que nous avons faites, sous l'autorité publique et avec son secours. Ils comprennent toute l'industrie qui met en œuvre le chanvre et le lin, soit dans la manufacture, soit dans les campagnes.

Filasse............	144,033,000 fr.	41 p. 100
Filature.........	87,825,000	25 —
Tissage	119,442,000	34 —
VALEUR totale..	351,500,000 fr.	100 p. 100

Conséquemment la production agricole, autrement la matière textile obtient une rémunération de deux cinquièmes ou 144 millions de francs.

La filature ajoute à la valeur de la matière première 25 p. 100, ou près de 88 millions.

Enfin, la mise en œuvre, et principalement le tissage, augmente de plus d'un tiers la valeur de la production ; elle vaut annuellement près de 120 millions de francs.

Ainsi, par des termes moyens, dans une pièce de toile : 41 p. 100 de la valeur reviennent au cultivateur, qui a semé et recueilli le chanvre et le lin, et les a transformés en filasse.

25 p. 100 appartiennent aux fileuses, auxquelles les machines ne font encore qu'une faible concurrence.

Et 34 p. 100 reviennent au tissage, pour ses salaires journaliers et ses autres dépenses.

Ces termes, malgré leur importance, sont entièrement inédits. Telle est l'indifférence pour les vérités numériques, et la difficulté qu'elles trouvent à se faire comprendre, que les éléments de celles-ci, que nous avons publiés en 1840, n'ont pu être fécondés par une interprétation très-facile cependant, et sont demeurés non avenus.

La valeur totale de l'industrie textile est répartie ainsi qu'il suit :

Fabrication domestique....	288,500,000 fr.	82 p. 100
— manufacturière.	62,500,000	18 —
FABRICATION totale....	351,000,000 fr.	100 p. 100

C'est, comme on le voit, une richesse considérable, le sixième ou le septième de la somme totale de notre industrie. Elle donne, par sa répartition, 10 francs par habitant ou quelque chose comme deux chemises de toile à chacun. Il est superflu de remarquer que c'est une moyenne illusoire, et que tandis que beaucoup en ont à peine une, d'autres en ont des douzaines du tissu le plus beau et le plus fin. En regrettant que ce luxe ne soit pas encore plus grand, nous devons observer que l'état actuel est encore un progrès, puisque les peuples de l'antiquité

ignoraient cet important usage de la toile ; et qu'au moyen
âge, il fallait, pour porter des chemises, être baron ou'pré-
lat. C'était une si grande sensualité que pour prétendre au
ciel, on commençait par y renoncer, et y substituer un
cilice de crin.

On voit, d'après ces recherches, que des chiffres exagérés sont attribués à la valeur du travail de la filature et du
tissage, par Tolosan et Chaptal, qui l'ont élevé :

En 1788, à 161 millions ou 70 p. 100

. 1812, à 170   —   70 —

Ces proportions erronées sont évidemment copiées l'une
sur l'autre.

Des termes conclus, rationnellement, de chiffres officiels
donnent les résultats suivants pour la valeur absolue des
produits fabriqués en chanvre et en lin, par l'industrie manufacturière et l'industrie domestique.

1788....   226,000,000 fr.   9 fr. par habitant.

1812....   300,000,000   10   —

1850....   351,000,000   10   —

Les matières premières, c'est-à-dire la filasse de chanvre
et de lin, entraient dans ces valeurs totales de la fabrication
pour les sommes suivantes :

1788....   92,660,000 fr. 41 p. 100

1812....   123,000,000   41 —

1850....   144,033,000   41 —

Savoir : 1812....   Chanvre.   73,800,000 fr. 60 p. 100

1850....   —   86,287,000   60 —

1812....   Lin.....   49,200,000   40 —

1850....   —   57,507,000   40 —

Le travail de la production générale fabriquée, s'est élevé aux valeurs et proportions énumérées ci-après :

1812. Valeur du travail. 177,000,000 fr. 59 p. 100
1850. — 207,000,000 59 —

Notre commerce en tissus de lin et de chanvre n'a qu'une importance secondaire, et s'élève de 12 à 22 millions de francs, quand on en défalque les objets analogues qui sont importés de l'étranger. En voici l'évaluation pour les années récentes :

	Exportation.	Importation.	Excédant.
1845....	24 millions.	8 millions.	16 millions.
1847....	26 —	14 —	12 —
1848....	20 —	6 —	14 —
1849....	26 —	4 —	22 —

L'Algérie et les colonies pourraient, avec quelques soins, nous offrir d'utiles débouchés; et nos coutils sont une fabrication précieuse pour les pays chauds; mais l'Angleterre a substitué presque partout ses produits aux nôtres, en leur donnant l'avantage irrésistible du bon marché, qui l'emporte sur le bon usage.

En résumé :

L'industrie du Chanvre et du Lin est la plus ancienne de la France et probablement de l'Europe. C'est la seule qui soit complétement indigène et populaire. Elle est pratiquée dans les parties les plus sauvages du territoire. Il y a tout lieu de croire que c'est précisément parce qu'elle est l'industrie la plus vulgaire et celle dont l'origine est la plus reculée, qu'elle est la moins avancée, la moins progressive et la plus enfoncée dans l'ornière de la routine.

L'invention de la quenouille et du fuseau est très-probablement contemporaine de celle de la charrue, c'est-à-dire l'une des découvertes du monde primitif. On s'en sert encore aujourd'hui, comme il y a cinq ou six mille ans, et c'est seulement de nos jours, qu'on a résolu le problème difficile de filer mécaniquement le chanvre et le lin, à la vapeur, en se passant du secours de la salive des vieilles femmes, pour agglutiner les fibres, et faciliter leur retordage.

L'intervention de la puissance des machines dans la filature, est la condition de la prospérité de l'industrie textile du Chanvre et du Lin, dans la concurrence qui lui est faite par le coton ; et c'est à ce prix qu'elle peut lui disputer de fournir à la consommation de l'Europe moderne.

Il s'en faut bien que cette intervention ait produit les effets qu'on lui attribue, et qu'elle ait déjà causé la ruine de la filature à la main. La révolution dont on l'accuse, n'embrasse pas un cinquième de la production des chanvres et lins; conséquemment les plaintes portées à ce sujet, sont sans fondements, et la fabrication domestique vaut plus de 288 millions.

L'industrie des chanvres et des lins, est l'un des plus anciens monuments de l'antiquité celtique. C'est l'une de celles qui a subi le moins de changements dans ses procédés et dans son étendue. Elle ne s'est pas agrandie comme le coton, du tout au tout, ou comme les lainages et les soieries, dans des proportions colossales; elle s'est augmentée seulement comme la population. Depuis soixante ans, elle suit, pas à pas, ce régulateur, comme le ferait la consommation d'un comestible. Elle est constamment d'environ 10 francs par habitant.

Il est très-remarquable que de 1812 à 1813, pendant une période où le coton a pris des développements prodigieux, elle n'a rien cédé à sa concurrence, et s'est maintenue au même terme dans sa fabrication et la consommation de ses produits. Comme on ne peut douter que les tissus de coton n'aient, en réalité, pris une grande partie de la place qu'elle occupait dans la fourniture du linge de corps et de ménage, il faut en conclure que cette consommation a doublé. Les novateurs ont adopté le coton ; mais une grande population a conservé l'usage des toiles de chanvre et de lin ; et leur fabrication, loin de diminuer, a suivi l'accroissement du nombre des habitants.

De 1788 à 1812, en vingt-quatre ans, elle s'est augmentée de la valeur de 74 millions ou 66 p. 100 de son terme antérieur.

De 1812 à 1850, en trente-huit ans, elle n'a gagné que 51 millions ou 17 p. 100, étant tenue en échec par les manufactures de coton, qui précédemment n'existaient que dans un état d'infériorité.

Pour beaucoup d'objets, par exemple le linge de corps, la substitution du coton à la toile, n'est nullement l'effet d'une préférence. C'est le meilleur marché qui seul en est cause, et si la toile était produite à plus bas prix, elle recouvrerait presque entièrement son ancienne consommation.

L'industrie, qui, comme la lance d'Achille, guérit les

blessures qu'elle a faites, répare déjà, par deux opérations merveilleuses, les forces défaillantes de la fabrication des toiles. La première est la filature à la mécanique, et la seconde, l'impression en couleur des tissus de lin. L'une donne aux toiles les avantages qui ont promu les cotons à une si grande prospérité : la rapidité d'exécution, l'égalité du filage et les prix réduits de la filature. L'autre revêt les toileries et surtout la batiste des dessins brillants dont les cotons avaient la possession exclusive, et qui contribuaient éminemment à leur débit.

Mais pour avoir une grande influence, ces belles inventions sont trop récentes et leur application trop restreinte. En 1834, l'Angleterre n'avait encore que trois grandes filatures mécaniques; elle a fait depuis des progrès considérables; et la fabrique de Marshall filait l'étoupe à un degré de finesse inconnu jusqu'alors. En France, de puissants obstacles s'opposaient à une pareille réussite. En 1850, il n'y avait encore que 90 machines à vapeur, au service des manufactures de chanvre et de lin. Cependant dans la Sarthe, la fabrique de Parochel filait le chanvre à raison de 181,000 mètres au kilogramme.

L'Empereur avait décrété, en 1812, qu'une récompense d'un million serait donnée à l'inventeur d'une machine à filer le chanvre à la vapeur. C'était un bel exemple que l'histoire ne doit pas laisser tomber en oubli. Autrefois on entendait différemment la protection de l'industrie. Une ordonnance du cardinal Dubois prescrivait que depuis le 1er juillet jusqu'au 15 septembre, les fabriques cesseraient leur travail, afin que leurs ouvriers fussent employés à recueillir les grains. On prétendit, à une autre époque, que la disette était l'effet de la fabrication des toiles rouges à carreaux, qui occupaient beaucoup d'ouvriers aux environs de Rouen; et l'on renvoya ces artisans dans les campagnes, ce qui détruisit leur industrie. Aujourd'hui il y a mille fois plus de tisserands et de fileurs dans la Seine-Inférieure, et la moisson n'y dépérit pas faute de bras. Aussi, dans ces temps d'ineptie économique, le gouvernement était-il obligé, pour vivre, de recourir aux jongleries du système de Laws, tandis que maintenant il obtient, sans peine, des contribuables, un milliard et demi pour les dépenses de l'Etat.

Ce n'est pas uniquement par la substitution du coton que l'usage de la toile de chanvre et de lin s'est trouvé atténué de nos jours. D'autres inventions et pratiques nouvelles y ont contribué. Ainsi la navigation à la vapeur nous dispense des voiles, qui formaient une branche considérable de la fabrication des tissus de chanvre, surtout en Bretagne. Les câbles de fer font supprimer par degrés la grosse corderie maritime; et le baraquement des troupes fait tomber en désuétude l'usage des tentes.

L'industrie linière peut regagner les avantages perdus par les vicissitudes des choses. Naguère elle vendait à l'étranger pour 16 millions de batiste blanche; si de riches dessins eussent couvert une partie de ces tissus, elle leur aurait donné un prix double ; car la soie et le coton n'ont rien de plus flatteur à la vue, et d'aussi bien éprouvé par l'usage, que ces élégantes impressions dont maintenant nos fines batistes sont embellies.

La lenteur des progrès de la filature mécanique rend nécessaire d'apporter un autre secours plus prompt à notre

industrie textile. Les tisserands de nos campagnes et même
de beaucoup de villes travaillent dans les mêmes erpe-
ments qu'au xve siècle. Ils logent dans des caves humides,
sans compagnon, et sont réduits, faute de différents métiers et de peignes de rechange, à répéter toute leur vie,
la même pièce de toile, au même compte de fils et de la
même largeur, quoiqu'il leur fût avantageux de varier ces
choses selon la demande. Leur tissage à la main est une
routine héréditaire et défectueuse, qui ne leur permet pas
de lutter contre la supériorité des manufactures, ni à l'é-
gard de l'économie, ni pour le succès du travail. C'est
pourquoi ils sont la plupart dans la misère et peuvent à
grand'peine acheter les fils, par lots détaillés, qui s'as-
sortissent mal entre eux.

Il n'est pas impossible de remédier à ce fâcheux état,
par différentes dispositions municipales, telles que : rassembler, dans un local commun, approprié, comme les
halles des marchands de comestibles, les tisserands des
villes où leur industrie est pratiquée communément ; —
leur procurer à bas prix, à loyer ou en achat, des métiers
perfectionnés de Pourter et Parcit, qui tissent avec un
seul ouvrier deux pièces à la fois, et font, dans le même
espace de temps, trois fois plus d'ouvrage ; — transformer
ainsi les anciens métiers en métiers à navette volante ; —
distribuer pareillement à volonté des peignes et des lames
de largeurs différentes, pour tisser des toiles de toutes les
dimensions ; — employer des moyens mécaniques pour
opérer le dévidage ; — assortir les fils par des achats faits
en grand sur les mêmes provenances ; — imiter pour les
toileries la pratique des soieries lyonnaises, par laquelle

les chaînes toutes posées sont distribuées aux ouvriers qui reçoivent au mètre le prix des tissus; — surtout procurer à la fabrication des toiles l'avantage de livrer ses produits directement à la consommation, sans être obligée de passer, comme aujourd'hui, par une suite d'intermédiaires onéreux.

C'est surtout l'isolement du tissage qui entretient son ignorance et cause, par son infériorité, la misère des ouvriers attachés, par une tradition héréditaire, à cette glèbe du moyen âge. Il ne faut pas attendre que les progrès de la mécanique aggravent cette détresse et la rendent extrême, comme en Silésie et dans les deux Flandres. Il importe de relever et de maintenir une industrie populaire, la plus considérable de celles qui s'exercent encore dans nos villages, sous le chaume et autour du foyer domestique, sans exiger la funeste agglomération des manufactures et leur dangereuse promiscuité.

S'il était permis de joindre à ces hautes considérations d'économie politique et sociale, une considération morale et philosophique, nous ajouterions que la protection de cette vieille et vénérable industrie est un devoir de gratitude publique, car c'est elle qui, lors de notre naissance, nous donne le maillot conservateur pour abriter la faiblesse de nos premiers jours; et à l'autre extrémité de la vie, c'est encore elle qui tisse le linceul destiné, par la mort, à devenir notre dernier asile.

CHAPITRE V.

STATISTIQUE DES FERS.

I. HISTORIQUE. — Certains philosophes ont prétendu que c'était à l'admirable organisation de ses mains, que l'homme devait sa supériorité sur tous les êtres de la création. Il aurait été plus exact de dire que cette supériorité lui était effectivement acquise par ses mains, mais avec la condition qu'elles seraient armées de la puissance métallique du fer. Les populations noires du centre de l'Afrique, autour du lac de Tsad, ne peuvent rien, toutes robustes qu'elles sont, contre les troupes nombreuses d'éléphants et de rhinocéros, qui dévastent leurs champs ; le fer manque à leurs mains et à leur désespoir. Comment les empires du Mexique et du Pérou n'auraient-ils pas été subjugués par quelques centaines d'Espagnols, lorsque leurs habitants, privés de fer, n'avaient pour armes que des flèches de roseau et des épées de pierre vitrifiée ? leurs mains cependant ne manquaient ni d'habileté, ni de vigueur, comme l'attestent encore leurs travaux ; mais ces peuples n'avaient point de fer, pour défendre leur or et leur indépendance. Les fortes mains de nos laboureurs sont impuissantes si elles ne sont armées du soc de la charrue, pour ouvrir la terre, — de la faucille, pour couper

les blés, — de la faux, pour faner les foins ; — de la bê-
che, pour cultiver les jardins ;— de la serpette, pour tailler
les vignes ;— de la hache, pour abattre les bois. Dans les
mille industries qui constituent une partie si essentielle de
l'empire qu'exerce le génie des hommes, la dextérité la
plus grande ne saurait suppléer en rien à la puissance des
outils de fer dont s'arment les mains de l'ouvrier, depuis
le pesant marteau jusqu'à l'aiguille délicate. La navigation
est pareillement dans la dépendance de l'usage du fer.
C'est lui qui permet de transformer en navire les arbres
des forêts et de clouer leurs bordages ensemble, si forte-
ment, que les vagues furieuses de l'Océan ne peuvent
les séparer. Lorsque ces navires sont lancés au milieu de la
solitude des mers, une aiguille dirige leur marche, par
une propriété mystérieuse, dont est pourvu un acier suspendu, tandis que la notion qu'il donne, est refusée tout
autrement à notre esprit.

La guerre surtout, qui est si belle quand elle est juste,
et si sainte quand elle est faite pour la défense de la Patrie,
manifeste que c'est à main armée, le fer à la main que les
peuples marchent à leur destinée. Depuis cinq à six mille
ans, au moins, la lance acérée, les flèches dentelées, le
glaive, la hallebarde ; depuis trois siècles, la baïonnette et
les armes à feu décident du destin des hommes, et préci-
pitent continuellement au tombeau, des générations, à
qui de longues années étaient encore promises.

Le fer est l'agent, l'instrument docile de tous ces meur-
tres, depuis six mille ans. L'usage en est si ancien qu'il
se retrouvait partout, dans l'Olympe des Grecs. Il y avait
un dieu chargé spécialement de le façonner, et une

population d'origine divine, les Cyclopes, qui, dans les
cavernes de l'Etna, travaillaient sans relâche, à le forger.

Bien longtemps auparavant, sans doute, l'empereur de
la Chine, qui vivait trois mille ans avant notre ère, Chin-
nong, fit servir le fer à l'une de ses plus belles destinations ; il en fabriqua le coutre de la charrue, pour préparer
la terre à recevoir la semence des moissons. Mais déjà son
prédécesseur Kong-Kong, qui fut un tyran, l'avait employé à faire des coutelas et des haches. Ainsi l'invention
des instruments de mort avait devancé celle qui permet à
l'agriculture de pourvoir aux besoins de notre vie.

A l'autre extrémité de l'Asie, l'usage du fer remontait
jusqu'aux temps antédiluviens. Les traditions chaldéennes
conservaient le souvenir du patriarche Tubalcaïn, qui,
avant le cataclysme de Noé, forgeait toute sorte d'instruments de fer et d'airain. Le Pentateuque mentionne, dans
les Nombres, le Deutéronome, le Lévitique, des mines de
ce métal, des instruments à tailler les pierres, des épées,
des couteaux, des cognées, des lits de fer et autres ouvrages, qui montrent une industrie déjà fort avancée dans la
Palestine, il y a quatre mille ans. D'après Sanchoniaton,
les Phéniciens en attribuaient l'invention à deux frères
dont ils avaient divinisé la mémoire ; et le poëte Eschyle,
se conformant sans doute à quelque tradition hellénique,
fait dire à son Prométhée, qu'il a enseigné aux hommes
l'art de se servir de tous les métaux ; ce qui implique que
le plus précieux de tous, le fer, était connu dans la Grèce,
avant les temps historiques. Enfin, pour ne pas trop multiplier ces citations, nous terminerons par rappeler que le
plus ancien morceau de poésie orientale que nous ayons,

le livre de Job, parle déjà de l'enclume et du marteau.

Parmi ces faits, qui prouvent la haute antiquité de l'industrie du fer, il en est un assez singulier : c'est que les mêmes mains, qui opérèrent, pour la première fois, la fusion de la fonte, furent celles qui formèrent le chef-d'œuvre de la statuaire antique, cette Pandore, qui était si belle, que les dieux voulurent la combler de toutes les perfections. C'est un emblème de l'alliance du génie de l'industrie et de celui des beaux-arts.

En voyant l'industrie du fer remonter au delà du déluge, et compter parmi ses inventeurs des dieux et des héros, on est tenté de croire qu'elle est parvenue, depuis un temps immémorial, au degré de perfection où elle est aujourd'hui, et que Vulcain, Prométhée, les Cyclopes, les Chinois, les Arabes d'Espagne et de Damas, n'ont laissé que bien peu de chose à faire à nos jours si tardifs. C'est une erreur. La science métallurgique est pour ainsi dire récente, et l'on n'a commencé que depuis quatre-vingts ans, à rendre le fer doux, malléable et docile aux volontés humaines. Ses différents usages se sont étendus et multipliés seulement depuis la révolution. En 1788, on aurait facilement compté, parmi les 1200 étudiants du collége de Rennes, ceux qui avaient le luxe ou la bonne fortune d'un couteau à manche de corne ou d'ivoire, fermant avec un ressort et réputé de fabrique anglaise; nous tous, pauvres écoliers, nous avions, comme tant d'autres habitants de la Bretagne, des Eustaches, sorte de couteau informe, œuvre grossière et malhabile des sauvages de l'Armorique, dont la lame était faite par les taillandiers et le man-

che par les sabotiers; dignes descendants de ceux qui
fournissaient aux Gaulois, ces épées dont la lame trompait
leur courage, en se tordant quand ils frappaient l'ennemi.

La génération actuelle ne peut se faire aucune idée de
l'état de barbarie où l'industrie du fer était dès lors dans
nos provinces. Une clef forée, une serrure à pêne mobile
par la pression, une fenêtre à espagnolette, étaient des
choses étonnantes. A Paris même, quand Buffon remplaça
par une grille simple et sans aucun ornement, une partie
du mur d'enceinte du Jardin des Plantes, on avait de si
étranges opinions sur l'usage du fer, qu'on se récria contre
un luxe si grand et si ruineux. Lorsqu'en 1783, on fit la
grille décorée qui régnait encore, il y a quelques années,
devant le Palais de Justice, elle parut si belle, toute lourde
et de mauvais goût qu'elle était, qu'elle passa pour l'une
des merveilles du monde moderne. Les ateliers où l'on
ajusta ses parties, furent visités par une multitude de
curieux, qui briguaient des billets d'admission, et s'exta-
siaient de la grandeur de cette entreprise, comme s'il s'était
agi du pont tubulaire de la Menai, jeté sur un bras de mer,
à cent pieds de la surface des flots.

Dans ces temps le fer était, comparativement à toutes
ces choses, d'un prix très-élevé, et de plus, il était le plus
souvent de mauvaise qualité. La fonte surtout était détestable; nous avons pu, comme officier d'artillerie, mettre
souvent à l'épreuve, ses dangereux défauts. Il est donc
difficile de comparer les fers d'alors à ceux de nos jours,
quant à leur valeur réelle. Cependant, nous allons tirer
d'anciens documents, des chiffres qui doivent faire autorité, et rester dans l'histoire de l'industrie.

Tolosan se crut autorisé d'après ses recherches, à poser les chiffres suivants, comme exprimant en 1788, les principales données de l'industrie des fers :

Produits fabriqués.............	69,560,000 fr.	
Matières premières. Fers bruts.	31,360,000	45 p. 100
Salaires et bénéfices...........	38,200,000	55 —

Nous changeons seulement l'ordre des termes, et nous tirons le premier des deux autres, dont il résulte nécessairement.

Nous trouvons les détails suivants dans un autre document. Il y avait, dans les quatre-vingt-six départements de l'ancienne France :

243 hauts fourneaux.
315 feux d'affinerie.

La production s'élevait, en quantité, ainsi qu'il suit :

Fonte brute......	65,171,900	quint. métr.
— moulée....	8,019,100	—
TOTAL.....	73,191,000	quint. métr.
Fers.............	49,502,000	—
Acier...........	2,983,000	—

Il est curieux et important de constater par ces termes, les progrès qui ont été faits par la France, en soixante-huit ans, dans une industrie de première nécessité.

En 1842, la France était à peine la même puissance. La révolution et la guerre lui avaient imposé des nécessités,

qui avaient révélé au pays ses forces naturelles. L'industrie des fers constatée par l'Exposé de la situation de l'Empire, était devenue ainsi qu'il suit, dans les quatre-vingt-
six départements français et les vingt-trois réunis :

Produits fabriqués. Fers et aciers.   118,700,000 fr.
Matières premières. Fer brut....   50,000,000   42 p. 100
Salaires et bénéfices............   68,700,000   58 —

On comptait, dans l'ancienne France seulement :

315 hauts fourneaux.
859 feux d'affinerie.

Le nombre des ouvriers était porté à 111,371.
La production était, année moyenne, de :

93,455,200 quintaux métriques de fonte brute ;
17,687,800   —   de fonte moulée ;
72,579,100   —   de fer ;
2,283,000   —   d'acier.

L'évaluation des produits est portée à 107,970,000 fr.
Cette donnée formelle, combinée avec les proportions
qu'offre le calcul pour l'Empire, établit les chiffres ci-
après, comme l'expression de la production des fers, dans
l'ancienne France, en 1812.

Produits fabriqués. Fers et aciers.   107,970,000 fr.
Matières premières. Fers bruts...   45,347,000   42 p. 100
Salaires et bénéfices............   62,623,000   58 —

En vingt-quatre ans, la production des fers s'était augmentée de près des deux cinquièmes.

Chaptal n'a pas voulu lire les chiffres officiels et s'est livré quant à ce sujet, aux plus fougueuses exagérations. Voici les termes qu'il donne :

	Matières premières.	Produits fabriqués.
Fabrication. Serrurerie.............	40,000,000 f.	120,000,000 f.
— Coutellerie et armurerie.	6,000,000	67,500,000
Totaux...........	46,000,000 f.	187,500,000 f.
Fonte moulée....................	2,801,000 f.	2,801,000 f.
Fer importé....................	5,696,000	17,089,000
Totaux...........	54,597,000 f.	207,390,000 f.

Ce calcul est enflé de 100 millions ou 100 p. 100. En le décomposant, on en trouve la preuve incontestable.

Produits fabriqués....	207,390,000 fr.	
Matières premières....	54,597,000	26 p. 100
Salaires et bénéfices...	152,793,000	74 —

Assurément, jamais dans aucun pays, l'industrie n'a obtenu pour sa rémunération, les trois quarts du prix des objets fabriqués. Il est bien singulier que de telles erreurs n'aient pas été reconnues dans un livre qu'on cite tous les jours.

Dans la vérité des faits numériques, il y avait eu, de 1788 à 1812, un accroissement considérable dans la production des fers ; mais les proportions des éléments de cette industrie n'avaient point encore changé très-notablement, les procédés de fabrication n'ayant pas obtenu le secours des machines avec une assez grande puissance. En 1788, les matières premières valaient 45 p. 100 des objets fabriqués ; en 1812, elles ne montaient plus

17

qu'à 42. Les salaires avaient profité de la différence.

Comparativement à la population, l'accroissement de la production des fers avait été ainsi qu'il suit, pendant les vingt-quatre ans écoulés, depuis 1788 :

Alors, cette production était de...	2 f. 75 c.	par habitant.	
Tandis qu'en 1812, elle montait à.	3	60	—
Elle est maintenant de...........	17	75	—

Elle a sextuplé depuis la première époque, et quintuplé depuis la seconde.

Ce sont ces merveilleux progrès, qu'il nous reste à décrire.

On dirait qu'à la fin du XVIIIᵉ siècle, l'esprit humain sortit de ses langes. Les sciences marchèrent peut-être plus vite encore que les idées politiques. Quand on songe qu'avant Franklin, on n'avait presque aucune notion de l'électricité, ce grand agent du monde physique ; — qu'avant la rénovation de la chimie par les savants français, on ne tirait aucun parti des connaissances les plus utiles aux besoins de la société ; — qu'avant Vaucanson, Molard, Arkwright, Watt et Fulton, la mécanique n'était bonne qu'à faire des moulins à vent ; — que le fer, ce bienfait de la nature, qui le dispute d'importance aux céréales, ne servait qu'à faire des cognées, des coutres, des glaives et des piques, on se prend à plaindre nos ancêtres ; et l'on se demande comment des gens dont le génie était si admirable, n'avaient ni télégraphe électrique, ni locomotion à la vapeur, ni cet usage universel du fer, qui s'étend de la charpente de nos maisons à la coque de nos navires, et de nos grandes voies publiques à la bijouterie délicate et gracieuse de la Prusse.

C'est, il faut bien l'avouer, c'est à l'Angleterre, qu'est due cette universalité de l'usage du fer. Ce magnifique progrès de l'industrie et du bien-être social, était dans la destinée d'un pays qui n'a point de forêts, et qui possède, au contraire, des mines immenses de houille et de fer. Mais il fallait l'esprit d'invention, d'entreprises, de calcul dont est doué la race saxonne des Iles-Britanniques, et de plus, les capitaux acquis par le plus grand commerce du monde, pour exploiter ces richesses minérales, enfouies à d'effrayantes profondeurs et même jusque sous les flots de la mer.

Il n'a pas fallu moins que ce concours de circonstances, sans exemple dans l'histoire, pour ériger, de nos jours, la suprématie du fer, et l'élever au premier rang des agents de la civilisation.

II. MATIÈRES PREMIÈRES. PRODUITS FABRIQUÉS. — Le fer s'est substitué au bois, à la pierre, aux chevaux de poste et de roulier, à la toile à voile, à la poterie de terre, aux tonneaux de mer, aux câbles de chanvre des vaisseaux, et, dans la vie domestique, il est partout. On en fait des batteries de cuisine, des lits, comme celui du roi Og, dont parle Moïse, des chaises, des canapés, des charpentes de maison, des bateaux insubmersibles, des grands chemins meilleurs que la voie Appienne, des portes d'écluses, des ponts, des remorqueurs, enfin, tout le bagage nécessaire aux transactions sociales, sans parler du matériel de l'État de guerre.

On ne peut douter que l'emploi du fer, quoique déjà immense, ne s'augmente encore prodigieusement par de nouvelles applications de son usage, dont on ne se fait maintenant aucune idée. C'est donc un objet d'intérêt public, qui doit occuper les méditations de la science et la sollicitude du Pouvoir.

Nous tracerons la situation de cette industrie importante, d'après la grande investigation que nous avons exécutée en 1850, et nous exprimerons par des chiffres officiels, les éléments qui la composent, nous réservant d'en tirer les conséquences historiques et économiques, qui peuvent éclairer ce sujet.

STATISTIQUE DE LA PRODUCTION DES FERS,
EN 1850.
1° Matières premières.

		Valeurs.
Minerai. Extraction et préparation....		20,292,218 fr.
Fonte. Fabrication.......	246 établ.	49,964,194
Fonte et gros fers........	234 —	81,607,349
Totaux..........	480 établ.	151,863,761 fr.

2° Fabrication, Fers ouvrés.

	Nombre d'établissem.	Valeur des mat. premières.	Valeur des prod. fabriqués.
Ouvrages en fonte. Bouches à feu...................	41	7,900,717 f.	11,900,415 f.
Fers en barres, forgés......	219	23,412,247	36,061,418
Fers laminés, martelés....	75	32,241,944	41,566,180
Tréfilerie................	412	23,878,258	36,702,527
Fers marchands...........	182	21,812,132	35,042,262
Fers marchands et acier....	462	5,498,550	13,791,807
Quincaillerie. Serrurerie...	171	3,294,121	9,233,250
Fer. Acier. Armes de guerre.	5	577,601	1,741,953
Fer. Acier................	49	176,113	1,600,000
Machines. Constructions....	133	20,466,413	42,211,969
Fers divers..............	76	6,528,250	12,088,415
Totaux.........	1,825	145,786,346 f.	242,540,196 f.

RÉSUMÉ.

1° Matières brutes.

486 mines.	Valeur du minerai.....	20,292,218 fr.	5 p. 100
2,305 établiss.	Valeur des prod. fabriq.	374,111,739	100 —
2,791	Accroissem. de valeur.	353,819,521 fr.	95

2° Première fabrication, Fonte et gros Fers.

Produits fabriqués..............	131,571,543 fr.	
Matières premières, part. élaborées.	79,824,096	60 p. 100
Salaires et bénéfices.............	51,747,447	40 —

3° Deuxième fabrication, Fers ouvrés.

Produits fabriqués de toute sorte..	242,540,196 fr.	
Matières premières, élaborées.....	145,786,346	60 p. 100
Salaires et bénéfices.............	96,753,860	40 —

4° Réunion des deux fabrications.

Produits fabriqués..............	374,111,729 fr.	
Matières premières.............	225,610,442	60 p. 100
Salaires et bénéfices............	148,501,287	40 —

5° Totaux généraux.

Matières brutes. Minerai........	20,292,218 fr.	5 p. 100
Matières prem. élabor. Fonte. Fers.	131,571,543	62 —
Produits fabriqués. Fers ouvrés...	242,540,196	33 —
Total...........	394,403,957 fr.	

Des faits économiques importants sortent immédiatement de ces termes numériques. Nous les compléterons par quelques détails d'un égal intérêt.

1° Mineral de fer.

On compte en France 486 mines en exploitation et une centaine non exploitées. Les départements qui en possèdent le plus sont ceux ci-après :

Ardennes..........	35	Nièvre.............	25
Haute-Marne.......	35	Meuse	22
Haut-Rhin.........	29	Cher..............	21
Bas-Rhin..........	25	Haute-Saône.......	20

La production de minerai la plus considérable a lieu dans les départements suivants :

Haute-Marne.	3,000,000 q. mét.	Cher.........	1,100,000 q. mét.
Côte-d'Or....	1,800,000 —	Ardennes	1,100,000 —
Moselle......	1,600,000 —	Haute-Saône..	300,000 —

Chaque mine rapporte en moyenne 44,000 francs; l'exploitation se fait par le travail de 40 ouvriers pendant 300 jours de l'année.

Voici, par approximation, les éléments de cette richesse minérale :

Valeur de l'extraction du minerai, son lavage et sa préparation..	20,000,000 fr.	
20,000 ouvriers, à 2 fr. par jour.	12,000,000	60 p. 100
Bénéfices et frais généraux.....	8,000,000	40 —

Il est prélevé, sur ce revenu, une redevance de 1,500,000 francs pour l'État et les propriétaires du sol.

Le minerai de fer, excavé du sol de la France, acquiert, par de nombreuses élaborations successives, douze fois sa première valeur; si l'on accumulait, comme on le fait communément, les différentes valeurs qu'il reçoit par ses diverses élaborations, la richesse qu'il donne serait de

95 sur 100. Nous établirons plus loin ces curieuses proportions.

2° Fonte et Fers.

Le minerai est mis en fusion dans 480 établissements principaux. Il est transformé en fonte, dans de hauts fourneaux, qui ont 20 à 30 pieds d'élévation; puis il est changé en fer dans des fournaux d'affinage. Les départements qui possèdent le plus grand nombre de hauts fournaux sont ceux ci-après :

Haute-Marne.......	81	Nièvre.............	26
Meuse.............	38	Moselle............	20
Haute-Saône........	32	Dordogne.........	»

Il y a :

246 établissements, destinés seulement à la fonte ;	
234 — fabriquant de la fonte et des fers.	
480 situés dans 391 communes.	

Ils occupent 29,737 ouvriers.

Leurs moteurs sont 672 moulins à eau, 9 à vent ou à manége et 103 à vapeur. Ils ont 450 fournaux, 451 forges et 353 autres feux.

La valeur annuelle de la production est ainsi qu'il suit :

Produits fabriqués. Fonte et gros fers.				131,571,543 fr.	
Matières premières................				79,824,096	60 p. 100
Salaires, bénéfices. Frais généraux...				51,747,447	40 —
Savoir : Salaire des ouvriers :					
Hommes....	26,248	300 jours à 2 f. 20 c.		17,323,680 fr.	
Femmes.....	2,378	—	1 00	713,400	
Enfants......	2,111	—	0 80	206,740	
TOTAUX..	30,737 ouvriers.			18,243,880 fr.	14 p. 100
Bénéfices et frais généraux........				33,503,567	26 —

Ainsi, la première fabrication, celle des fontes et des gros fers, s'élève annuellement à 131 millions et demi de francs. Elle est portée à cette somme par près de 80 millions de matières premières : minerai et élaboration préparatoire. Les transports qui grossissent cette valeur étant facilités par l'extension des chemins de fer, promettent un abaissement dans cette énorme dépense.

Le bon marché de la fabrication anglaise provient surtout de la proximité où sont les mines, les houillères et les usines, et de l'usage de voies ferrées, locales et éventuelles qui rendent le parcours facile et à bas prix.

Pour les fontes et fers, comme pour l'extraction du minerai, les ouvriers sont payés à 2 francs par jour, et les femmes moitié moins. La somme totale des salaires s'élève à 30 millions; les frais généraux et les bénéfices, tant des mines que des fonderies, dépassent 40 millions. Le minerai et l'élaboration des matières premières vaut 80 millions. C'est à l'atténuation des frais de cette exploitation que doivent s'appliquer les perfectionnements métallurgiques.

Les ouvriers de cette industrie sont approximativement aux nombres suivants :

	Hommes.	Femmes.	Enfants.	Totaux.
Mines.......	20,234	848	819	21,901
Fonte et fer..	26,248	2,778	2,111	30,787
TOTAUX....	46,482	3,226	2,930	52,638

3° Fers ouvrés.

Toutes les élaborations que nous venons d'énumérer ont pour objet une fabrication de fers prêts à toutes les

destinations qu'exigent les besoins usuels de la société.
Il y en a :

En fers forgés............. pour 36 millions.
En fers laminés, martelés.. —   41 —
En tréfilerie.............. —   36 —
En fers marchands........   —   35 —
En construction de machines. —   42 —

Nous n'avons pu constater officiellement que des objets valant 242 millions et demi ; mais cette production s'élève à plus de 260. Le montant des armes de guerre est incomplet ; celui des machines s'augmente continuellement ; et l'on ne peut saisir les progrès de la serrurerie et de la quincaillerie. En acceptant comme un minimum les chiffres établis par l'investigation de la Statistique de France, on trouve que sur un produit de 242 millions, il y a 96 millions et demi ou 40 p. 100 en salaires, bénéfices et frais généraux. Cette somme se distribue ainsi qu'il suit :

Ouvriers.

69,441 hommes... 300 jours, à 2 f. 30 c. 44,789,445 fr.
4,484 femmes....   —   1 00   1,345,200
9,370 enfants....   —   0 80   1,686,600

83,295 ouvriers.   Salaires.... 47,821,245 fr.

La valeur totale de la fabrication des fers ouvrés se répartit de la manière suivante :

Produits fabriqués................ 242,540,196 fr.
Matières premières élaborées...... 145,786,346   60 p. 100
Salaires, frais généraux et bénéfices. 96,753,860 40 —
Savoir : Salaires de 83,000 ouvriers.... 47,821,245 20 —
Frais généraux et bénéfices... 48,932,615 20 —

Il y a une différence considérable dans la proportion des salaires que reçoivent les ouvriers travaillant aux fers ouvrés et ceux qui font la fonte et les gros fers.

Il y a pareillement une grande disproportion dans les bénéfices et les frais généraux de ces deux industries comparées. En voici les termes rapprochés :

	Salaires.	Bénéfices et frais généraux.
Fonte et gros fers......	14 p. 100	26 p. 100
Fers ouvrés..........	20 —	20 —

La recherche des causes de cette disproportion serait sans doute d'une très-grande utilité à l'industrie des fers, si elle conduisait à reconnaître les moyens d'abaisser les prix de la production, qui sont extrêmement élevés dans quelques-unes des parties du travail. La consommation est restreinte fâcheusement, pour les progrès du bien-être social, par l'élévation des prix du fer; et l'Angleterre doit certainement au bon marché de sa production la prospérité de son industrie.

Les fers ouvrés emploient, pour leur transformation, les moteurs énumérés ci-après :

Moulins à eau	1,306	Fourneaux..........	722
— à vent......	102	Forges.............	5,639
— à manége...	43	Fours	1,298
— à vapeur ...	260	Métiers.............	2,060
Chev., mulets, bœufs.	845	Autres machines.....	6,857

Les termes numériques que nous venons d'établir donnent des faits industriels bien plus certains que ceux qui avaient été avancés jusqu'à présent. Cependant il faut distinguer entre eux :

Les chiffres indubitables ;

Et ceux qui sont, pour ainsi dire, conventionnels. Voici quelques-uns des totaux donnés par les premiers :

			Salaires.
486 mines.	Minerai.....	20,000 ouvriers.	12,000,000 fr.
480 établ.	Fonte et fer.	30,000 —	18,443,000
1,825 —	Fers ouvrés..	83,000 —	48,000,000
2,791 établ.		133,000 ouvriers.	78,443,000 fr.

En moyenne, par approximation, y compris les mines :

500 ouvriers par établissement,
600 fr. de salaires annuels, par ouvrier.

Valeur totale des produits fabriqués de toute sorte :

374 millions ;
135,000 fr. par établissement,
2,800 par ouvrier.

Mais il est est essentiel de remarquer, et c'est la première fois que cette importante observation a été faite, que, dans la valeur générale de la production des fers, il y a de doubles emplois considérables et répétés.

D'abord, dans la valeur des fers ouvrés, se trouve comprise la valeur de la fonte et du gros fer, qui en est la matière première, et qui, par conséquent, ne saurait être ajoutée cumulativement. Ensuite, dans la valeur de la fonte et du gros fer, est incluse pareillement celle du minerai et de son extraction, dont on ne doit pas non plus tenir compte à part. Ainsi donc la valeur réelle des fers ouvrés comprend : premièrement, celle de la matière brute, c'est-à-dire le minerai de fer, et secondement, la

valeur de la première fabrication ou, autrement, la transformation du minerai en fonte et en gros fer. C'est par
abus qu'on additionne ces trois valeurs et qu'on en fait un
total général. La production des fers ouvrés les contient
toutes les trois et en donne l'expression entière. Voici
comment elle est composée et quelles sont les proportions de ses élements :

	Valeurs.		
Minerai.......................	20,292,000 f.	8 1/2 p. 100	
Fonte et gros fer.............	131,571,000	54 1/2	
Valeur des matières prem.	151,863,000	63	—
Fers ouvrés. Élaboration....	90,677,000	37	—
Valeur réelle totale........	242,540,000	100	—
Valeurs cumulées............	374,111,000	»	
Exagération.................	131,571,000	55	—

Conséquemment la méthode vicieuse de cumuler la
valeur des matières premières avec celle des produits fabriqués, calculées séparément et ensuite additionnées,
conduit à donner une idée fausse de la richesse de l'industrie des fers et à l'accroître au delà du terme vrai, de
plus de moitié en sus.

Nous n'avons pu nous libérer entièrement de cette méthode et refuser de présenter, d'après elle, les faits numériques, car tout le passé ayant été soumis à ce type de
calcul, il fallait bien ramener le présent à ses formes, sans
quoi l'on aurait été privé de la comparaison intéressante
qu'offrent les chiffres suivants :

RÉSUMÉ COMPARATIF

DE L'INDUSTRIE DES FERS, AVANT LA RÉVOLUTION, SOUS L'EMPIRE,
ET DE NOS JOURS RÉCEMMENT.

1° **Produits fabriqués.**

Époques.	Valeur.	Accroissement.
1788....	69,360,000 fr.	»
1812....	108,000,000	38,940,000 f. 36 p. 100
1850....	374,000,000	266,111,000 246 —

2° **Matières premières.**

1788....	31,360,000 fr.	»
1812....	45,347,000	14,017,000 f. 31 p. 100
1850....	225,610,000	180,263,000 400 —

3° **Salaires et bénéfices.**

1788....	38,200,000 fr.	»
1812....	62,628,000	24,428,000 f. 163 p. 100
1850....	148,501,000	85,873,000 237 —

Les nombres absolus étant composés d'éléments dont la nature est identique, les proportions qu'ils donnent sont comparables, lors même qu'il y aurait exagération dans ces nombres. On peut donc admettre que la production des fers fabriqués a quadruplé en trente-huit ans, de 1812 à 1850; — que la valeur des matières premières s'est accrue cinq fois, ce qui suppose qu'elles ont abaissé de beaucoup le prix qu'elles avaient sous l'Empire; — enfin que les salaires et les bénéfices ont augmenté de 114 p. 100 ou fort au delà du double. Ce sont de très-merveilleux progrès dus à l'activité de l'esprit industriel et aux inventions de la mécanique, de la physique et de la chimie.

18

Si nous cédions à l'entraînement que fait naître une prospérité si grande et si rapide, nous partagerions la propension qui fait exagérer chaque terme numérique exprimant la production industrielle, et nous ajouterions une centaine de millions à la valeur des fers ouvrés. L'occasion nous en est offerte par l'enquête de la chambre de commerce de Paris en 1848 ; on y trouve les chiffres suivants :

	Établissements.	Valeur de la product.	Nombre d'ouvriers.
Armurerie ....;..........	130	3,277,078 fr.	547
Balances. Poids...........	49	1,191,600	236
Chaudronnerie	212	5,963,080	1,298
Clouterie	67	1,848,528	203
Coutellerie...............	139	2,607,075	571
Ferblanterie.............	242	3,313,250	927
Fonderie.................	79	10,933,550	1,979
Instruments de chirurgie....	35	1,122,700	298
Limes....................	47	1,385,570	459
Laminerie...............	13	678,000	90
Lits de fer...............	19	2,068,000	434
Machines...................	242	25,647,870	6,635
Métiers à tisser...........	23	814,901	199
Instruments de précision...	334	7,270,430	2,030
Quincaillerie..............	61	814,330	257
Serrurerie.................	113	3,077,380	1,054
Serrurerie pour meuble.....	164	2,618,700	839
Taillanderie...............	219	3,508,185	945
Tréfilerie.................	87	3,292,800	487
TOTAUX..........	4,075	83,433,527 fr.	19,488

Nous aurions voulu accepter ces chiffres, par égard pour l'autorité bienveillante et éclairée qui les a fait recueillir, et par estime pour le caractère de celui dont le nom les a recommandés; mais leur examen repousse notre cordiale inclination.

4,000 établissements, qui emploient 20,000 ouvriers, n'en attribuent que 5 à chacun, tandis que les 2,794 établissements, fabriquant des fers dans les départements, occupent 133,000 ouvriers, ce qui en donne à chacun 48 ou le décuple. Il s'ensuit que les établissements de Paris, destinés à l'industrie des fers, ne sont, sauf quelques rares exceptions, que des arts et métiers et non des fabriques de production. Ils sont dans une extrême infériorité quand on compare leur population d'ouvriers, c'est-à-dire la force et la quantité de leur travail, avec ceux des usines de nos départements. Il y a entre eux la même différence qui existerait entre la taille d'un homme ordinaire et celle d'un pygmée de six pouces de hauteur. Aussi les établissements des départements ont-ils chacun une production qui dépasse 87,000 francs ou quatre fois et demie la valeur de Paris, qui est seulement de 20,000 francs.

Mais, par contre, tandis que les 133,000 ouvriers des provinces ne produisent chacun annuellement que 1,825 fr., les 20,000 ouvriers en fer, travaillant dans la capitale, donneraient chacun une production énorme de 4,200 fr., ou 240 p. 100 de la production départementale.

Il est impossible d'admettre une telle différence et de recevoir comme vrais les chiffres qui en portent le témoignage. Quelle que soit la supériorité des ouvriers de Paris, elle n'obtient pas un avantage de 140 p. 100 sur l'habileté de la fabrication des fers dans les provinces; et l'on peut croire, avec la plus grande vraisemblance, qu'il y a une

exagération de valeur de 100 p. 100. Les industriels dont
les déclarations ont servi à dresser l'enquête de la chambre du commerce, ont enflé de 40 millions au moins
la valeur de la production des fers ouvrés dans la ville de
Paris.

Le calcul ci-après confirme cette induction rationnelle.

Les fontes et fers bruts des départements, qui valent
131 millions et demi, sont absorbés par la production des
fers ouvrés, dont la matière première est estimée à près
de 146 millions de francs ; ce qui suppose une élaboration
de 14 à 15 millions dans les usines de la seconde catégorie.
Il faut donc que les ateliers de Paris s'approvisionnent
dans ces usines exclusivement. Or, parmi leurs produits,
la moitié ont reçu déjà leurs destinations définitives, telles
que les bouches à feu, les machines, la quincaillerie, les
armes de guerre, la tréfilerie. Il reste seulement disponibles :

> Pour 35,000,000 fr. de fers marcha...s.
> — 36,000,000   de fers en barres, forgés.
> — 41,000,000   de fers laminés, martelés.

> TOTAL.... 112,000,000 fr.

Nous savons par des calculs positifs que dans la production des fers ouvrés, la matière première élaborée entre
pour 60 p. 100. Par conséquent, celle de la production
parisienne doit s'élever à environ 48 ou 49 millions. En la
prélevant sur la production disponible des fers, elle en
enlèverait presque la moitié, et la réduirait à une soixan-
taine de millions de francs. On ne saurait croire qu'il y ait
un pareil partage de la production des fers disponibles, et

que les faibles établissements de Paris en emploient une
si grande valeur. Les besoins continuels de l'industrie
des départements, qui pourvoit sur les lieux aux consommations variées des populations, ne laissent certainement
pas aux ateliers de Paris un approvisionnement de fers de
près de 50 millions; et des établissements dont la force
est décuple, ne peuvent assurément en limiter l'action au
point de ne mettre en œuvre que la même quantité de
matière première qui est transformée par les 20,000 ouvriers de Paris.

C'est probablement trop peu que d'atténuer de 100
p. 100 la valeur de la production en fer des ateliers parisiens, et de réduire à 40 millions de francs, au lieu de 81,
la richesse de leur travail, surtout en 1847, époque d'une
disette désastreuse, fort mal choisie pour trouver des prix
nouveaux. L'année suivante n'eût pas valu mieux; et nous
étions si bien persuadés des illusions de ce temps que
nous nous sommes refusés à demander des chiffres à l'une
et à l'autre de ces années. Les nombres dont nous faisons usage ici, n'appartiennent à aucune d'elles.

Si l'on ajoute les 40 millions de l'industrie des fers à
Paris, aux 242 qui forment la valeur de cette industrie
dans les départements; et si l'on complète celle-ci pour
remplir les lacunes de l'investigation que nous avons faite,
on arrive à une évaluation totale et générale de 300 millions.

Ce résultat nous conduit à considérer l'industrie des fers
en France, au milieu du XIXe siècle, comme formant un
treizième de la valeur de la production manufacturière.

Cette richesse minérale est également grande et nouvelle. Ses progrès merveilleux datent de trente ans. Voici des chiffres qui les déterminent; ils sont empruntés aux comptes rendus par les ingénieurs des mines, documents dont nous différons quelquefois, mais qui n'en sont pas moins au premier rang dans les archives statistiques de la France.

	Fonte.	Fers forgés.
1845......	4,389,690 q. mét.	3,422,613 q. mét.
1819......	1,125,000 —	742,000 —
26 ans.	3,264,690 q. mét.	2,680,613 q. mét.

Ainsi, en l'espace de vingt-six ans, et malgré les perturbations politiques, la quantité de la production a triplé, quant à la fonte, et presque quadruplé à l'égard du fer forgé.

Sous l'empire de nos tarifs si rigoureux, — ils sont heureusement abaissés, — en ce qui concerne l'introduction des fers étrangers en France, il n'y a qu'une faible participation des importations dans la consommation de ces matières.

1846. Fonte importée...	859,554 quintaux métriques.
Fers étrangers ...	82,129 —
Aciers..........	11,232 —

Ces quantités n'ont pas été augmentées par les nécessités des chemins de fer.

		1847.	1848.	1849.
Fonte brute	Quant.	959,422 q. m.	453,400 q. m.	280,350 q. m.
importée.	Valeur.	14,000,000 fr.	7,000,000 fr.	4,000,000 fr.
Fers en bar.	Quant.	76,581 q. m.	40,560 q. m.	45,469 q. m.
importés.	Valeur.	2,000,000 fr.	1,000,000 fr.	1,000,000 fr.

Pour avoir pourvu aux immenses besoins de nos voies ferrées, il faut que l'accroissement de la production des fers soit continuelle et rapide. Un document anglais lui assigne les termes suivants dans la Grande-Bretagne.

1825... Fers et acier produits. 34,372 tonneaux.
1847...   —   —   549,709   —

1,600 p. 100, en 22 ans.

L'Angleterre, quoiqu'elle soit le pays du monde le plus riche en fer, ne craint point d'associer à sa production les autres Etats de l'Europe. Elle a reçu :

	En 1850.	En 1851.
Fers en barres.........	30,198 tonn. —	34,666 tonn.

Mais elle ne les a pas admis dans sa consommation, et elle les a gardés pour son commerce général. Elle a exporté :

Valeur.

	En 1849.	En 1850.
Fers en saumons........	417,457 st. —	317,899 st.
Fers en barres..........	2,605,247 —	2,795,226
Fil de fer..............	62,604 —	86,684
Fonte de fer...........	174,452 —	215,396
Fers ouvrés............	1,386,867 —	1,507,971
Acier brut.............	319,881 —	393,659
Quincaillerie. Coutellerie.	2,201,315 —	2,639,728
Machines mécaniques....	700,631 —	1,043,767
TOTAUX........	7,868,456 st. —	9,030,260 st.
En France..........	196,711,400	225,756,500

Auprès de cette richesse nous osons à peine poser les

chiffres suivants, qui expriment les exportations de nos fers en 1851 :

Fers.............	3 millions.
Machines.........	5 —
Coutellerie.......	2 —
Armes..........	3 —
TOTAL.......	13 millions.

Mais ce sont des produits pour ainsi dire nouveaux. La possibilité d'exporter des fers maintenant nous est donnée par l'intelligente substitution de la houille au bois, dans nos fabrications, ce qui en a réduit les prix marchands. — Nos armes perfectionnées et supérieures à toutes autres tirent leur glorieuse origine des efforts du génie national, pour la défense de nos foyers contre l'Europe coalisée. — Enfin la construction des machines est une acquisition précieuse, faite récemment, et qui déjà devient l'auxiliaire le plus puissant de la production manufacturière.

L'Angleterre, il est vrai, plane au-dessus de nous à une élévation qu'il semble impossible que nous atteignions jamais. Elle doit cette immense supériorité à deux causes. Depuis un siècle et demi, elle applique sans relâche toute la puissance qui lui est départie à l'accroissement de son industrie et de son commerce; et les hommes d'Etat qu'elle choisit pour protéger leurs intérêts et agrandir leur fortune, sont constamment dignes, par leur zèle et leurs lumières, de la mission difficile qui leur est confiée.

Pour arriver à d'aussi magnifiques résultats que l'Angleterre, la France n'a besoin que de réunir les conditions essentielles qui les lui ont fait obtenir.

En résumé :

L'industrie des fers est en France la plus riche de toutes nos fabrications, après celle de nos tissus, et sans aucun doute, elle pourrait les surpasser.

Elle remonte aux premières sociétés civilisées de notre hémisphère ; elle date de cinquante siècles dans l'Asie orientale ; et dans l'Asie occidentale, les traditions chaldéennes lui donnent une origine antérieure au cataclysme de Noé. Elle n'existait pas dans le Nouveau-Monde lors de sa découverte, et c'est un témoignage de l'autochtonie des Mexicains et des Péruviens ; car les peuples, dans leurs transmigrations, ont toujours importé avec eux leurs céréales, leurs bestiaux et les pratiques de la fabrication des fers.

Pendant l'antiquité et le moyen âge, malgré les nécessités impérieuses de l'agriculture et de la guerre, qui exigeaient sans cesse des instruments aratoires et des armes, l'industrie du fer fut abandonnée aux esclaves et aux serfs. C'est dire assez qu'elle resta grossière, imparfaite et insuffisante. Les glaives des légionnaires romains, la ferraille domestique de Pompéia et d'Herculanum, les armures des chevaliers et les harnais bardés de fer de leurs chevaux de bataille, sont d'une chétive fabrication et d'une façon digne tout au plus du moindre taillandier de nos villages.

Les Arabes introduisirent en Espagne la trempe des épées, qui rendit Tolède justement célèbre. L'Italie, pendant le brillant règne de ses républiques, s'appropria cette belle industrie. Au xviii siècle, l'Angleterre réussit à force de persévérance à s'emparer de ce riche héritage ; et ses aciers lui valurent longtemps la richesse et la célébrité. Elle fournit à toute l'Europe des ciseaux, des boutons d'habit et des aiguilles.

La guerre obligea la France à se forger et à se tremper des armes ; et c'est depuis 1792 seulement qu'elle a commencé à travailler le fer en grand et avec succès. Il lui fallut des canons de fonte pour des flottes de 600 bâtiments, et pour les batteries de défense de 400 lieues de côtes ; il lui fallut des fusils pour 4 millions de volontaires, pour armer 300 places fortes, et pour remplacer ceux détruits ou perdus pendant 24 campagnes. Il lui fallut enfin des épées, des sabres, des pistolets pour toute la population, habituée dès son enfance à l'usage des armes, et ne pouvant pas plus s'en passer que de ses vêtements.

Quand, enfin, la paix survint, les usines à fer durent pourvoir à d'autres besoins d'une étendue toujours croissante. Chaque industrie leur demanda des machines pour perfectionner son travail et surtout abaisser les prix de sa production. En 1850, leur construction occupait dans les départements et à Paris 20,000 ouvriers dont le travail donnait 68 millions de francs. Déjà nous entrons en concurrence avec l'Angleterre pour cet objet, qui doit être considéré comme l'un des moteurs du progrès des sociétés humaines. Il est vrai que nous en vendons seulement pour 5 à 6 millions, tandis qu'elle en exporte pour 25; mais c'est une industrie qui sympathise avec le génie national et qui quintuplera en peu d'années.

Le fer doit non-seulement satisfaire à tous les besoins qu'on lui réservait autrefois et qui se sont accrus, comme la population, mais encore il est appelé à remplir des

fonctions nouvelles, dont on ne se faisait aucune idée, et
dont il a pris complétement possession. Qui aurait cru que
les plumes d'oie perdraient le privilége de servir à notre
écriture, et qu'il deviendrait un héritage du fer? C'est cependant ce qui est arrivé; et maintenant l'Angleterre produit annuellement 300 millions de plumes d'acier. Il suffit d'un tonneau pesant 1,015 kilogr. d'acier, pour faire
près de 2 millions de ces plumes. Sans cette invention,
les plumes d'oie, renchéries par le nombre de plus en plus
grand de gens qui écrivent, fussent devenues indirecte-
ment un obstacle à l'instruction publique.

Il suffit, sans plus de recherche, de regarder autour de
soi pour constater l'immense progrès de l'usage du fer
presque en toute chose. Au lieu d'une voiture à roues en
bois, vous voyagez dans un wagon à roues en fer, glissant
sur un chemin ferré, par la traction d'une locomotive en
fer; — pour traverser un fleuve vous avez, au lieu d'un
pont pesant appuyé sur des arches de pierres, un pont
suspendu à des chaînes de fer ou reposant sur des arcs en
fer forgés; — les ustensiles de la cuisine ne sont plus
heureusement en cuivre, ils sont en fer battu; — les chan-
deliers de cuivre doré dont se servaient nos pères sont
remplacés par des lampes en tôle vernie, couvertes de
peintures gracieuses. Il n'est pas jusqu'à l'une de nos plus
vieilles cathédrales, qui n'ait changé son clocher en
pierres de taille découpées, contre un gigantesque clocher
en fer, se projetant dans les airs à 230 pieds du sol, et
bravant la foudre impunément malgré les plus sinistres
prédictions. Nous devons convenir cependant que ce n'est
pas là ce que le fer a fait de mieux, et nous préférons le

pont merveilleux de la Menai, qui joint la côte d'Angleterre à l'île d'Anglesey.

La rapidité de ces magnifiques progrès les rend encore
plus étonnants. En 1812, la fabrication des fers comparée
à celle de 1788, présentait un accroissement de valeur de
36 p. 100 ou plus d'un tiers ; — et celle de 1850, comparée à la fabrication de 1812, offre une augmentation de
246 p. 100 en trente-huit ans, ou une valeur qui atteindra
bientôt le triple de celle de notre commencement de prospérité.

Le fer étant l'agent nécessaire de l'Industrie, et l'Industrie étant la condition essentielle de la puissance politique,
commerciale et financière dans l'Etat actuel de l'Europe,
on peut classer les différents pays du monde civilisé, d'a-
près la richesse qu'ils obtiennent de la production de
leurs mines de fer et de l'habileté des usines qui la mettent
en valeur.

La Grande-Bretagne tient incontestablement le premier
rang ; elle produit la moitié du fer de l'Europe.

La France la suit immédiatement ; elle en produit presque le quart.

La Russie et l'Allemagne jointe à la Prusse, en donnent
à peu près autant que la France.

La Suède en fournit une quantité moindre, mais d'une
qualité supérieure.

L'Autriche est, de toutes les grandes puissances, la
moins favorisée.

L'Espagne, malgré ses progrès récents, ne peut encore
être citée comme une contrée richement productive. C'est
assurément sa faute, s'il n'en est pas ainsi.

De si grands intérêts sont attachés à la production du fer, qu'elle est maintenant et qu'elle va devenir de plus en plus l'objet d'efforts extraordinaires de la part des peuples et de leurs gouvernements, pour l'acquérir, l'accroître et la perfectionner, avec le concours des arts, des sciences et de la puissance du génie industriel.

Quantité approximative de la production du fer en Europe.

Iles Britanniques.....	9,000,000 quint. métr.
France...............	7,300,000 —
Russie et Pologne.....	2,280,000 —
Autriche.............	1,020,000 —
Suède...............	1,000,000 —
Prusse..............	960,000 —
Pays-Bas et Belgique..	720,000 —
Italie...............	336,000 —
Allemagne...........	253,000 —
Piémont.............	240,000 —
Espagne.............	216,000 —
Norwége	180,000 —
Danemark...........	162,000 —
Totaux..........	23,667,000 quint. métr.

CHAPITRE VI.

STATISTIQUE DES HOUILLES.

HISTORIQUE. — Longtemps avant que les hommes exis-
tassent sur la terre, il y avait d'épaisses et vastes forêts
dont les arbres nous sont aussi bien connus que si nous
avions vécu sous leurs ombrages. Après des siècles d'une
végétation tranquille, progressive, prospère, il survint de
grandes révolutions physiques, qui renversèrent ces forêts
et les enfouirent sous des couches d'alluvion de 100 pieds
et jusques au delà de 1,000 pieds de haut. Ces couches
nous apprennent, par leur examen, que tour à tour :
l'Océan, des lacs d'eaux douces, des îles, des continents
avec leurs populations de poissons, d'amphibies, de qua-
drupèdes, surmontèrent la cime de ces forêts. Lorsque
nos pères retrouvèrent sous ces alluvions les bois qu'elles
recélaient, ils ne devinèrent point leur origine, et ils attri-
buèrent à des jeux de la nature, — *lusus naturæ*, — les
formes végétales, qu'ils y observaient. Ils reconnurent bien
les propriétés combustibles de la houille, puisqu'ils lui
donnèrent le nom de charbon de terre; mais ils n'en
firent point d'usage, et ils s'en exagérèrent les inconvénients. Quand, en 1784, Perrier voulut s'en servir, pour
chauffage, à son établissement hydraulique de Chaillot,

il souleva contre cette entreprise utile la cour, la ville et la justice. On prétendit qu'il allait empoisonner les habitants de Paris et même les poissons de la Seine, par les vapeurs sulfureuses de sa formidable usine.

L'Angleterre s'était montrée plus raisonnable; elle commença à brûler de la houille dès l'an 1307, sous le règne d'Edouard II, et il y a conséquemment cinq cent cinquante ans qu'elle en fait usage, exclusivement au bois. Il est vrai que c'était faire de nécessité vertu, car les Iles-Britanniques n'ont pas en forêts un trentième de leur territoire; et les foyers perpétuellement ardents de leurs myriades de fabriques dévorent bien autrement de chauffage que les nôtres. En France, au contraire, le dédain pour le charbon fossile était entretenu, par la vaste étendue de nos bois, qui couvrent un septième de la surface de notre territoire, et dont on tirait, à bas prix, une immense production. Il y avait des provinces, avant la Révolution, où l'on n'avait jamais vu de houille, quoiqu'on marchât sur des houillères; et c'étaient tout au plus quelques maréchaux ferrants qui s'en servaient pour le feu de leur forge. Aussi dans son énumération des produits naturels et industriels de la France, Tolosan ne comprit pas, en 1788, les houillères de nos provinces, quoiqu'il descendît à des produits de 1,200,000 fr. Nous ne pouvons donc croire à l'assertion acceptée par le rapport de M. de Montalivet, en 1812, qui en élève la valeur, en 1790, à 10 millions de francs, et suppose que par l'adjonction des départements belges et allemands, cette valeur avait quintuplé. En effet, un tableau statistique annexé à l'Exposé de la Situation de l'Empire, l'estime à 50 millions, donnés par 600 houillères qu'exploitaient

70,000 ouvriers. Voici ce tableau, avec la défalcation des départements étrangers.

Production des houilles, en 1812.

	Établisse-ments.	Nombre d'ouvriers.	Valeur de la product.
4 départements français...	268	27,028	18,937,000 fr.
8 — étrangers .	332	42,972	31,063,000
Totaux............	600	70,000	50,000,000 fr.

Il y avait parmi les départements réunis : 6 départements belges, 1 allemand et 2 italiens.

Les départements français les plus productifs étaient ceux ci-après :

Nord..........	116 établ.	15,200 ouv.	8,538,000 fr.
Loire...........	22 —	4,500 —	3,000,000
Saône-et-Loire...	5 —	800 —	1,140,000

En moyenne, chaque établissement produisait 85,000 fr. et chaque ouvrier 700 fr.

Les 8 départements réunis, qui furent séparés de la France, en 1815, produisaient presque le double de la valeur des houilles extraites dans 34 de nos anciens départements. Cependant, les fonderies au bois nécessitées par la guerre avaient fait créer une multitude de forges, où le charbon de terre était employé ; et dès lors les progrès de nos exploitations furent continuels.

En 1794, l'extraction fut de.....	2,500,000	quint. métr.
De 1813 à 1815, elle s'éleva à...	8,200,000	—

Voici les termes de son accroissement, en regard de l'importation des houilles étrangères.

	Extraction.	Importation.	Consommation.
1818....	8 millions.	2 millions.	10 millions.
1821....	11 —	3 —	14 —
1826....	15 —	5 —	20 —
1830....	18 —	6 —	24 —
1833....	20 —	7 —	27 —
1836....	28 —	9 —	36 —
1840....	30 —	12 —	42 —
1846....	44 —	21 —	65 —

En somme, la production de nos houillères a certainement septuplé de 1815 à 1850. L'importation étrangère a décuplé, et nous consommons annuellement aujourd'hui sept fois autant de houille qu'il y a trente-cinq ans. La cause la plus puissante de cet immense accroissement mérite d'être signalée. Jusqu'en 1817, on n'avait fait usage que du charbon de bois pour fondre nos minerais de fer. A cette époque, un négociant de la Nièvre, ayant visité l'Angleterre, vit avec admiration l'usage qu'on faisait de la houille dans les fonderies de fer de ce pays, et il projeta de fonder des usines semblables. Ce ne fut toutefois qu'en 1822 qu'il parvint à exécuter ce dessein. Alors un capital de 30 millions fut employé à le développer. 18 hauts-fourneaux furent construits et alimentés par des feux entretenus avec du charbon de terre de la localité. 40 millions de kil. de fonte furent produits par ces établissements, dans des lieux qui n'avaient jamais fourni de fer. Le minerai fut extrait en abondance, du sol de la Nièvre et du Cher au prix de 6 à 10 fr. le tonneau, et la fonte put être fournie à aussi bon marché qu'en Ecosse.

Cette belle application du combustible fossile a fait la fortune de nos houillères. Néanmoins, c'est à peine depuis dix ans que leurs produits ont étendu leur usage à nos foyers domestiques. Le préjugé contre cette sorte de chauffage s'est dissipé difficilement ; mais, enfin Paris a donné l'exemple, et maintenant la houille y brûle, comme à Londres, dans les cheminées de nos appartements.

De 1815 à 1846 :

La production indigène s'est élevée de 8,815,000 quint. mét. à 44,693,000; elle a quintuplé.

L'importation belge s'est augmentée de 1,984,000 à 13,502,000; elle a septuplé.

L'importation anglaise s'est accrue de 224,324 à 6,113,000, ou comme 1 à 28.

Les autres importations ont monté de 285,000 à 2,524,000 ; elles ont octuplé.

Toutes les importations ensemble se sont élevées de 2,493,000 à 22 millions ; elles ont presque décuplé.

La consommation, qui était en 1815, de 11 millions de quintaux métriques, est de plus 66, dont nos houillères fournissent les deux tiers, et l'étranger 33 sur 100 en quantité.

Mais il faut déduire des 44,693,000 quintaux métriques attribués, en 1846, à la production des combustibles minéraux, des quantités d'anthracite et de lignite, qui réduisent les quatre sortes de houille à 35 millions de quintaux. Voici comment cette production était répartie à une époque récente :

189 établissements gisant dans 160 communes appar-

tiennent à 34 départements; leurs mines occupent seulement 3,000 hectares.

A 1 fr. le quintal sur le carreau de la mine, la valeur de l'extraction s'élève à 35 millions; mais les transports doublent, triplent et quadruplent ce prix pour les consommateurs.

On compte 23,402 ouvriers, savoir :

20,287	hommes, à 2 f. 00 c.	12,172,200 fr.
188	femmes, à 1 00	56,400
2,927	enfants, à 0 80	702,480
	TOTAL.........	12,931,080 fr.

Chaque établissement vaut annuellement 180,000 fr. Chaque ouvrier rapporte 1,500 fr. C'est, pour chacun de ces deux termes, le double du chiffre de 1812. Les éléments de la production sont ainsi qu'il suit :

Valeur première de la production.	35,000,000 fr.	
Salaires des ouvriers..........	13,000,000	37 p. 100
Frais généraux et bénéfices......	22,000,000	63 —

Dans cette riche industrie, il n'y a point de matière première à prélever sur la production, mais il y a plus que l'équivalent dans les frais considérables d'extraction. On sait que souvent les couches de houille gisent sous des bancs de pierre calcaire, qu'il faut percer pour aller chercher le combustible à plus de cent pieds de profondeur. Il est indispensable dans les grands établissements, comme celui d'Anzin, département du Nord, de faire fonctionner sans cesse 40 à 50 machines à vapeur, pour le service des puits, l'épuisement des eaux et l'aération des mines. On comptait, en 1846, 413 machines à vapeur, dans les 268 mines de combustibles minéraux en exploitation. En y comprenant celles d'anthracite et de lignite, on faisait nombre alors de près de 32,000 ouvriers employés à cette industrie.

La houille n'est pas uniquement l'auxiliaire puissant des autres industries, elle est une industrie par elle-même, et qui plus est d'une merveilleuse utilité. Elle donne par sa combustion le gaz d'éclairage qui est une question d'obscurité ou de lumière. Jusqu'à cette belle découverte, rien de plus barbare que les moyens dont se servaient nos ancêtres, pour se reconnaître, la nuit, dans les rues de leurs villes. A la fin du XVIIe siècle, les habitants de Paris n'avaient encore que les chandelles allumées devant les oratoires des Madones et des Saints, pour se guider dans les ténèbres de la cité. Ce fut en 1666 qu'on se servit pour la première fois de lanternes suspendues aux carrefours de la ville, pour montrer aux passants leur chemin. Il fallut un siècle pour amener l'invention des réverbères, et bien longtemps après 1767, les provinces étaient toujours éclairées par des chandelles, garanties du vent par des lanternes à petites vitres. Chaque bourgeois qui sortait, après le couvre-feu, se munissait d'un falot, ou le faisait porter à son domestique ou à son chien. Les seigneurs étaient accompagnés par des torches. On prétend que dès 1686, un nommé Dalsémius fit des expériences sur la lumière qu'on pouvait tirer du gaz inflammable, et qu'en 1736, Clayton, fit briller en Angleterre, ce qu'on nommait de l'esprit de charbon de terre. Watson, évêque de Llandaff, poussa les expériences plus loin, et Driller fit, en 1778, un mémoire présenté à l'Académie des Sciences, où il établissait la possibilité de tirer un éclairage de la combustion de l'hydrogène. Toutefois, ce fut seulement en 1785 que l'ingénieur Lebon démontra ce fait, par un instrument appelé : Thermolampe, et prouva que la houille peut remplacer avantageusement le bois dans la production de ce gaz. Il n'alla pas plus loin ; mais l'Anglais William Murdoch, de Soho, près de Birmingham, féconda sa découverte ; il distilla le gaz de la houille, le purifia par son passage à travers un liquide, l'accumula dans de grands réservoirs et le dirigea, à d'énormes distances, par des conduits, comme si c'était un fluide ordinaire. Il lui ouvrit un passage, par des becs perforés, où son inflammation produisait une lumière très-vive, très-éclatante, beaucoup moins dispendieuse que celle donnée par l'huile, le suif ou la cire.

L'Angleterre nous devança encore dans l'application de cette belle invention dont le germe avait pris naissance parmi nous. Ses villes étaient déjà toutes éclairées par le gaz de la houille, que notre métropole continuait de combattre presque en vain l'obscurité de nos longues nuits d'hiver, par la faible clarté des réverbères à l'huile. Enfin depuis vingt ans le gaz circule, sous le pavé de nos rues, et jaillit, en traits de flamme, dans tous les lieux publics, d'où il chasse les ténèbres. Il s'introduit jusque dans les maisons particulières, et ne tardera pas à devenir d'un usage général. Voici sa Statistique en 1850 :

Etablissements.

Paris 3
Départements 29
TOTAL 32

	Paris.	Départements.	Totaux.
Valeur des matières premières.	600,000 f.	1,550,000 f.	2,150,000 f.
— de la production......	2,050,000	5,076,000	7,126,000
Nombre d'ouvriers.........	405	3,600	4,005

Éléments de la production.

Produits fabriqués...............	7,126,000 fr.	
Valeur des matières premières......	2,150,000	30 p. 100
Salaires, frais généraux et bénéfices.	4,976,000	70 —
Savoir : Salaires...................	724,000	10 —
Frais généraux et bénéfices.....	4,056,000	60 —

Il est essentiel de remarquer que les matières premières sont élaborées, puisque la houille dont on se sert pour produire le gaz, n'a plus qu'à être mise en combustion, — et l'on doit expliquer, par la complication et le prix des appareils, le haut prix des frais généraux, qui égalent la moitié de la valeur des produits fabriqués. Leur abaissement de valeur est imminent.

Au demeurant, dans les détails d'une industrie en progrès nouveaux et rapides, comme ceux de la houille et de l'usage de ses propriétés, on ne saurait fixer aucun chiffre exact, chaque année débordant celle qui l'a précédée. Il est certain qu'en Europe, et spécialement en France, l'avenir de cette industrie s'ouvre à toutes les espérances; et que dans dix ans, la valeur de ses produits aura décuplé.

On peut évaluer maintenant sans exagération :

L'extraction de la houille à..............	45,000,000 fr.
— des autres combust. minéraux.	6,500,000
L'industrie du gaz de la houille.........	8,500,000
Total.............	60,000,000 fr.

On admettait, il y a quelques années, que la production de la houille était, par approximation, ainsi qu'il suit, dans les pays qui en possèdent des mines en exploitation :

Grande-Bretagne, annuellement.	32,000,000	tonneaux.
Belgique......... —	4,960,000	—
France .... —	4,500,000	—
États-Unis....... —	4,400,000	—
Prusse......... —	3,500,000	—
Autriche .... —	700,000	—

Mais de grands progrès doivent avoir changé ces chiffres, tout en conservant probablement leurs rapports mutuels.

CHAPITRE VII.

STATISTIQUE DES PRINCIPAUX PRODUITS INDUSTRIELS MINÉRAUX.

I. Historique. — Dans la distribution naturelle des minéraux du globe, le sol de la France n'a pas été aussi favorisé que celui de plusieurs autres grandes contrées de l'Europe : l'Angleterre, qui possède en abondance le fer, la houille et le cuivre ; l'Allemagne, qui exploite des mines nombreuses et variées ; la Russie, qui n'a qu'à ouvrir la terre pour trouver du fer et de l'or. Il n'y a pas jusqu'à des contrées secondaires qui ne l'emportent sur nous : la Suède par ses fers excellents, la Belgique par ses houillères inépuisables. Mais à force de science dans les exploitations, d'habileté dans la transformation des matières premières, de succès dans l'usage des moyens mécaniques et artistiques, il s'est développé en France, depuis un demi-siècle, une industrie minérale, qui rivalise, par ses progrès, avec les prodiges qu'enfantent les manufactures des produits tirés du règne végétal et du règne animal.

Le tableau suivant fera connaître ces progrès et montrera quelle prospérité l'industrie de la France doit aux richesses obtenues du propre sol du pays.

Ces produits industriels étant extrêmement nombreux, il est nécessaire à leur exploration de les diviser ; mais leur diversité rend cette opération difficile. Autrefois, on se bornait à les énoncer dans l'ordre alphabétique ; l'avantage unique qu'il donnait, était la facilité des recherches ; on l'a abandonné pour adopter des méthodes qui groupent les objets suivant des rapports naturels et réunissent ceux dont l'origine ou le but est analogue.

L'Exposé de la situation de l'Empire suivit un autre ordre en 1812 ; il procéda selon l'importance et la richesse des produits industriels ; et, après avoir énuméré les tissus et les fers, il mêla ensemble les autres quels qu'ils fussent. Chaptal en agit pareillement. Nous avons aussi adopté, comme mieux approprié au sujet économique de ce travail, la prééminence des cinq grandes fabrications des tissus et des fers, qui forment la moitié au moins de la fortune industrielle de la France ; mais, au lieu d'énoncer sans ordre les autres produits, nous les avons rangés suivant l'origine de leurs matières premières, qui appartiennent nécessairement à l'un des trois règnes de la nature. Cette division généralisée fournit des rapports dignes d'intérêt ; elle montre quels sont les produits minéraux, végétaux ou animaux, qui, depuis une époque donnée, ont éprouvé le plus d'accroissement, et d'où provient la plus grande masse de nos richesses manufacturières. C'est une indication importante, puisque évidemment la source la plus abondante est celle qu'il faut explorer de préférence aux autres. On trouvera d'autres faits statistiques également utiles, dont les résultats inédits appartiennent à l'Histoire de l'Industrie.

VALEUR DES PRODUITS MINÉRAUX.

			Rapp. à la prod. annuelle.
1788...	163,160,000 fr.	Tolosan............	18 p. 100
1812...	458,802,000	Chaptal...........	25 —
1850...	861,648,000	Statistique de France.	29 —

ACCROISSEMENT ABSOLU.

1788 à 1812....	24 ans.	295,642,000 fr.
1813 à 1850....	37 —	402,846,000

ACCROISSEMENT SUIVANT LA POPULATION.

1788....	7 f. 00 c.	par habitant.
1812....	16 00	—
1850....	24 50	—

1812. Empire. 130 départements........ 548,044,000 fr. 25 p. 100
1850. France, avec Paris et les omissions. 1,151,648,000   29 —

Ce dernier chiffre suppose que la production industrielle tirée des minéraux est à raison de 33 fr. par habitant de la France actuelle. C'est une somme considérable,
surtout par comparaison avec le passé, et quand on songe
avec quelle parcimonie la nature a départi les minéraux
utiles à notre terre d'ailleurs si féconde.

De compte fait, dans l'espace d'un demi-siècle, la richesse
minérale s'est augmentée de 700 millions, et de près de
1 milliard, si l'on évalue les industries de Paris qui doivent
y prendre rang, et si l'on estime les omissions du Midi occidental.

Relativement à la population, cette richesse a quadruplé depuis 1788; et l'on remarquera qu'il ne s'agit pas ici
de ces fortunes soudaines, que donne la découverte des

mines de métaux précieux. C'est avec des matières premières presque sans valeur, des terres sans prix, des minerais autrefois inconnus ou méprisés, que l'Industrie a
produit une multitude d'œuvres métallurgiques et céra-
miques, qui valent des trésors.

On peut répartir en trois sections, les travaux, qui exploitent ces matières, savoir : Les grandes industries, —
les industries métalliques, — et celles qui emploient les
terres vitrifiables et plastiques.

1º Grandes industries minérales.

	Nombre d'établiss.	Matières premières.	Produits fabriqués.	Nombre d'ouvriers.
Fers de toute sorte....	2,443	229,409,000 f.	374,112,000 f.	126,000
Houille et autres combustibles..........	220	15,000,000	60,000,000	69,000
Totaux.....	2,663	244,409,000 f.	434,112,000 f.	195,000

2º Autres industries des métaux.

Industries métalliques	2,660	79,571,000 f.	88,753,000 f.	5,724
Industries diverses...	54	1,080,000	2,255,000	860
Totaux.....	2,714	80,651,778 f.	91,008,000 f.	6,584

3º Industries des terres vitrifiables et plastiques.

Tuilerie. Faïence. Porcelaine............	3,244	15,005,000 f.	43,767,000 f.	34,467
Verreries. Glaces.....	140	13,335,000	36,156,000	17,000
Totaux.....	3,384	28,340,000 f.	79,923,000 f.	51,467

4° Industries des autres exploitations minérales.

	Nombre d'établiss.	Matières premières.	Produits fabriqués.	Nombre d'ouvriers.
Grandes exploitations du sol............	3,468	12,317,000 f.	45,467,000 f.	36,849
Sel gemme et marin..	4,000	10,000,000	100,000,000	61,736
Produits chimiques..	110	18,320,000	54,785,000	5,610
Ateliers de construct.	154	25,000,000	56,155,000	17,838
Totaux.....	7,732	65,637,000 f.	256,605,000 f.	121,000
Totaux généraux..	16,493	419,037,000 f.	861,640,000 f.	374,051

Nous allons exposer, avec quelques détails, les éléments industriels qui composent ces termes généraux.

Dans l'examen des produits minéraux, on trouve une particularité inaperçue et pourtant remarquable. Parmi ceux qui proviennent des végétaux et des animaux, il n'en est point de considérables dont les hommes ne fassent usage depuis des milliers d'années. On se servait de laine, de soie, de chanvre et de lin, et même de coton, dès le commencement des sociétés en Asie et dans le Nouveau-Monde, et les emplois divers que nous en faisons, ne sont que des perfectionnements, des modifications de ce qui fut fait jadis. Il en est autrement des produits minéraux. Il surgit soudainement pour eux des destinations inattendues, qui leur donnent d'autres rôles, et augmentent leur valeur immensément. Qui aurait pu imaginer, il y a seulement quarante ans, que la France, l'Europe, l'Amérique seraient sillonnées de barres de fer, nommées rails, et parcourues en tous sens par des chariots de fer, appelés locomotives? Qui aurait deviné que nous aurions construit des bateaux, des ponts, des maisons en fer ? que le fil de fer serait un moyen de communication instantané ? que la houille, dédaignée par tous, il y a soixante ans, comme un combustible puant et méprisable, serait, un jour, l'agent universel des mouvements maritimes, des manœuvres navales, des transports transatlantiques, de l'éclairage de nos rues et de nos maisons ? C'est cependant ce qui est arrivé, et les produits minéraux, en se transformant en machines, sont à présent l'âme de toutes les industries, soit que leurs matières premières sortent des végétaux, soit qu'on les obtienne du règne animal.

Il y a pourtant une compensation à cette supériorité des minéraux ; elle se trouve dans la limite qui leur est imposée, dans chaque pays, par la nature elle-même, tandis que les productions végétales et animales sont à la discrétion des Hommes. Depuis trente siècles, on creuse le sol que nous habitons, pour lui demander du cuivre et de l'étain, qui nous sont refusés, quand, de l'autre côté de la Manche, les mines les plus riches fournissent ces deux métaux, et datent leur exploitation du temps des Carthaginois. Cette localisation des produits minéraux n'existe pas, pour ceux d'une autre origine. Il dépend d'une volonté ferme et éclairée, de doubler en peu d'années, la quantité de laine, de soie, de lin et de chanvre dont nous fabriquons nos tissus. Des dispositions économiques d'un succès certain peuvent donner ces inappréciables avantages, à un pays aussi vaste et aussi favorisé que l'est la France, par sa fécondité ; mais, il n'en est pas ainsi des mines ; il n'est pas en notre pouvoir de les créer ; c'est déjà beaucoup que de tirer tout le parti possible, de celles que

20.

nous avons, toutes chétives qu'elles soient ; et pour y suppléer, il importe à la prospérité des industries minérales, si nécessaires à l'extension de la plupart des autres industries, de recevoir largement du commerce extérieur, les métaux dont la transformation est opérée, dans nos usines et par nos arts ingénieux, avec un si prodigieux succès.

I. GRANDES INDUSTRIES MINÉRALES.
1° Fers de toute sorte.

1788...	31,360,000 fr.	Tolosan.	
1812...	190,301,000	Chaptal............	86 départ.
1812...	118,700,000	Montalivet.........	130 —
1850...	374,112,000	Statistique de France.	86 —

Il a fallu deux générations humaines et une longue suite d'incessantes nécessités, pour promouvoir l'Industrie du fer, et la rendre décuple de la valeur qu'elle avait sous le règne de Louis XVI. Cependant, dès lors, le Pouvoir montrait une sollicitude éclairée pour les progrès de nos connaissances métallurgiques. La création des ingénieurs des mines, l'un des premiers corps savants de l'Europe, remonte à 1781, et celle de l'Ecole des Mines à 1783. Mais alors les institutions utiles végétaient sans vigueur. Un siècle après l'établissement des premières fabriques de fer-blanc, par les soins de Colbert, il n'y en avait encore que quatre en France, et pour assurer leur existence, il avait fallu leur accorder un privilége exclusif. Celle fondée, en 1720, par Anthés, obtint le monopole de fournir l'Alsace, pendant vingt ans, et une exemption de tous droits aux douanes extérieures et intérieures ; et pourtant le fer-blanc était à peine connu, dans la plupart des provinces de la

France, au moment où la révolution suscita l'activité de toutes les fabriques d'ustensiles de fer.

Cependant, il y eut des branches d'industrie, qui restèrent arriérées. La coutellerie, par exemple, demeura chère et mauvaise, pendant qu'en Angleterre, elle réussissait à bien faire et à faire à bon marché. Il y avait plus de circonspection que de sincérité dans la réponse que fit l'illustre Fox au Premier Consul, qui lui demandait ce qui le frappait le plus dans les milliers d'articles de l'Exposition de 1801. « C'est, dit-il, le couteau d'un sou qu'on nomme Eustache. » Ce produit rustique, digne du moyen âge, exigeait néanmoins 28 opérations faites par 15 ouvriers différents ; il ne se vendait, en fabrique, que 3 centimes et trois quarts ; et ce bas prix servit de prétexte à Fox pour justifier sa prédilection et éluder une réponse compromettante.

L'acier d'un Eustache coûtait............	0,007	millièmes.
Le travail de forge....................	0,006	—
L'aiguisage........................	0,006	—
Le manche, en bois du Jura............	0,007	—
Le montage........................	0,004	—
L'emballement, fr. génér., intér. et bénéf.	0,007	—
TOTAL................	0,037	millièmes.

Depuis ce temps la coutellerie s'est perfectionnée à l'égal de celle d'Angleterre ; et même elle l'emporte sur elle à certains égards, par exemple, par les instruments de chirurgie dont Sir Henry et Charrière ont fait des chefs-d'œuvre.

Les armes à main, les fusils ont acquis, par les recherches savantes de Robert, Lepage et plusieurs autres armuriers ou amateurs, des qualités inconnues autrefois. La chimie leur a prêté le secours de ses capsules explosives, qui ont autant de supériorité sur les silex que ceux-ci en avaient sur les fusils à mèche.

Le fer s'est prêté avec la plus grande utilité à son application aux instruments d'agriculture, et de nombreux avantages en sont déjà résultés. On reproche seulement aux inventions nouvelles, qu'il seconde, d'exiger trop d'argent des cultivateurs.

Mais c'est surtout dans les grandes entreprises publiques que le fer déploie le caractère de la puissance qu'il peut exercer sur la société. On lui doit les locomotives et les rails de nos chemins de fer; et un esprit ingénieux comme celui de Polonceau, a pu, dans son emploi au pont du Carrousel, lui ôter les formes rectilignes, anguleuses et anti-artistiques, qui semblaient attachées inévitablement à ses constructions monumentales. L'exécution, qui est due à M. Emile Martin, des forges de Fourchambaut, est digne des plus grands éloges.

2° Houille et autres combustibles minéraux.

1788...	Extraction de la houille.	2,535,000 quint. métr.
1813...	— —	6,560,000 —
1846...	— —	35,920,000 —

Il était, en outre, consommé à la dernière époque : 10 millions de q. mét. d'autres combustibles minéraux et 21 millions de houille étrangère. Tous ces nombres n'ont cessé de s'accroître depuis.

II. Industries des métaux autres que les fers.

	Nombre d'établiss.	Matières premières.	Produits fabriqués.	Nombre d'ouvriers.
Étain. Fabrication.......	2	105,500 f.	226,000 f.	108
Plomb. Extraction.......	3,	300,000	576,442	914
— laminé. Céruse...	24	5,422,153	6,798,058	504
Zinc. Cuivre. Fil de laiton.	30	7,311,446	8,797,343	662
Cuivre laminé. Chaudronn.	5	321,260	487,765	125
Cuivre et plomb ouvrés...	2	1,705,400	1,832,700	50
Cuivre et étain. Canons. Cloches..............	30	6,885,251	9,075,638	874
Or. Argent. Affinage pour bijouterie.............	1	42,172,350	42,195,000	15
Horlogerie. Bijout. Orfévr.	77	1,797,865	2,468,939	478
Métaux divers. Fonderies.	45	13,570,336	16,306,251	1,994
Industries diverses.......	54	1,080,217	2,255,958	860
Totaux	273	80,671,778 f.	91,000,000 f.	6,584

1° Étain.

Ce métal est, quoiqu'on fasse compte de 6 mines en France, l'un des moins répandus dans les couches extérieures du globe. Tout l'étain que nous employons provient d'Angleterre et de Saxe ou de Banca et de Malacca, aux Indes orientales. On s'en sert surtout, aujourd'hui, pour faire des capsules afin de fermer hermétiquement les bouteilles. Il était autrefois d'un usage considérable; on en faisait de la vaisselle, des pintes, des gobelets; objets qui sont fournis maintenant par la faïence et la verrerie, avec de grands avantages.

2° Plomb.

Il y a, en France, 10 mines exploitées et 50 non exploitées. Les premières occupent 1,200 ouvriers ; elles sont dispersées dans 18 départements. Celles du Finistère, à Huelgoet et à Poullaouen, sont les plus considérables. Les autres gisent dans la Lozère et le Puy-de-Dôme. Toutes ensemble ne donnent qu'environ 763,000 fr. ou le dixième du plomb ouvragé, dont voici les estimations à trois époques :

1788.................	700,000 fr.
1812.................	3,600,000
1850.................	7,630,000

Quoique le zinc ait remplacé le plomb, dans beaucoup d'usages, la consommation de celui-ci a décuplé en soixante ans, et s'accroît tous les jours, par l'extension des conduites d'eau et de gaz.

3° Zinc.

Ce métal, qui est éminemment utile, peut être considéré comme nouveau pour l'industrie. Il a pris, dans sa consommation progressive, la place de l'étain et du plomb; et les applications qu'on en fait ont l'avantage sur ces deux métaux. Il nous promet de nous fournir, quand il sera plus commun, les moyens de supprimer nos toits pyramidaux si lourds et si disgracieux. Mais on n'en a encore découvert que quatorze mines en France, entre autres celle de Clairac, dans le Gard. L'étranger nous vendait, en 1824, une quantité de zinc valant seulement 907,000 fr. Cette importation est à présent de 5 à 6 millions. Celle de l'Angleterre s'est élevée, en 1851, à 29 millions de francs, valeur officielle. L'invention du zincage, qui, par une sorte d'étamage de la tôle, change son état électrique, et préserve de la rouille le doublage des navires, doit accroître presque indéfiniment la consommation du zinc, chez les peuples navigateurs ; et il est bien à désirer qu'on puisse découvrir des sources plus abondantes de cet important métal. Une autre invention précieuse promet d'avoir le même effet : c'est la substitution du zinc au plomb dans la fabrication du blanc de céruse, si funeste aux ouvriers qui y travaillent. Cette substitution, qui a déjà l'approbation de la science, doit recevoir incessamment celle de l'autorité.

4° Cuivre.

	Prod. fabriqués. Valeurs.
1788	3,000,000 fr.
1812	16,171,000
1850	20,791,000

L'industrie et les arts emploient ce métal avec la plus grande utilité ; mais, quoiqu'on en ait trouvé en France 88 gisements, il est réduit à 4 mines exploitées, très-peu abondantes, et à 14 concessions. Son exploitation se bornait, en 1845, à 600,000 quintaux métriques de cuivre affiné, joint à 14,000 de soufre. C'est l'Angleterre qui, mieux partagée, fournit à la consommation de nos usines. En 1851, elle a exporté pour 48,681,000 fr. de cuivre brut et ouvragé. Bien que sa production soit estimée à 12 millions de kilogrammes valant 30 millions et demi de francs, elle a importé des cuivres pour 17 millions et demi.

Nos progrès dans la fabrication des objets de ce métal

se sont étendus, depuis vingt ans, d'une manière satisfaisante. La fonderie d'Imphy, dans la Nièvre, a 48 fours à réverbères et 18 trains de laminoirs. Elle emploie 1,200,000 kilogrammes de cuivre par année. La fonderie de Romilly, dans l'Eure, occupe 200 ouvriers; et sa grande roue hydraulique est en fer. Elle fond 1,800,000 kilogrammes de cuivre rouge et jaune. C'est en multipliant de pareils établissements que nous parviendrons à égaler nos heureux voisins. Nous avons importé pour nos besoins :

En 1850....   131,000 kil. de cuivre.
    1851....   125,000   —
    1852....   181,000   —

5° Argent.

On compte, en France, 214 gisements où se trouve ce métal associé au cuivre et au plomb. Mais ses mines exploitées ne sont qu'au nombre de deux ou trois; elles sont situées dans le Finistère, le Haut-Rhin et l'Isère. Leurs produits furent, en 1846 :

Argent.............   3,027 kil.   Valeur.   659,911 fr.
Plomb.............   673,000   —   355,062
Minerai exporté.....   244,000   —   35,233
                                                ————————
            TOTAL de la valeur......   1,050,206 fr.

6° Or et Argent, Bijouterie, Orfévrerie.

Par une fatalité cachée sous des apparences splendides, la France possède presque exclusivement les plus magnifiques industries, celles dont les riches et coûteux produits sont destinés aux puissants de la terre. Aucun pays ne fait des soieries aussi belles et aussi chères; aucun ne saurait égaler l'art, le goût pur, l'élégance parfaite de nos parures en pierres précieuses, et de nos chefs-d'œuvre d'orfévrerie, dignes d'être comparés à ceux de Benvenuto Cellini. Mais, il vaudrait mieux, comme un peuple voisin, travailler à servir les besoins du vulgaire, et faire, comme lui, du calicot, des rasoirs et des couteaux, pour le monde entier, que d'avoir des consommateurs éventuels, qui subissent perpétuellement les caprices de la mode, les vicissitudes de la politique et les infidélités de la fortune. Il est certainement bien plus facile à l'Angleterre de trouver à vendre une cargaison de cotonnade, qu'il ne l'est à nos joailliers de placer un diadème ou un collier de diamants.

Puisque les choses sont ainsi, et qu'on n'a pas su y remédier lorsqu'il en était temps, nous devons encore nous féliciter de la supériorité acquise par nos industries des métaux précieux; elle établit une sorte de compensation dont sans doute les avantages sont moins grands et moins assurés, sous les rapports commerciaux, mais dont nous avons droit de nous enorgueillir, puisqu'ils portent témoignage du talent transcendant de nos artistes, dans l'exécution de ces œuvres difficiles, admirées de toute l'Europe.

On conçoit que la Statistique d'objets aussi nombreux que ceux produits annuellement par la bijouterie et l'orfévrerie est impossible, et se réduit à des évaluations vagues. Voici celles données pour trois époques, embrassant une période de soixante ans.

1788....	12,500,000 fr.	Tolosan.
1812....	35,000,000	Chaptal.
1850....	137,298,000	Statistique de France.

Ce dernier chiffre, dont Paris forme presque la totalité, nous semble exagéré ; mais tant est-il qu'on peut admettre que d'une époque à l'autre, ces deux belles industries ont triplé.

7° Or et Argent, Horlogerie.

1788.....	10,000,000 fr.	Roland la Platière.
1812.....	17,500,000	Chaptal.
1850.....	30,410,000	dont 9,410,000 à Paris.

L'horlogerie appartient, par ses mécanismes, aux sciences du premier ordre, et par ses accessoires, à la bijouterie et aux arts. Elle est devenue, depuis 40 ans, une industrie usuelle des campagnes, en Suisse et dans le département du Doubs. Il est regrettable que ce travail des chaumières helvétiques et francomtoises ne soit pas étendu à nos populations oisives pendant nos longs hivers. Déjà cependant le département du Haut-Rhin se l'est approprié ; ses villages fabriquaient, il y a quelques années, près de 20,000 mouvements de montres avec 200,000 casseroles en fer étamé. On estimait qu'une fabrique de Beaucourt faisait annuellement 18,000 mouvements de montres ou d'horloges. Néanmoins, l'usage de ces utiles objets s'est agrandi à ce point que l'importation patente ou interlope des montres de Genève est de plus en plus considérable. Sans doute, il y a loin de ces produits de l'horlogerie foraine à ceux de Bréguet, Pons, Janvier, Lepaute ; mais, pour se servir d'une expression proverbiale, il en faut pour toutes les bourses ; et d'ailleurs toutes ces montres grossières ne sont pas, à beaucoup près, aussi mauvaises qu'on pourrait le croire, par leur apparence et leur prix.

Ce furent des protestants, réfugiés à Genève lors des persécutions dont fut suivie la révocation de l'Édit de Nantes, qui introduisirent l'horlogerie dans les campagnes du lac Léman. Attirés à Londres, ils y portèrent leur industrie et la firent prospérer. En 1718, le régent fit offrir à l'un de leurs meilleurs ouvriers, nommé Sully, de se fixer à Versailles, avec 60 de ses compagnons ; le succès de l'école qu'ils établirent, contribua aux progrès de l'industrie, en France. Louis XVI, qui avait un goût éclairé pour la mécanique, protégea, en 1787, par des actes personnels, une manufacture d'horlogerie, que formèrent Bralle et Vincent, élèves du célèbre François Bertoud, l'auteur des premières montres marines, pour trouver les longitudes, au moyen de l'exacte différence des heures, sous des méridiens différents.

8° Bronzes.

Cet alliage du cuivre et de l'étain se revêt d'or et prend sans peine les plus belles formes de la statuaire, de l'ornement et de l'architecture. L'antiquité s'en servait, il y a des milliers d'années, pour les portes de ses temples et les représentations des dieux et des héros. Après avoir disparu, pendant les âges de la barbarie, cet art fut retrouvé en Italie, lors de la renaissance ; et Donatello, Ghiberti, Benvenuto, lui rendirent sa célébrité par des ou-

vrages merveilleux. On ne s'en occupa, en France, que
sous Louis XIV. Des fonderies de bronze furent établies
en 1674, par ordre de Louvois, à l'arsenal attenant à la
Bastille. En 1770, Gonthière ayant inventé la dorure au
mat, développa l'usage des bronzes dans les ameublements. Mais, c'est surtout depuis la paix que cette belle
industrie s'est étendue et perfectionnée. En voici les évaluations dont nous sommes loin de garantir l'exactitude :

		Nombre d'établiss.	Valeur des produits.	Nombre d'ouvriers.	
1812....	Empire.	26	1,870,000 f.	2,150	Montalivet.
1812....	Paris...	900	35,000,000	6,000	Chaptal.
1850....	—	196	18,493,000	2,711	Ch. de comm.

Une grande partie de la supériorité de nos bronzes est
due à Ravrio, qui travailla quarante ans aux progrès de
cet art et réussit à lui donner la plus haute perfection. Il
faut garder de ce célèbre industriel un autre bon souvenir.
Par son testament il fonda un prix à décerner à celui qui
trouverait les moyens de prévenir les effets nuisibles de la
dorure des métaux sur la santé des ouvriers en bronze.
Deux contemporains : Thomire et Denière soutiennent et
accroissent par la beauté de leurs ouvrages, la renommée
de cette magnifique industrie.

9° Machines.

Leur construction date de l'invention de la charrue et
du rouet ; mais, c'est de nos jours seulement qu'elles ont
donné lieu à une profession spéciale qui, de suite, a pris
rang parmi les plus élevées. Il s'est formé depuis quarante

ans, par l'expérience bien plus que par l'instruction scientifique, un corps de gens d'élite, qui, sous le nom d'ingénieurs civils, rendent les plus grands services à l'industrie. Ce sont eux, qui construisent, perfectionnent et inventent très-souvent les machines, premiers agents de la richesse des fabriques. Ils ont fondé 300 ateliers, qui produisent annuellement pour 30 millions de machines, non compris les ouvrages exécutés en particulier. En voici un aperçu :

	Nombre d'établiss.	Valeur de la product.	Nombre d'ouvriers.
Départements....	19	1,836,000 fr.	600
Paris.	242	25,483,000	6,612
Totaux.....	261	27,483,000 fr.	7,212

Les machines construites, dans nos ateliers, ont pour objets les destinations les plus nombreuses et les plus variées. Ce sont surtout des moteurs pour donner des forces aux manufactures : des turbines, des roues hydrauliques, des moulins à vapeur, des métiers fonctionnant d'une manière merveilleuse, des marteaux d'un poids énorme et que dirige un enfant, des appareils qui manœuvrent un obélisque de granit de cent pieds de haut et du poids de 230,000 kilogr., des presses mécaniques qui font du papier sans fin, des outils de sondage permettant de percer l'enveloppe du globe jusqu'à la profondeur de 524 mètres.

Dans les ateliers d'André Kœchlin, on fait simultanément des machines à filer le coton, à imprimer les étoffes, à fabriquer le papier, — des presses hydrauliques, des locomotives, des portes d'écluse en fer et mille autres grands ouvrages, pour régler et utiliser les forces de la nature. 1,200 ouvriers y mettent en œuvre 2,000 tonneaux de fonte et 50 de cuivre.

Cette puissance de l'industrie est disponible pour la défense du pays. En 1830, un seul constructeur de machines, Pihet se chargea de fournir dans le plus bref délai 120,000 fusils de guerre et 60,000 lits en fer. Quel nombre d'ouvriers habiles à de tels travaux, quelle prodigieuse quantité d'outils et de matières premières préparées, ne fallait-il pas à un simple particulier pour une pareille entreprise !

III. Industries des Terres plastiques et vitrifiables.

	Établissements.	Matières premières.	Produits fabriqués.	Nombre d'ouvriers.
Tuileries. Briqueteries.	3,529	7,720,000 f.	23,290,000 f.	17,969
Poterie. Faïence.......	624	3,644,000	10,639,000	9,657
Porcelaine...........	91	3,641,000	9,838,000	6,841
Verreries. Glaces.	140	13,335,000	36,156,000	17,000
Totaux.......	3,384	28,340,000 f.	79,923,000 f.	51,467

1º Tuiles et Briques.

1812..... ..... 17,500,000 fr. Chaptal.
1850.......... 23,290,000 Statistique de France.

Cette industrie est probablement la plus arriérée de toutes celles qu'on peut comparer au passé. Les tuiles et les briques de Babylone, quoiqu'elles fussent cuites au soleil, valaient mieux que les nôtres, qui certes ne laisseront aucun vestige dans trois à quatre mille ans. Il faudrait que cette fabrication, pour devenir meilleure, cessât d'être un pauvre métier, et qu'elle s'élevât au rang des grandes manufactures, avec ses machines, ses élaborations des matières premières et le placement régulier de ses produits. Le nombre considérable de nos carrières de pierres, le haut prix du combustible et les difficultés des transports s'opposent à ce succès. Toutefois l'extension de l'usage de la houille et les chemins de fer favoriseront les briqueteries, et accroîtront la consommation de leurs produits, qu'il est instant d'améliorer.

2° Poterie, Faïence, Porcelaine.

1788..........	4,000,000 f.	Tolosan.
1812..........	26,000,000	Chaptal.
1850..........	20,477,000	Départ. Statist. de France.
Paris........	6,041,000	Ch. de comm.
TOTAL.	26,518,000 f.	

Chaptal, cédant encore, en cette occasion, à son penchant pour l'exagération, a enflé de moitié son évaluation.

Voici une industrie qui porte le beau nom grec de Céramique. Elle est d'une illustre origine et remonte à la plus haute antiquité. Les premiers hommes burent, sans doute, dans leur main, comme l'enfant que Diogène prit pour modèle ; puis, à l'instar de ce philosophe, ils se servirent d'une calebasse ; et enfin, lors des premières lueurs de la civilisation, ils firent des écuelles de terre. Quand on compare la poterie des anciens à la nôtre, on est fort étonné de notre infériorité. Les vases égyptiens, étrusques et grecs sont des œuvres admirables que nos porcelaines sont réduites à copier. On est tenté de croire que ces fabrications résultent d'idées innées, lorsqu'on voit des poteries élégantes et gracieusement ornées jusque chez les peuples sauvages, séparés par l'Océan des nations chargées providentiellement de l'éducation du genre humain.

Ce ne fut qu'au XVIᵉ siècle que l'Europe retrouva cette industrie; l'honneur en est dû à la France, qui donna naissance à Bernard Palissy, l'homme le plus étonnant par ses lumières au milieu de l'obscurité du temps où il vivait. Les émaux et les poteries, qu'il fabriqua de ses propres mains, sont des pièces d'art surprenantes et d'un grand prix.

La faïence, sorte de poterie revêtue d'une couverte à demi vitrifiée, fut inventée en Italie, et tire son nom de Faënza. La première qui fut faite en France, eut pour auteur un Italien venu à Nevers, en 1580, avec le duc seigneur de cette ville. L'usage en était général, à la fin du XVIIIᵉ siècle, excepté parmi les grands qui se servaient de vaisselle d'argent et parmi les provinciaux qui gardaient encore leur vaisselle d'étain.

Mais, en 1784, un Anglais nommé Hall, importa de son pays, la fabrication d'une espèce de faïence sans couverte, appelée terre de pipe, parce qu'on avait d'abord employé sa pâte à l'usage des fumeurs. Un établissement, qu'il forma à Montereau, eut un grand succès et il obtint une médaille d'or   l'exposition de l'an IV. La faïence ancienne fut abandonnée pour cette nouvelle fabrication, qui s'établit aux deux extrémités de la France, à Toulouse et à Sarreguemines. On est parvenu, depuis 1830, à faire encore mieux. Une vieille invention du règne de Louis XIV, la porcelaine tendre, abandonnée à cause de ses imperfections, fut tirée de l'oubli, améliorée considérablement et fabriquée sous le nom de porcelaine opaque. Le bon marché de cette espèce de poterie et l'agrément de son aspect et de ses formes l'ont fait adopter partout et ne laissent plus d'usage aux anciennes faïences et à la terre de pipe, qui semblent maintenant des vestiges du moyen âge. Il faut reconnaître que la fabrication de la porcelaine opaque est due à l'Angleterre, et qu'elle fut mise en œuvre, dès 1810, sous le nom d'*Iron stone*, par un habile industriel, Spode, dont le souvenir mérite d'être conservé. Brongniart l'imita à la manufacture de Sèvres, et les travaux de MM. Le Bœuf, Caseaux et Saint-Cricq l'ont répandue et popularisée.

La porcelaine dure, cette belle et riche industrie de la Chine et du Japon, fut fabriquée à la manufacture royale de Sèvres, sous le règne de Louis XV. Mais elle était d'un prix très-élevé ; et chaque assiette coûtait trois francs ou six fois autant qu'aujourd'hui. On doit ce bon marché à de nouveaux procédés de fabrication : la substitution du coulage au moulage, et celle du feu de houille au feu de bois. La supériorité de nos arts qui se sont exercés depuis un siècle à embellir nos porcelaines, en ont fait des chefs-d'œuvre dignes de l'admiration de l'Europe. Mais il a fallu d'abord posséder les premiers éléments de cette fabrication, et découvrir dans notre sol les mêmes terres dont les Chinois se servent avec tant de succès à l'autre extrémité de notre hémisphère. Le Kaolin qui garde chez nous l'appellation qu'il porte à la Chine, est tiré, ainsi que le feldspath, des carrières de Milher, dans les Pyrénées, et surtout des environs de Saint-Yrieix, où ces matières

abondent. C'est pourquoi 12 fabriques de porcelaine sont
en activité à Limoges, et 25 autres dans diverses autres
localités de la Haute-Vienne.

' La statistique de cette industrie est composée des données suivantes :

	Établisse-ments.	Matières premières.	Produits fabriqués.	Nombre d'ouvriers.
Départements..........	91	3,641,000 f.	9,838,000 f.	6,841
Paris.................	158	1,500,000	4,392,000	1,641
TOTAUX........	249	5,141,000 f.	14,230,000 f.	8,482

3° Verreries, Glaces.

1788....	6,000,000 fr.	Tolosan.
1812....	20,500,000	Chaptal.
1850....	36,156,000	Y compris Paris.

L'antiquité avait trouvé le secret de la fabrication du
verre, mais elle n'en tirait aucune industrie usuelle, et se
bornait à en faire quelque objet de curiosité et d'un luxe
royal. Athénée cite un plat de verre de grande dimension
destiné à servir du poisson. Les Chinois faisaient mieux ;
il y a quatre mille ans, ils avaient des bouteilles de verre,
portant comme les nôtres des caractères tracés pendant
leur état de fusion. C'est du moins ce qui résulte de l'é-
trange découverte faite dans une nécropole pharaonique,
d'une bouteille de verre dont une inscription chinoise
révéla l'origine. On en douterait, si ce n'était le savant
Wilkinson, qui l'a fait connaître. A l'autre extrémité de
l'Asie, les Phéniciens passaient pour avoir découvert l'art
de la verrerie ; or, il est bien certain qu'ils n'avaient jamais

eu de rapport avec les Chinois, et c'est un nouveau témoignage de l'origine multiple des inventions. Au reste, le quartz, les agathes, le verre volcanique, sont des modèles qui s'offraient partout à l'imitation des hommes.

Lors de la renaissance, ce furent encore les Vénitiens qui, les premiers, firent des glaces blanches et bien polies, pour remplacer les petits miroirs de métal dont on se servait de toute antiquité. En France, la plus ancienne manufacture de glaces ne remonte qu'à 1688. Elle fut établie par un nommé Thévart ; les frais qu'ei. exigea étaient prodigieux. Les salaires et les transports consommaient seuls 1,200,000 livres tournois, valant plus du double de notre monnaie. La simplification des procédés a considérablement diminué les frais de fabrication.

Nos grandes manufactures de glaces et de cristaux sont : Saint-Gobain, dont la création remonte à Louis XIV. Elle occupe 700 ouvriers et fait annuellement 62,000 mètres carrés de glaces. Elle a produit des miroirs parfaits, hauts de 4 mètres 14 cent., sur 2 mètres 50 cent. de large ; — Baccarat, dans la Meurthe, emploie aussi 700 ouvriers ; — Le Creuzot, près du Mont-Cenis, établi en 1784 ; — Saint-Louis, dans la Moselle ; — Cirey, dans la Meurthe, fondé en 1817 ; — Saint-Quentin, qui fabrique pour 4 millions de glaces ; — Choisy-le-Roi, près Paris, qui a donné l'exemple de réduire ses prix d'un quart ou de deux cinquièmes.

Ce sont ces fabriques avec plusieurs autres, qui fournissent à notre consommation et à notre commerce extérieur, une multitude d'objets utiles à très-bas prix, et d'ouvrages d'un goût exquis et d'une grande magnificence. Les plus beaux perfectionnements de la cristallerie sont dus à Barsique et à Dufougerais.

IV. Industries des autres Exploitations minérales.

	Nombre d'établiss.	Matières premières.	Produits fabriqués.	Nombre d'ouvriers.
Carrières. Exploitat.	2,690	4,869,000 f.	29,531,000 f.	29,681
Asphalte. Bitume....	15	432,000	1,464,000	637
Soufre. Raffinerie....	4	1,072,000	2,028,000	131
Chaux. Fours.......	598	4,673,000	8,028,000	4,578
Plâtre. Fours........	127	988,000	2,280,000	1,118
Marbre. Marbreries..	34	283,000	2,333,000	704
Sel gemme et marin..	4,000	10,000,000	100,000,000	61,736
Produits chimiques..	110	18,320,000	54,786,000	5,610
Ateliers de construct.	154	25,000,000	56,155,000	17,838
Totaux.....	7,732	65,637,000 f.	256,605,000 f.	121,000

1º Carrières.

Elles sont innombrables ; chaque village a les siennes ; et les environs des villes offrent à chaque pas de profondes excavations d'où l'on tire continuellement des moellons, des pierres de taille, des pierres à chaux et à plâtre, de l'argile pour les briqueteries, des cailloux roulés, pour les rues macadamisées, et une multitude d'autres substances minérales essentielles aux besoins des populations. La rareté de la pierre à bâtir est, pour l'Angleterre, une grande contrariété qui l'oblige à employer les briques, pour les constructions de Londres. Paris, au contraire, doit à la proximité de ses carrières à plâtre, des avantages, que ne possède aucune autre des capitales de l'Europe. Depuis que les forêts ont disparu en grande partie des contrées occidentales de notre continent, les constructions en bois qui forment encore les villes de la Russie, ont presque entièrement disparu, et ont fait place aux maisons de pierre, de briques, de plâtre ou de pisé. Il s'ensuit que l'aspect des cités, la solidité des édifices, l'appropriation des appartements aux besoins de la vie, dépendent en grande partie des moyens de bâtir, et par conséquent, des carrières exploitées. Les progrès de l'industrie à cet égard, sont vraiment immenses; et le sol de la France a fourni, depuis soixante ans, une quantité de ressources, qui étaient restées inconnues à nos pères.

Au nombre de nos carrières sont celles de marbres, exploitées avec succès depuis Louis XIV et surtout dans les derniers temps. La facilité des transports par les chemins de fer, doit étendre l'usage de leurs produits. Vingt de nos départements possèdent des carrières de marbres. Mais ce sont les Hautes et les Basses-Pyrénées, qui fournissent les plus beaux et les plus variés, avec une abondance inépuisable.

Un autre produit minéral, le bitume employé usuellement, il y a quatre mille ans, par les Chaldéens, a été exploité avantageusement depuis peu d'années, et a reçu d'utiles applications dans les constructions domestiques, et surtout pour celles des trottoirs.

Nul doute qu'on ne puisse agrandir considérablement les richesses de la France, par les exploitations minérales négligées ou méconnues, et qui n'attendent, comme les marbres, le bitume, le kaolin, que d'être mises en œuvre, par quelque esprit sagace, aidé de capitaux bientôt fécondés.

2º Sel gemme et sel marin.

Production.			Sa valeur, non compris l'impôt.
1788....	40,000,000 kil. à 9 fr. le q. mét.		3,600,000 fr.
1812....	150,000,000	à 12 —	18,000,000
Empire..	280,000,000	à 10 —	28,000,000
1850....	350,000,000	à 10 —	35,000,000

ACCROISSEMENT.

		Quantité.	Valeur.
1788 à 1812....	24 ans.	110 mill. de kil.	14,400,000 fr.
1812 à 1850....	38 —	200 —	21,400,000

1788....	1 kil. 1/2 par habitant.	
1812....	5	—
1850....	10	—

QUANTITÉ ET VALEUR RÉELLES DE LA PRODUCTION.

1850. 500,000,000 kil. à 20 fr. le quint. mét., prix marchand,
100,000,000 fr.

La France est le pays de l'Europe, où la production du sel est le plus grande, étant favorisée éminemment par le climat et les localités géographiques. On sait que cette production n'est possible que dans les contrées où dans l'été existe une évaporation considérable, et le long des côtes où le rivage est abaissé jusqu'au niveau des hautes marées.

Nos marais salants, qui réunissent ces deux conditions, gisent sur les bords de la Manche, de l'Océan et de la Méditerranée. Il est avantageux de pouvoir se procurer en des lieux différents, un produit très-pesant, et dont le

transport au loin serait onéreux. Nos départements du Nord
et de l'Orient, qui sont à une grande distance des marais
salants de nos côtes, sont dispensés d'y recourir par des
sources salées abondantes et inépuisables. Il en existe de
très-riches dans le Jura, à Lons-le-Saulnier; à Moyenvic
et Château-Salins, au pied des Vosges, dans la Côte-d'Or,
les Basses-Alpes et les Basses-Pyrénées. On en exploite
dans la Gironde, depuis peu d'années, qui promettent de
devenir fort importantes. Le sel gemme, qui provient des
mines salifères, est donné en quantité notable, par cinq
ou six départements.

La distribution actuelle de la production des sels, et
leur valeur, y compris l'impôt, sont, par approximation,
ainsi qu'il suit :

178,222,000 kil.	pour la consommation....	53,466,600 fr.
90,736,000	pour l'exportation........	27,220,800
268,958,000	à 30 c., prix marchand....	80,687,400
80,823,000	à 20 c. pour la fab. de soude.	16,164,600
349,781,000 kil.		96,852,000 fr.

La part de l'impôt, à 10 cent. le kilog. depuis 1849, s'é-
lève à environ 26,895,000 francs. Elle réduit la valeur de
la production à 70 millions; c'est encore 27 p. 100. Les
sels de la soude sont affranchis.

Avant la diminution de l'impôt, le prélèvement sur cette
industrie montait, en 1847, à 63,437,000 francs, à raison
de 30 centimes de taxe par kilogr. Il supposait que les sels
consommés et exportés ne formaient qu'une masse de
211,450,000 kilogr. L'affranchissement a produit une aug-

mentation de 58 millions de kilogr. ou 28 p. 100 L'impôt a éprouvé une réduction de 36,542,000 francs ou plus de 57 p. 100, qui font près de trois cinquièmes. Mais il tend sans cesse à s'augmenter par l'effet de l'accroissement progressif de la consommation intérieure.

En estimant la production des sels par le revenu que donne l'impôt, il y a :

217,950,000 kil. de sel marin..	82 p. 100
48,810,000	de sel gemme.	18 —
TOTAL.	266,760,000 kil.	

Mais les 81 millions de sels destinés aux fabriques de soude, et exempts de la taxe, ne sont pas compris dans ce compte. Voici des détails qui nous rapprocheront davantage de la vérité.

Le sel marin est obtenu, dans 13 départements de nos côtes, de 3,969 salines comprenant 516,645 œillets ou compartiments, où l'eau de la mer est recueillie pour être évaporée.

Les départements maritimes, qui fournissent la production de sel la plus grande, sont ceux ci-après :

Morbihan.......	94,336,000 kil.	Loire-Inférieure.	52,403,000 kil.
Charente-Infér..	78,404,000	Hérault........	47,000,000
Bouches-du-Rh.	60,652,000	Gard	39,700,000

Les navires employés au transport des sels marins et ceux destinés à la pêche, dont ces sels sont l'une des conditions de succès, s'élèvent aux nombres suivants :

	Nombre de navires.	Tonnage.	Hommes d'équipage.
Navires français....	5,883	202,366	21,554
— étrangers...	34	3,610	228
TOTAUX.....	5,917	205,976	21,782
Grande pêche......	420	56,849	11,396
Petite pêche........	2,735	26,849	15,073
TOTAUX.....	3,155	83,698	26,469

La production de 1812 était estimée par M. de Montalivet à 280 millions de kil. et les marais salants pouvaient, disait-on, tripler cette quantité. Mais ces chiffres comprenaient les départements d'Italie, qui les accroissaient. Aujourd'hui la France, dans les années favorables, produit environ 455 millions de kilogrammes de sel marin. Cette énorme quantité est augmentée :

Par 5 millions de kilogrammes que fournissent 185 salines ignigènes et 28 sources salées, trouvées assez récemment dans la Gironde ;

Et par environ 40 millions de kilogrammes de sel fabriqué, dans une douzaine de départements de l'Est, avec du sel fossile ou des eaux salées naturelles. Il en est fait :

16 millions dans la Meurthe.
3 — dans le Jura.
2 — dans le Doubs.
2 — dans la Haute-Saône.

On peut donc résumer ainsi la production des sels :

Sels marins, année favorable..... 455,000,000 kil.
— gemme et de sources salées.. 45,000,000
TOTAL............... 500,000,000 kil.

Cette masse prodigieuse d'eau de mer, évaporée, forme une richesse de 100 millions de francs, si l'on compte ces 5 millions de quintaux métriques à 20 cent. le kil. ou 4 sous. La participation de chaque habitant est en quantité de près de 15 kil. par an, ou 30 anciennes livres de 16 onces, qui sont consommées avec les aliments journaliers, employées par la pêche et les fabriques ou enlevées par le commerce extérieur. En valeur, elle est de 3 fr. par personne.

L'impôt, qui n'est pas compris dans ce nombre, ajoute 27 millions à la valeur réelle de la production, et naguère il l'augmentait de 63 et demi. Si l'on admet que le raffinage des sels donne à une partie d'entre eux, une plus-value de 3 millions, on est conduit à estimer cette grande industrie à 130 millions de francs; somme qui est en cours d'augmentation, quand des dispositions fiscales ne contrarient pas la progression naturelle des choses, ainsi que l'ont fait si longtemps la gabelle et les taxes, qui ont suivi son abolition.

En 1787, à l'époque où fut inventée la belle expression Bienfaisance, sous le règne d'un roi dont personne ne peut contester les excellentes intentions, les gabelles étaient inscrites au budget pour 76,600,000 fr. La consommation étant de 400,000 quintaux métriques, c'étaient 190 fr. d'impôt pour 100 kil. qui payaient 30 fr. avant 1849, et aujourd'hui 10 fr. seulement ou 18 fois moins. Mais aussi la consommation a-t-elle presque décuplé.

Lorsqu'avec de l'eau de mer et du soleil, on peut créer une industrie de 100 millions, c'est tuer la poule aux œufs d'or que de l'étouffer par des impôts.

3° **Produits chimiques.**

		Nombre d'établiss.	Valeur des produits.	Nombre d'ouvriers.
1812....	Empire........	175	5,075,000 f.	3,200
1850....	Départements...	110	44,786,000	5,610
	Paris..........	437	9,842,000	347
	Totaux....	547	51,628,000 f.	5,947

Ceux qui croient que les sciences ne sont bonnes à rien et surtout pour le malheureux attaché à la glèbe de leurs travaux, doivent se convaincre de leur erreur, en voyant les fortunes colossales qu'on peut faire avec des sels, des alcalis et des acides. Il est vrai que la concurrence a diminué ces succès lucratifs ; mais, il y a encore des trésors et une grande renommée, en réserve pour les explorateurs de la chimie industrielle.

Les produits chimiques sont non-seulement des conquêtes scientifiques et manufacturières, ce sont encore les éléments de mille progrès du bien-être social. Grâce à leurs puissants effets, la médecine peut combattre, arrêter, neutraliser une multitude de maux, qui abrégeaient autrefois la vie. La fièvre est guérie par la quinine, le germe des contagions est détruit par le chlore, un autre virus cède à l'action des préparations mercurielles, les maladies cutanées disparaissent par l'effet des eaux sulfureuses artificielles, le goître trouve un remède dans l'usage de l'iode ; — une foule de poisons : l'arsenic, la belladone, la noix vomique, la morphine, peuvent être administrés avantageusement, quand la chimie a modifié ou atténué leurs propriétés violentes et dangereuses.

Maintenant l'industrie des produits chimiques est plus avancée en France qu'en aucun autre pays d'Europe ; elle fabrique en grand : le sel ammoniac, qu'il fallait autrefois tirer d'Égypte ; — le blanc de céruse, qu'on faisait venir de Hollande, même en 1817 ; — le bleu d'outremer artificiel, découvert par Guimet, de Lyon, qui en fait annuellement 60,000 kil. pour les fonds bleus des tissus et des impressions ; — l'acide sulfurique et le noir animal ; Kulmann, d'Amiens, fabrique 3,000 kil. du premier de ces produits, et 10,000 du second ; — le phosphore, dont les allumettes font faire un si grand débit ; — la laque de garance, qui sert à la teinture du drap des pantalons de notre armée ;— la colle-forte ; — le vinaigre, produit par du bois carbonisé en vases clos ; — l'éclairage par l'huile de schiste, minéral auquel personne n'aurait autrefois attribué cette utilité ;— les engrais animaux, composés ;—et par milliers de quintaux, les acides nitrique, muriatique, oxalique, ainsi que la soude, le salpêtre, l'alun, la couperose, etc.

RÉSUMÉ.

Les produits minéraux ont fait, pendant ces dernières années, les progrès exposés ci-après :

Les carrières de marbres des Pyrénées dont l'exploitation ne date que de 1825, fournissaient déjà, quinze ans après, à une partie des besoins de la consommation, et même commençaient à faire entrer leurs produits dans les exportations de notre commerce. Il est bien connu maintenant que ces belles montagnes renferment des trésors minéraux et métalliques.

La lithographie, inventée ou exploitée à Munich, en 1800, par Senefelder, a trouvé en France les pierres qui lui sont nécessaires, et qu'elle était obligée de tirer de la Bavière, surchargées de grands frais de transport. Elle est parvenue, par les soins dévoués de Lasteyrie, à opérer le report de toutes les impressions et à reproduire des dessins délicats en leur conservant leur caractère.

Le Flint-Glass et le Crown-Glass, indispensables pour les instruments d'optique et qu'on ne fabriquait qu'en Angleterre, ont été obtenus au moyen de procédés réguliers et ont reçu les dimensions et les qualités qu'exigent leurs différentes destinations. On peut leur donner une dimension d'un mètre.

La porcelaine a fait de grands progrès dans l'art de la décorer et de solidifier ses ornements.

Les cristaux sont devenus aussi limpides et d'une taille aussi régulière que les cristaux étrangers les plus beaux ; et ils les surpassent en élégance de formes, en variété de couleurs et en solidité des décors métalliques.

Les vitraux coloriés, imités de ceux du moyen âge, rivalisent avec eux en éclat et en beauté.

Les verreries et la gobeleterie ont élevé leurs produits au niveau de ceux de l'Angleterre.

Le nitre, par un procédé perfectionné, a pu entrer en concurrence avec celui importé de l'Inde.

Le fer a été préservé de la rouille par des moyens très-simples dont l'efficacité semble certaine et durable.

Le bronze laminé a été substitué au cuivre pour le doublage des vaisseaux.

Le plomb, si fusible, a été soudé sur lui-même sans soudure.

L'art de dompter le fer a multiplié les machines de toute sorte.

Les puits forés, qui promettent de si grands services, ont été entrepris avec un meilleur outillage.

La haute horlogerie a fait des chronomètres à moitié des prix de 1834.

Un mécanisme ingénieux a façonné le bois avec précision et rapidité, et en fait des meubles, des ornements, des bois de fusil et mille autres objets.

Le métier à la Jacquart, si utile à la fabrication de la soierie, a reçu de nouveaux perfectionnements.

Les aiguilles d'Angleterre ont été égalées par nos fabriques.

Au commencement du siècle, la France n'avait que quelques machines à vapeur, d'une construction imparfaite. Enfin, elles se sont multipliées et produisent avec du fer, de l'eau et du charbon, une force motrice dont la puissance est presque infinie.

La production de la fonte a quadruplé en vingt-huit ans; son affinage se fait plus économiquement; la chaleur, perdue autrefois, est utilisée; de nouveaux procédés de chauffage ont été trouvés, et ces progrès en préparent d'autres encore plus grands; car, dans l'industrie, tout s'enchaîne.

La pile voltaïque, qui n'était qu'un instrument de physique surprenant, à été appliquée avec un bonheur extraordinaire à l'art de dorer et d'argenter les métaux. C'est une voie ouverte à bien d'autres prodiges.

En ajoutant quelques centièmes d'alun au plâtre, on a trouvé ! moyen de lui donner la dureté de la pierre et de recevoir le poli du marbre. C'est le stuc.

La construction des phares, qui était restée dans l'enfance, a été portée par Fresnel, à un haut degré de perfection. La taille et l'arrangement de leurs verres ont rendu leur lumière vive, brillante et facile à manœuvrer; ils sont maintenant préférés partout.

On a tiré des eaux-mères des salines, restées jusqu'à présent sans emploi, une quantité de soude et de potasse, qui se précipite par le froid de l'hiver, et qui donne l'espoir d'en avoir ainsi suffisamment pour la consommation.

Les progrès des arts chimiques ont été rivalisés par la science des machines; il y a entre leurs succès une concurrence qui n'avait jamais eu d'exemple.

Des instruments aratoires ont montré dans toutes les parties de la France, quelles études nouvelles ont faites les agriculteurs pour sortir de la vieille routine de la culture du sol.

Chaque science mathématique ou physique a été enrichie d'instruments de précision qui, sans doute, n'obtiendront pas tous la sanction du temps, mais dont la construction n'en prouve pas moins la sagacité et l'esprit de recherche de leurs inventeurs.

On a imaginé, pour remédier aux inconvénients de la hausse et de la baisse des eaux dans le lit de nos rivières, un barrage mobile dont les manœuvres sont faciles.

On a fait un usage pratique d'un marteau pesant 9,000 kilog. et fonctionnant, malgré cet énorme poids, avec la régularité d'une machine de précision.

On a inventé, pour avertir les chauffeurs d'une machine à vapeur que l'eau devient trop basse dans leur chaudière, un sifflet flotteur qui leur en donne le signal.

On a construit une presse monétaire mue par la vapeur et qui, tout à la fois, frappe les pièces de monnaie, et les cordonne d'une manière régulière, constante et précise.

On a inventé une machine pour tailler les engrenages dans le bois et les métaux ; et son travail fournit des pièces d'une uniformité parfaite.

Il y a enfin des établissements immenses pour construire des machines à diviser, — à raboter, — à buriner, — à percer, — à aléser, — à tourner dans toutes les dimensions, — à faire des vis, des écrous, des chaudières à vapeur, œuvres colossales et d'une résistance éprouvée, non pas en poids par kilogramme, mais en pesanteur de plusieurs atmosphères.

Mais la plus merveilleuse de toutes les machines, c'est le télégraphe électrique, qui transmet la pensée avec une rapidité prodigieuse, à des distances pour ainsi dire sans limites. En 1787, on avait employé en France, pour des signaux, un fil métallique qui unissait des électromètres. Un physicien des États-Unis a fait grandir énormément cette invention oubliée, en substituant à l'électricité naturelle, celle de la pile de Volta. Depuis longtemps, nos horlogers construisaient des pendules mues perpétuellement par l'électricité. On s'en sert maintenant, dans plusieurs villes, pour accorder entre elles des horloges éloignées les unes des autres.

La construction des locomotives qui entraînent sur les

chemins de fer de longs convois chargés de voyageurs et
de marchandises, a fait de très-grands progrès, et est devenue plus facile et moins dispendieuse. Leur solidité est
telle, que, sur le chemin de fer du Nord, il en est une qui a
parcouru 35,000 kilomètres avant d'avoir besoin de répa-
rations. Le service des voitures et celui des chevaux n'ont
jamais offert un pareil exemple. Les locomotives parcou-
raient, en 1850, 750 lieues de distance, ou plus de trois
fois le diamètre de la France.

Un métal à peine connu, il y a quarante ans, le zinc,
s'est rangé, après le fer, au nombre des matières minérales les plus utiles. On l'emploie dans une multitude d'industries et jusque dans les beaux-arts; il sert surtout aux
toitures, aux dalles, aux gouttières, aux tuyaux, et prend
toutes les formes, même celles de la ciselure et de la sculp-
ture. Le blanc de zinc substitué au blanc de plomb ou céruse, a fait cesser presque partout les manipulations dangereuses de ce dernier métal.

Les savants ont concouru à l'envi, pour délivrer les ouvriers des périls que font courir à leur vie, ou tout au
moins à leur santé, certaines fabrications délétères. Des
prix ont été institués pour cet objet; mais les habitudes
aveugles rendent ce succès lent et difficile à obtenir.

Les sciences chimiques ont continué leurs belles et utiles
découvertes jusqu'à ces derniers temps.

Le chlore a servi à purifier l'air, à désinfecter les substances animales, et par un phénomène étrange, à suspendre la sensibilité dans les opérations chirurgicales les
plus douloureuses.

L'acide borique employé dans la fabrication du verre

a donné des produits supérieurs à ceux qu'on avait eus jusqu'ici.

Le bleu d'outremer a pu être fabriqué pour 10 francs le kilogramme au lieu de 1900, qu'il coûtait, il y a un siècle.

On a extrait du bois de quinquina, la partie qui est fébrifuge, et qui réduit la masse du remède qu'on était autrefois obligé d'avaler. Notre exportation de quinine vaut maintenant un million.

La houille substituée au bois, dans la fabrication de la porcelaine, a diminué de 75 p. 100 les dépenses de la cuite, et permis l'usage populaire des porcelaines opaques, et d'une foule de produits à bon marché. Ainsi les boutons de porcelaine valent 2 centimes la douzaine, et un seul fabricant en vend 1,400,000 par jour.

La chimie, poursuivant la carrière que lui avaient ouverte, dès 1787, Berthollet, Fourcroy et Guyton de Morveau, a mis à profit la création des chaires de professorat, qu'elle obtint, en 1796, dans les écoles centrales des départements. Elle a fait une multitude de découvertes, qui agrandissent la science, lui ouvrent des voies nouvelles, et deviennent plus ou moins utiles à l'industrie.

L'Iode a été trouvé par Courtois, en 1813.

Le Brôme, par Balard de Montpellier.

La Morphine, par Sertuerner et Séguin, dès 1803.

La Strychnine, l'Emétine, la Quinine, par Pelletier et Caventou, en 1818.

La Salicine, par Leroux.

L'Asparagine, par Robiquet, en 1805.

Le Bleu de Prusse, par Gay-Lussac, en 1808.

La Garance-Alizarine, par Robiquet, en 1826.

Les Corps Gras, par M. Chevreul, depuis 1816, etc.

Mais excepté le fer et la houille, c'est-à-dire les richesses minérales qui tiennent le premier rang par leur utilité, notre sol ne fournit qu'avec parcimonie les autres produits métalliques. Nos mines de cuivre, de plomb, de manganèse, d'antimoine, sont stationnaires depuis nombre d'années, et, en 1846, elles n'ont pas fourni pour 1,600,000 francs de produits marchands. Par l'effet de cette pénurie, les approvisionnements de nos industries par l'étranger, montent à des sommes considérables, et les métaux importés sont une partie essentielle de nos échanges. Nous avons reçu, en 1851, pour 16 millions de cuivre, 14 de plomb, 5 de zinc, 3 d'étain brut et 5 de fer. Mais il faut dire que nous avons vendu pour 32 millions d'ouvrages en métaux, 13 d'orfévrerie, et autant d'horlogerie; 5 de machines, 3 de fers et 2 de coutellerie. On voit que nous avons bien retrouvé les 43 millions que nous avons dépensés au dehors.

RÉSUMÉ DE LA STATISTIQUE DES PRODUITS INDUSTRIELS MINÉRAUX.

1° Nombre des établissements.

Fers et houille.....................	2,663	16 p. 100
Autres industries métalliques........	2,714	17 —
Industries des terres vitr. et plastiques.	3,384	20 —
Industries des grandes exploit. minér.	7,732	47 —
TOTAL...............	16,493	100

2° Valeur des matières premières.

Fers et houille.................	244,409,000 f.	58 p. 100
Autres industries métalliques.....	80,651,000	20 —
Terres vitr. et plastiques.........	28,340,000	7 —
Grandes exploitations minérales..	65,637,000	15 —
TOTAL............	419,037,000	100

3° Valeur des produits fabriqués.

Fers et houille.................	434,112,000 f.	50 p. 100
Autres industries métalliques.....	91,000,000	11 —
Industries des terres vitrifiables...	79,923,000	9 —
Industries des grandes exploit. min.	256,605,000	30 —
TOTAL............	861,640,000	100

4° Nombre d'ouvriers.

Fers et houille...................	195,000	52 p. 100
Autres industries métalliques........	6,584	2 —
Industries des terres vitr. et plastiques.	51,467	14 —
Industries des grandes exploitat. minér.	121,000	32 —
TOTAL.	374,051	100

CHAPITRE VIII.

STATISTIQUE DES PRINCIPAUX PRODUITS INDUSTRIELS,

VÉGÉTAUX.

I. HISTORIQUE. — L'antiquité, que nous révérons comme l'âge viril de l'esprit humain, était, quant aux sciences, dans une jeunesse inexpérimentée. Elle avait des nombres mystiques, qui lui semblaient être au-dessus du doute philosophique et dont, cependant, la vérité s'est éclipsée. Elle croyait à sept plànètes; nous en avons maintenant quarante. Elle n'avait que sept métaux; nous en possédons vingt-sept ou même trente-six, suivant notre illustre ami, le savant Berzélius. Elle comptait trois parties de la terre; nous en avons quatre ou cinq; elle connaissait uniquement trois grandes industries : celles du fer, du lin et du chanvre, et de la laine; nous avons doublé ce nombre et découvert ou créé une industrie nouvelle, dans chacun des règnes de la nature. Nous avons ajouté la houille au fer, parmi les minéraux, — le coton au chanvre et au lin, parmi les produits végétaux, — et la soie à la laine, au premier rang des produits tirés du règne animal. Nous avons ainsi augmenté par d'heureuses et importantes découvertes, la somme du bien dont jouissent les hommes, et celles qui améliorent leur existence.

23.

L'accroissement de richesse et de bien-être donné par l'augmentation progressive des produits végétaux est maintenant triple du terme qui l'exprimait en 1788, il y a 68 ans.

Ces produits ont élevé leur valeur de plus de 500 millions, pendant les vingt-quatre ans écoulés entre l'Assemblée constituante et l'Empire, et de 418 millions pendant la Restauration et la monarchie de Juillet. Pendant la première période, la cause du progrès a été l'affranchissement de l'Industrie et l'activité imprimée à toutes choses par la grandeur et la rapidité des événements. Pendant la seconde période, les bienfaits de la paix et le développement des manufactures de coton, à l'aide de la force des machines, ont produit des effets analogues et pourtant d'une moindre puissance.

Au demeurant, il s'en faut de peu que maintenant les produits industriels, tirés des végétaux, n'excèdent d'un milliard leur valeur avant la Révolution. Ils forment deux cinquièmes ou 41 p. 100 de la production générale.

TABLEAU CHRONOLOGIQUE DES VALEURS DE LA PRODUCTION VÉGÉTALE.

			Rapp. au total annuel.
1788...	316,500,000 fr.	Tolosan..........	34 p. 100
1812...	833,638,000	Chaptal..........	46 —
Empire.	980,216,000	Montalivet........	46 —
1850...	1,251,479,000	Statist. de France.	41 — (1)

(1) Proportion sans tenir compte des céréales, ni de Paris.

ACCROISSEMENT ABSÓLU.

1788 à 1812.... 517,138,000 fr.
1812 à 1850.... 417,841,000

ACCROISSEMENT SUIVANT LA POPULATION.

1788...... 2 fr. par habitant.
1812...... 29 —
1850...... 36 —

1º Sucre, Raffineries.

SUCRE EXOTIQUE, RAFFINAGE. — SUCRE INDIGÈNE, FABRICATION.

1788.... 30,000,000 fr. Tolosan.
1812.... 55,000,000 Chaptal.
Empire.. 52,000,000 Montalivet.
1850.... 140,000,000 Statist. de France.

L'Industrie du raffinage a quintuplé en valeur, depuis soixante ans; elle est rémunérée à raison de 4 francs par habitant, au lieu de 1 franc 25 centimes. C'est l'effet d'un abaissement de prix de moitié : de 30 sous la livre à 15 sous. Les raffineries ne fournissaient, en 1788, que 10 millions de kilogr. de sucre ; elles en donnent maintenant près de 100,000. Autrefois 25 personnes se partageaient 20 livres de sucre, aujourd'hui chacune en a 5 à 6 livres. Encore la consommation du dernier siècle était-elle regardée comme prodigieuse, et fallait-il que la France fût, par la possession de Saint-Domingue, la plus grande puissance coloniale productive des temps modernes. Ni le moyen âge ni l'antiquité n'avaient l'usage du sucre. Le roseau qui le produit, fut apporté d'Egypte en Sicile, par les Croisés,

au retour de leur expédition. Il fut transplanté en Espagne, et introduit aux Canaries à la fin du XVe siècle. Ce
fut là que Christophe Colomb en prit quelques plants,
qu'il porta à Saint-Domingue, lors de son second voyage
au Nouveau-Monde. Favorisée par le climat, cette belle et
riche culture se propagea bientôt dans les îles et les deux
continents de l'Amérique ; mais néanmoins, ses produits
restèrent à des prix élevés, à cause de la mauvaise fabrication du sucre, qui faisait perdre une moitié de la matière première. Les progrès de la chimie ont contribué
puissamment à augmenter la consommation en rendant la
fabrication plus fructueuse et plus facile.

La science de l'Europe était entravée dans ses expériences, par l'Océan, qui la séparait des cultures de la canne
à sucre. Marggraff lui fit surmonter cet empêchement, en
mettant à sa disposition, le sucre, qu'il découvrit, en 1782,
dans l'une de nos plantes indigènes et des plus vulgaires :
la betterave. Ce sont surtout les recherches faites sur le sucre donné par ce végétal, qui ont fait trouver les meilleurs
procédés de l'art de faire le sucre. La fabrication reléguée
aux Indes occidentales, est demeurée pendant trois siècles,
dans l'enfance ; elle n'a grandi que dans nos ateliers contemporains ; et ses efforts sont d'autant plus méritoires que
la nécessité de soutenir nos colonies et notre commerce
avec l'étranger, ont fait imposer au sucre de betterave
les conditions d'existence les plus dures.

Dans cet état de choses, voici le développement qu'elle
a éprouvé, dans le cours des dix dernières années, dont
la moitié se sont passées sous des influences défavo-
rables.

	1842.	1852.
Nombre de fabriques........	384	338
Quantité de sucre fabriqué..	29,310,000 kil.	71,457,000 kil.
Quantité livrée à la consomm.	29,892,000	20,827,000

Il sort de ces chiffres deux résultats contradictoires, dont l'un est sans doute éventuel : La consommation du sucre de betterave a diminué d'un tiers, tandis que sa fabrication s'est accrue du double. L'alcool a profité de la différence.

2° Huiles de toutes sortes.

1788...	500,000 q. mét.	à 100 fr.	50,000,000 fr.	Tolosan.
1812...	650,000 —	à 108	70,000,000	Chaptal.
1850...	1,817,000 hect.		90,000,000	Stat. de France.

Savoir :

Huile d'olive......	167,000 hect.	à 140 fr.	23,380,000 fr.
Huile de gr. oléag.	1,650,000 —	à 40	66,000,000

Cette richesse s'est augmentée de 20 millions, pendant chacune des deux périodes, comprises entre ces époques. La consommation exige, de plus, 400,000 hectol. d'huile qui sont fournis par l'Italie, pour 28,800,000 francs ; c'est qu'outre le besoin de la consommation domestique, il faut encore de l'huile pour l'éclairage, les manufactures de draps, les teintures, et les fabrications de savons. Ces nécessités s'accroissent avec les progrès de la société ; et pour n'en citer que deux exemples, nous remarquerons que l'extension des cultures des jardins et de l'usage des machines, augmente chaque jour les quantités d'huile

consommées, pour l'assaisonnement des végétaux alimentaires et pour faciliter le jeu des engrenages mécaniques.

3° Bière.

1812....	2,802,000 hect.,	à 17 fr.	47,635,000 fr.
1824....	3,220,000 —	à 15	48,300,000
1850....	5,000,000 —	à 13	65,636,000
Paris...	385,000 —	à 10	3,851,000

TOTAL............ 69,487,000 fr.

La consommation de la bière a doublé, depuis l'Empire,
et chaque année, elle s'accroît encore. Dans un pays où
la vigne prospère et donne des produits aussi abondants
qu'en France, on ne conçoit pas un tel succès ; car enfin,
c'est bien certainement à défaut de vin, qu'on boit de la
bière, comme c'est à défaut de canne à sucre, qu'on fait
du sucre de betterave. La cherté des transports, et les ris-
ques que courent les vins, dans leurs voyages, sont le premier obstacle à l'extension de leur consommation. L'exagération des octrois en est un autre. Il est fort étrange que
le bien-être public subisse les tristes effets de pareilles
causes.

4° Distilleries, Alcool, Eaux-de-vie.

1788....	368,857 hect.,	à 57 fr.	21,000,000 fr.
Empire..	650,000 —	à 80	52,000,000
1828....	906,337 —		51,661,000
1840....	1,088,802 —		62,060,000
1851....	1,300,000 —		74,100,000

Dans tous les pays et dans tous les siècles, les hommes,
pour se délivrer de leur raison, ont inventé des boissons

enivrantes, dont l'usage excessif ou prolongé devient dangereux ou même mortel. Dans l'Inde, c'est l'arak, qui est tiré du riz; — dans l'Amérique tropicale, le tafia, qui provient du jus de la canne à sucre; — en Europe, l'eau-de-vie, qu'on obtient par la distillation des marcs de raisin ou des céréales. L'accroissement de cette fabrication la rend aujourd'hui quadruple en quantité de celle qui avait lieu en 1788. C'est une calamité publique qui n'a d'autre consolation que de savoir qu'en Angleterre, c'est pire encore, et que nos eaux-de-vie sont d'une bien meilleure qualité que celles fabriquées partout ailleurs. Celles de Cognac sont avec les vins de Champagne, les produits de la France dont la renommée est la plus étendue. La consommation de l'eau-de-vie n'était pas, il y a soixante ans, d'un franc par tête, elle est double maintenant. Son augmentation est favorisée par les octrois qui restreignent l'usage du vin. La fraude de l'alcool est rendue facile, par sa concentration, sous un petit volume. Aussi s'exerce-t-elle partout sur une grande échelle, malgré les barrières de Paris et les gardes-côtes qui ceignent les rivages de l'Angleterre.

Il faut toutefois reconnaître que l'eau-de-vie, qui jadis entrait en totalité, comme breuvage, dans la consommation, est, de nos jours, employée à des usages domestiques très-variés, qui diminuent d'autant la part absorbée par les cabarets. Les entraves mises à la distillerie, dans un pays voisin, n'ont eu aucun succès, et le seul remède pour empêcher la fabrication des eaux-de-vie de s'accroître colossalement, c'est de lui faire supporter les taxes dont les vins seraient déchargés.

5° Savon.

1788.... 18,000,000 fr. Tolosan.
1812.... 33,000,000   Chaptal.
1850.... 47,376,000   Statist. de France.

Le savon, qui sert surtout au blanchiment du linge, est, parmi les nations modernes, la matérialisation de la propreté. On peut en déterminer les progrès par approximation, en interrogeant les nombres ci-dessus. Sa quantité s'accrut presque de moitié, pendant la première période, en vingt-quatre ans, et de moitié en sus pendant la seconde, qui a duré trente-huit ans. En somme, la fabrication du savon s'est augmentée de 30 millions de francs depuis la Révolution. Il y a dans cette valeur, 4,200,000 fr. de savons faits avec du suif, et 43 millions fabriqués avec de l'huile. La chimie a trouvé des moyens d'économiser le savon dans le blanchissage ordinaire, soit en se servant des cendres alcalines, soit en employant l'eau de javelle ou toute autre préparation d'un usage facile et très-avantageux.

6° Papiers.

L'invention du papier et celle de l'imprimerie président, comme deux fées tutélaires, à l'enfantement de l'esprit humain. Leur puissance brave et confond les tentatives des barbares, qui veulent, comme le farouche Omar, détruire les œuvres de la pensée. Le secours du papier permet aux cent bras de la Presse de reproduire à l'infini, les bons livres ; et l'Index qui les proscrit, le bourreau qui les brûle, le censeur qui les supprime, servent de prospectus à leur publication. Il n'en était pas ainsi, quand jadis on écrivait avec un stylet sur des tablettes de cire ou avec un roseau sur la membrane fragile du papyrus ; on pouvait se flatter alors d'étouffer dans l'incendie des bibliothèques, la grande voix de l'histoire ; c'est un crime que deux industries ont rayé des annales modernes, en lui ôtant tout espoir de succès. Grâce à l'imprimerie et à son auxiliaire, l'art de fabriquer le papier, lorsqu'un livre utile aux progrès de l'intelligence est entravé dans un pays, le reste du monde lui est ouvert ; et nous en avons trouvé plus d'un, dans des temps de proscription, qui avait surgi à l'autre extrémité du globe.

Par un singulier contraste, la France, qui, depuis la Renaissance, a fourni seule autant d'écrivains que toutes les autres contrées de l'Europe ensemble, est demeurée étrangère à l'invention des deux arts nécessaires à la reproduction de leurs ouvrages, et même elle n'a cultivé que fort tard ces belles industries. Pendant deux siècles elle a tiré de la Hollande, le papier dont elle avait besoin, se bornant à fournir les chiffons qui servaient à le fabriquer. Longtemps nos papiers ont été chers et mauvais. Tous ceux de qualités supérieures, venaient de l'étranger. Voici les progrès de cette industrie :

1788....	8,000,000 fr.	Tolosan.
1812....	31,700,000	Chaptal.
Empire..	36,280,000	Montalivet.
1850....	38,640,000	Statist. de France.
Paris. 152 établ.	13,297,000 fr.	4,340 ouvriers.
TOTAL.	51,937,000 fr., ou moitié en sus.	

L'évaluation de Chaptal doit être probablement réduite,

car elle ne laisserait que 4 millions et demi pour les 30 départements réunis, ce qui n'est pas possible.

On peut admettre qu'en y comprenant la fabrication artistique de nos papiers de tenture parisiens la production de cette industrie s'élève à 55 millions. Montgolfier en a fait la richesse de l'Ardèche, en inventant le papier continu, à la mécanique. En 1828, il n'en existait qu'une fabrique ; en 1848, il y en avait sept. Le Haut-Rhin contribuait par ses papiers de tenture, à la prospérité de cette industrie. La fabrique Zuber, de Mulhouse, faisait naguère 200,000 rouleaux et occupait 200 ouvriers. Annonay, dans l'Ardèche, créé par l'ingénieux Montgolfier, produit annuellement 1 million de kilog. de papier.

7° Imprimerie.

1812....	21,652,000 fr.	Chaptal.
1850....	16,770,000	Statist. de France.
Paris...	15,247,000	Chambre de comm.
TOTAL.	32,017,000 fr.	

722 établissements avec 11,170 ouvriers. C'est 45,000 francs par imprimerie, et pour ainsi dire 3,000 francs par ouvrier. On peut estimer que c'est beaucoup, pour un pays dont la moitié des habitants ne savent pas lire ; mais assurément c'est fort peu pour un peuple dont la littérature, la science et la politique tiennent tant de place dans le monde ; l'on doit attendre de l'avenir quelques-uns de ces progrès qui donnent aux choses, l'extension qui leur appartient naturellement et dont l'imprimerie peut espérer une production annuelle de cent millions de francs et au delà.

La possibilité en est établie par un beau travail statistique de Pierre Daru. Ce savant et excellent homme a calculé d'après les documents officiels, le nombre de feuilles d'impression publiées en France de 1811 à 1825 ; en voici quelques chiffres.

> 1811.... 18,451,000 feuilles.
> 1825.... 128,010,000 ou le septuple.

En quatorze ans, il fut publié 1,152,000,000 feuilles. Dans ce nombre, il y en eut :

362,508,000 appartenant à l'histoire.
289,878,000 — aux belles-lettres.
159,580,000 — à la théologie.
92,554,000 — aux sciences et aux arts industriels.
96,793,000 — à la législation.
34,326,000 — à l'économie polit., l'administrat., etc.

On aime à voir le rang élevé qu'occupent l'histoire et la littérature dans la faveur publique; mais on s'étonne de l'infériorité dont sont frappés les arts industriels et les sciences, ces grands rouages de la fortune du pays ; et l'on regrette qu'il reste encore tant à dire sur des matières, qui, telles que la législation et le culte, sont depuis si longtemps les bases fondamentales de la société.

STATISTIQUE DES PRINCIPAUX PRODUITS INDUSTRIELS VÉGÉTAUX, AUTRES QUE LES TISSUS.

	Nombre d'etabliss.	Matières premières.	Produits fabriqués.	Nombre d'ouvriers.
Sucre exot. et indig.				
Raffineries........	89	122.198,000 f.	139,892,000 f.	3,349
Huile. Gr. oléagin.	1,504	57,156,000	66.211,000	4,468
Bière...........	3,227	38,495,000	65,636,000	9,456
Alcool. Distilleries ..	1,438	38,763,000	45,597,000	3,250
Savon...........	70	39,168,000	43,180,000	1,715
Papier...........	401	20,741,000	38,640,000	1,873
Bois..............	1,248	19,486,000	34,662,000	10,777
Sucre indigène......	246	8,623,000	22,432,000	16,749
Imprimerie	628	6,854,000	16,770,000	6,639
Garance en poudre...	33	9,312,000	11,102,000	373
Vins mousseux......	19	5,025,000	10,743,000	462
TOTAUX.....	8,903	376,024,000 f.	494,869,000 f.	59,311

RÉSUMÉ.

Les produits végétaux ont fait de nos jours les progrès exposés ci-après succinctement.

Depuis Louis XIV, l'art de raffiner le sucre n'avait éprouvé presque aucun progrès; il se réduisait à répéter les opérations qui servent aux Antilles, à produire le sucre terré. Aussi, la cristallisation était-elle manquée; on n'avait que du sucre à demi brut, à moitié blanc, et une immense quantité de cassonnade. Des succès partiels n'avaient rien changé à l'état général des choses.

Charles Derosnes, un esprit ingénieux, un brave garçon plus ouvrier que savant, créa en 1818, la fabrication du sucre. Il substitua aux chaudières profondes, hémisphériques, brûlant le sirop ou le caramélisant, des chaudières à fond plat, à large surface, qui firent évaporer rapidement et sans perte. Il décolora le sirop avec le charbon animal formé d'os brûlés qui possèdent la propriété d'absorber les matières donnant au sirop de canne, un aspect brun noir, terne et sale. Ce fut là une belle découverte, qui enrichit l'industrie de plusieurs applications éminemment utiles. Il semblait qu'elle dût surtout contribuer au succès de la fabrication du sucre, dans les colonies; mais, par les effets imprévus d'une autre découverte, ce fut en France même, qu'elle fut appliquée avec une réussite parfaite. En 1795, Achard, un chimiste prussien, avait perfectionné l'art de tirer du sucre de la betterave commune. L'Empereur, pour émanciper la France de la nécessité d'acheter à l'Angleterre tout le sucre de canne qu'elle consommait et qu'elle ne pouvait plus recevoir de ses anciennes colonies prises ou ruinées, encouragea cette fabrication nouvelle qui promettait de remplir ce but important, à la fois politique et économique. On contesta, pendant vingt ans, qu'il pût en être ainsi, et qu'une racine, qui ne donnait que 4 à 5 p. 100 de sucre presque incristallisable, pût remplacer les produits abondants et supérieurs de la canne d'Otahiti, naturalisée aux Antilles. Il fallut bien bannir le doute, quand, en 1812, 3,500,000 kilog. de sucre de betterave furent livrés à la consommation au prix de 30 sous chacun. Ils avaient été produits par 30,578 hectares en culture, et fabriqués par 334 sucreries, situées dans 74 départements de l'Empire, dont 49 appartenaient à l'ancienne France. En 1834, la fabrication indigène donnait 15 millions de kilogrammes, et en 1852, 80 millions, c'est-à-dire une production égale à celle de la Martinique et de la Guadeloupe dans leurs jours de prospérité. Cette production se serait élevée au double, sans la concurrence des sucres coloniaux et étrangers, qui était maintenue par les tarifs, dans l'intérêt de nos établissements d'outremer et dans celui de notre commerce extérieur.

Le coton filé parut honorablement à l'Exposition de l'an VI (1796). Denys, de Luat, dans le département de Seine-et-Oise, dont le nom mérite d'être conservé, produisit des cotons filés, depuis le plus commun jusqu'au numéro 110; ce qui parut prodigieux. Aussi fut-il au nombre des douze fabricants qui obtinrent les plus grandes récompenses; mais à l'Exposition de l'an IX, le filage des cotons atteignit le n° 250; toutefois la plupart des filatures se tinrent au-dessous du n° 60, qui signale à quel degré d'infériorité la France était encore, il y a un demi-siècle. Cependant, dès 1806, Tarare et Saint-Quentin fabriquaient hardiment des mousselines, Amiens, des velours de coton, et beaucoup d'autres villes, des nankins, des basins, des piqués et surtout des calicots et des percales. Mulhouse parut alors sur la scène; ses toiles peintes, fabriquées par Dolfus dont le nom allait devenir célèbre, parurent très-belles par leurs dessins et le choix de leurs couleurs. C'est une époque dont il faut conserver la mémoire, car c'est celle de la naissance d'une industrie qui s'est élevée si haut que Mulhouse prend place après Lyon, dans la hiérarchie manufacturière de la France.

Les machines à fabriquer le papier continu furent perfectionnées et devinrent un objet d'acquisition par les pays étrangers.

Les mécaniques à filer le lin furent essayées, et leur construction sembla moins éloignée du succès qu'on ne le croyait généralement.

Une conquête nouvelle, la fécule, se transforma au gré du fabricant en dextrine, qui remplace la gomme du Sénégal dans le gommage des couleurs et dans les apprêts des tissus, ou en sucre à bas prix, qui sert à l'amélioration des vins et des bières. On en fabriquait déjà 6 millions de kilogrammes il y a quelques années.

Nos indiennes et nos châles flottent maintenant dans tous les magasins de Londres, et dans nos marchés, les mousselines suisses et anglaises ont disparu devant les mousselines unies et brodées de nos fabriques.

Les classes ouvrières trouvèrent, pour leur usage, des indiennes foncées à 50 centimes le mètre, des mouchoirs de couleur à 85 cent. la douzaine, des châles imprimés de 120 à 140 centimètres carrés à 22 fr. la douzaine.

L'art de la teinture a obtenu un grand succès. Vingt fabriques ont enlevé à la garance les matières qui l'altèrent, et l'ont rendue cinq fois plus riche en couleur qu'elle n'était d'abord. Ce terme doit encore s'accroître.

La peinture s'enrichit de nuances et de couleurs nouvelles.

La céruse a cessé de nous être fournie par la Hollande ; nos fabriques la fournissent à notre consommation et à notre commerce avec l'étranger.

Il en est ainsi de l'acide sulfurique dont 20 millions de kilogr. sont nécessaires à nos arts et métiers.

Les bonnes méthodes de chauffage, au moyen de l'eau ou de la vapeur, ont été appliquées aux grands édifices

publics, et l'emploi de la houille a diminué la consommation ruineuse du bois de chauffage.

Nombre de remèdes nouveaux sont employés avec bonheur, et la chirurgie s'est enrichie de plusieurs découvertes capitales. La lithotritie ou l'art de broyer les calculs
dans la vessie, au lieu de pratiquer l'opération dangereuse
de la taille, a été habilement pratiquée par Civiale, Amus-
sat, Ségalas, Jules Cloquet, qui ont inventé des instruments propres aux manœuvres les plus difficiles. Le sté-
thoscope, sorte de cornet auditif, a permis à Laennec, son
inventeur, de reconnaître les maladies organiques par les
bruits irréguliers de la respiration ou des mouvements du
cœur. La vaccine, ce bienfait inappréciable dont la découverte est due à Jenner, date de 1776, mais elle ne fut répandue que vingt ans après. Elle a été rendue portative,
par la conservation de son virus, dans des tubes de verre
scellés aux deux bouts; moyen simple et ingénieux, qui
nous permit en 1803 de propager ses utiles effets à la Martinique, où elle était encore inconnue, tant les meilleures
choses ont peine à se faire adopter.

Les eaux minérales naturelles ont été analysées et leurs
établissements perfectionnés. Les chimistes les imitent
parfaitement et font prendre à Paris les eaux des Pyrénées. Les bains de vapeurs sont devenus d'un usage fré-
quent et avantageux, et la Seine a vu ses eaux asservies
dans de grands établissements publics, employés comme
jadis ceux de Rome à entretenir la propreté et la santé des
habitants de Paris. Les bains Vigier dont la construction
égale en dimension un vaisseau du premier rang, ont servi
de modèles à d'autres entreprises du même genre.

La propriété du charbon de désinfecter et clarifier les eaux fut découverte par Berthollet, et appliquée à sanifier les fontaines domestiques. Les eaux, qu'on buvait autrefois troubles et dégoûtantes, ont été filtrées partout et sont devenues limpides, saines et agréables.

La rivière de l'Ourcq, ou plutôt un canal qui en est dérivé, conduisit à Paris des eaux dont le niveau est assez élevé pour les distribuer dans les fontaines de la capitale et dans ses maisons jusqu'à une hauteur de 50 pieds. Leur nature iodée les rend d'un bon usage; elles ne laissent à désirer que d'être à plus bas prix, et par conséquent d'une consommation plus générale.

A une époque récente, on voyait les porteurs d'eau qui, faute de fontaine, allaient remplir leurs seaux à la Seine, s'avançant à quelques pieds de sa rive, sur une planche branlante, et remuant la vase noire et fétide du fond de la rivière toutes les fois qu'ils en puisaient l'eau. Les bornes-fontaines qu'on trouve maintenant dans chaque rue n'existaient pas encore il y a trente-cinq ans. Les fontaines étaient monumentales, c'est-à-dire architecturales et surchargées de statues allégoriques, de nymphes et autres déités, mais n'avaient que des eaux taries ou parcimonieuses, et bien plus pour un luxe de décoration que pour l'utilité publique. Nous avons le regret de ne pouvoir recommander au souvenir du pays, le nom de l'auteur des bornes-fontaines. C'est à coup sûr un esprit juste et un homme qui méprisait le lucre et la renommée qui se fussent attachés à l'exécution d'un monument splendide et parfaitement inutile.

Quand on songe que le siècle qui voyait élever la fontaine Grenelle, avec son cortége mythologique et ses fastueuses inscriptions, laissait les maisons de Paris sans eau, les promenades sans arrosage et les ruisseaux des rues sans lavage, on conçoit qu'alors le nombre des décès surpassât, dans la capitale, celui des naissances, et que la population de cette grande ville ne pût s'entretenir que par une immigration perpétuelle des provinces.

RÉSUMÉ STATISTIQUE DES PRODUITS INDUSTRIELS VÉGÉTAUX.

1° Nombre d'établissements.

Tissus. Chanvre. Lin. Coton..	8,459	50 p. 100
Autres produits.............	9,810	58 —
TOTAL.............	18,269	100
Moulins à céréales..........	34,079	
TOTAL GÉNÉRAL......	52,348	

2° Valeur des matières premières.

Tissus. Chanvre. Lin. Cot.	392,405,000 fr.	50 p. 100
Autres produits........	395,872,000	50 —
TOTAL........	788,277,000	100
Moulins à céréales......	1,024,042,000	
TOTAL GÉNÉRAL...	1,812,319,000 fr.	

3° Valeur des produits fabriqués.

Tissus...............	685,385,000 fr.	55 p. 100
Autres produits........	566,094,000	45 —
TOTAL........	1,251,479,000	100
Moulins à céréales.....	1,178,813,000	
TOTAL GÉNÉRAL constaté.	2,430,292,000 fr.	

4° Nombre d'ouvriers.

Tissus.....................	317,241	80 p. 100
Autres produits...........	85,555	20 —
TOTAL.............	432,796	100
Moulin à céréales.........	78,510	
TOTAL GÉNÉRAL.....	511,306	

Il y a, à très-peu près, autant de fabriques de tissus que d'autres sortes d'établissements donnant aussi des produits industriels tirés des végétaux.

Mais les fabriques de tissus enfantent une plus grande richesse. Chacune d'elles fournit annuellement pour 81,000 fr. de produits, tandis que chacune des autres n'en donne que pour 58,000. Par contre, chaque ouvrier des fabriques de tissus ne produit que pour 2,000 fr., pendant que ceux des autres industries végétales donne lieu à une production de 6,800, ou du triple au quadruple. C'est que les opérations de ces dernières industries sont beaucoup plus faciles, et n'exigent souvent qu'une cuite, une distillation, un mélange ou une simple mise en œuvre des matières premières, qui, par une particularité fort remarquable, ont une valeur pareille à celles employées à la confection des tissus, quand on les estime d'une manière absolue, quoique, relativement aux produits fabriqués, elles aient une bien plus grande valeur; en voici le compte comparatif :

Tissus. Produits fabriqués........	685,000,000 fr.	
Matières premières........	392,000,000	57 p. 100

Salaires, frais génér., bénéf.   293,000,000   43 p. 100.

Autres indust. Produits fabriqués..   566,000,000   ' »
Matières premières diverses.   396,000,000   70 —
Salaires, frais génér., bénéf.   170,000,000   80 —·

On voit que les matières des tissus sont de 13 p. 100 au-dessous des autres produits végétaux, tandis que leurs frais généraux sont plus élevés, dans le même rapport, à cause de l'achat des machines, qui tiennent lieu de 261,000 ouvriers.

CHAPITRE IX.

STATISTIQUE DES PRINCIPAUX PRODUITS INDUSTRIELS ANIMAUX.

I. HISTORIQUE. — Il n'y a point de parité dans la quantité ni dans la valeur de chacune des sortes de produits industriels, tirés des trois règnes de la nature. Partout, le plus rustre, le plus pauvre possède un couteau et se sert, dans son travail, d'outils de fer et d'acier dont les mines ont fourni la matière première. Partout encore les végétaux pourvoient à ses besoins; le hêtre lui donne ses sabots le chanvre ses filets de pêche, le lin la toile de ses vête ments, la paille des céréales, son lit et la toiture de sa chaumière. Mais son industrie trouve bien moins de secours, parmi les produits animaux, qui sont toujours d'un prix trop élevé, pour être d'un usage commun. Il a fallu l'influence bienfaisante que la rénovation de 1789 a exercée sur les campagnes pour les faire participer en quelque chose à la fabrication de ces produits. La soie, qui était autrefois l'apanage exclusif de la cour et des plus hautes classes de la ville, fournit maintenant des rubans et des fichus à nos villageoises ; et l'habit de drap, qui jadis était un emblème nobiliaire, n'est même plus à présent un privilége de la bourgeoisie. Cependant les lainages, qui sous un climat froid et humide, pendant la moitié de l'année, sont une nécessité de la vie, ne satisfont point encore, tant s'en faut, à cette très-importante condition. L'industrie a réussi à faire au plus bas prix, des mousselines de laine d'une parfaite élégance ; mais il lui reste à trouver le secret de fabriquer à bon marché des étoffes chaudes, capables de préserver le corps de l'action dangereuse des variations de la température. Jusqu'à présent, elle n'a pu parvenir, même avec des prix élevés, à faire des flanelles d'un bon usage, tant il est vrai que, parmi les choses vulgaires, il y a encore de très-utiles progrès réservés à l'avenir. C'est là qu'il faut en rechercher les objets, car, lorsqu'il s'agit des produits de luxe, les draps, par exemple, nos manufactures ont atteint le plus haut degré de supériorité. On ne peut le contester, quoique les produits industriels, que nous fournissent les animaux, soient maintenant bien plus communs qu'autrefois, ils conservent encore, par leurs qualités et leurs prix, des destinations presque aristocratiques. Il faudrait pour en étendre l'usage, que leurs matières premières devinssent à meilleur marché en devenant plus abondantes, ce qui est très-praticable pour la laine, la soie et les cuirs. Il faudrait aussi que les fabricants se préoccupassent moins de la beauté, et davantage des prix modérés ; il faudrait enfin que le travail et l'aisance continuassent de s'étendre, et que les plaisirs du cabaret fussent abandonnés par les classes ouvrières, et changés contre des habitudes meilleures et plus dignes de la civilisation de notre siècle.

Voici une Histoire numérique des produits animaux qui

montrera qu'en réalité leurs progrès se réduisent à peu de chose, comparativement à ceux des produits minéraux et végétaux.

RÉSUMÉ CHRONOLOGIQUE DE LA PRODUCTION ANIMALE.

			Rapport au total de chaque époque.
1788....	451,800,000 fr.	Tolosan..........	48 p. 100
1812....	525,460,000	Chaptal	29 —
Empire..	612,000,000	Montalivet........	29 —
1850....	924,336,000	Statist. de France.	30 —

ACCROISSEMENT ABSOLU.

1788 à 1812, en 24 ans...	73,660,000 fr.
1812 à 1850, en 38 ans...	398,876,000

ACCROISSEMENT SUIVANT LA POPULATION.

1788......	18 fr. par habitant.
1812......	18 —
1850......	26 —

La production tirée des matières animales a seulement doublé de valeur depuis 1788. De 451 millions de francs, elle s'est élevée à 924. C'est qu'elle était déjà fort grande avant la Révolution, comparativement aux produits minéraux et végétaux. Elle formait près de la moitié de la valeur des fabrications de toute l'industrie : 48 p. 100. Le haut prix des draps et des soieries y contribuait beaucoup, et lui donnait une apparence de prospérité. Maintenant, elle constitue à peine le tiers de la richesse industrielle. Elle est à peu près dans le même rapport qu'en 1812, avec la valeur totale de la production. Les machines employées à

faire les tissus, ont permis de les vendre à meilleur marché
qu'autrefois; en sorte que la même sorte représente une
quantité bien plus grande. Cependant, considéré d'une
manière absolue, l'accroissement de valeur des lainages et
des soieries réunis est devenu quintuple depuis l'Empire,
comparativement à son progrès pendant la période antérieure; et, dans sa distribution, cette valeur s'est augmentée de moitié en sus. Cette proportion indique que
l'usage des soieries et des draps est beaucoup plus répandu aujourd'hui qu'autrefois, et que la consommation
de ces tissus a très-probablement doublé en quantité.

1º Cuirs et Peaux.

TANNERIE, CORROIERIE, MÉGISSERIE, CHAMOISERIE, MAROQUINERIE,
PARCHEMINERIE, GANTERIE, SELLERIE, CARROSSERIE.

1788.........	66,000,000 fr.	Tolosan.
1812.........	155,000,000	Chaptal.
Empire.......	106,000,000	Montalivet.
1850. Départ.	76,336,000	Statist. de France.
Paris...	136,111,000	Chambre de comm.
Total..	212,450,000 fr.	

Nous sommes loin du temps où nos ancêtres étaient
vêtus des peaux de bêtes que leur donnaient la chasse ou
leurs troupeaux, et bornaient leur industrie à en mettre
le poil ou la laine en dedans ou en dehors selon la saison. Il faut maintenant aller jusqu'en Russie pour voir des
populations couvertes de ces habits de sauvages polaires;
et les paysans de la Bretagne renoncent même à leurs
peaux de bique, dont les Kimris avaient apporté l'usage

des bords de l'Oxus jusque dans la vieille Armorique. Il nous faut aujourd'hui, pour nos vêtements, des tissus dont la valeur approche de 2 milliards, somme presque égale à celle qu'exigent les céréales servant à notre subsistance.

Mais si les peaux et les cuirs ne nous tiennent plus lieu d'habillements, nous n'en faisons pas moins une immense consommation. Tout le monde à présent a des souliers, sauf à ne les mettre que le dimanche ; et ce luxe jadis inusité, donne aux cordonniers, 30 millions de pratiques. L'usage général des bottes a doublé la dépense et la quantité de cuir nécessaire à la chaussure. L'antiquité s'en tirait à meilleur compte, avec de simples semelles et des courroies.

Pour fournir à notre consommation en cuir, il nous faut un fonds d'animaux domestiques, montant à 10 millions de têtes de bétail, 3 millions de chevaux, 33 millions de moutons, et 1 million de chèvres, avec un achat annuel de peaux et cuirs, venant de l'étranger, payés 40 millions de francs. Il est vrai que nos exportations de ces matières, ouvragées dans nos fabriques, s'élèvent à une valeur semblable, par l'effet de leur industrie supérieure ; car il est évident que ceux qui acquièrent ces produits possèdent tout ce qu'il faut pour les avoir, excepté la main-d'œuvre.

On est surpris de la quantité et de la variété des préparations que l'on fait subir aux cuirs, et des résultats très-divers, qu'on en obtient. Il semble que les tissus seuls soient aptes à prendre des formes et des qualités aussi différentes, eux dont les éléments sont agrégés par le travail des hommes, au lieu d'être formés, comme dans les cuirs, d'un tissu naturel et homogène.

Les opérations dont ces produits sont l'objet, sont assez

repoussantes pour être peu connues, et nous devons les indiquer sommairement.

On appelle cuir vert ou cru celui qui n'a reçu aucune préparation; il prend le nom de cuir sec ou salé selon que, pour le conserver, pendant un voyage de mer, on lui a fait éprouver une dessiccation ou une imprégnation de sel. Le tanneur en fait tomber le poil au moyen de la chaux, et il l'immerge dans la fosse au tan, qui est une poudre d'écorce de chêne, dont la propriété rend incorruptibles les matières animales. Pour obtenir cette action plus rapidement, et satisfaire aux besoins de nos quatorze armées, Séguin recourut en 1793, à l'acide sulfurique en grande quantité. Il eut, par ce moyen, un tannage beaucoup plus prompt, mais imparfait. Les cuirs, qui gardaient chacun de 3 à 4 kilog. d'eau et de chair, prenaient l'humidité et ne résistaient pas dans la boue. Il a fallu revenir au tannage lent, en lui donnant plus de perfection.

Le mégissier et le chamoiseur préparent les peaux de mouton, de chèvre et de chamois, en les passant à l'huile. Le maroquinier travaille ces dernières, les met en couleur et les apprête avec du sumac, poudre faite avec la fleur d'un arbrisseau commun en Portugal. Toutes ces peaux sont foulées au moulin.

Le corroyeur donne des façons aux cuirs tannés, pour les amincir, les égaliser et les assouplir. Les peaux de vache, de mouton, de veau, sont corroyées; rarement celles de bœuf; le même les met en couleur et les livre aux bourreliers, aux selliers, aux carrossiers, aux tapissiers, aux relieurs, pour les employer. Ces derniers se servent communément de peaux de veau et aussi de maroquin et de basane, qui sont des peaux de mouton, passées au tan ou au redon, plante desséchée, commune en Russie.

Les gantiers, dont le métier a reçu de la mode une si grande vogue, emploient des peaux de chamois, de daim, de chèvre, de chevreau, de mouton, d'agneau, de chien. Ces peaux sont passées, avant leur travail, à l'huile ou en mégie, c'est-à-dire préparées par le chamoiseur ou le mégissier. Le parchemin, dont jadis l'usage était si commun, est fait avec des peaux de chèvre et de mouton. Le cuir bouilli est du cuir de bœuf, bouilli dans de la cire mêlée de gomme et de résine.

Le mégissier prépare les peaux blanches avec la chaux, l'alun et le sel ; il les confit dans du son et une pâte de farine. Les plus beaux gants se font avec des peaux d'agneau et de chevreau ainsi arrangées.

Les cuirs vernis, dont l'usage s'est répandu depuis vingt ans, sont d'invention nouvelle. La fabrique Nys qui fut vendue 30,000 francs, en 1828, en produisait, dix ans après, 840,000.

Deux autres inventions sont celle du sciage des cuirs, en feuilles, qui divise leur épaisseur, et celle du tannage à la mécanique, avec l'usage de la vapeur et l'action de marteaux de bronze, qui battent les cuirs bien mieux qu'à la main.

Néanmoins, il y a des fabriques de ce genre très-anciennes. La manufacture de maroquin, à Choisy-le-Roi, près Paris, date de 1796. Celle de Château-Renaud, dans le département d'Indre-et-Loire, est établie depuis deux cent cinquante ans dans la même famille. C'est une aristocratie industrielle très-respectable. La tannerie Béranger, dans la rue Mouffetard, est aussi vieille que riche. Elle prépare chaque année, 40,000 grands cuirs.

On peut s'étonner, non sans raison, de voir s'élever à 136 millions l'industrie des cuirs et peaux à Paris. Il est bien possible, à notre avis, que cette somme comprenne, outre une masse considérable de métiers qui reproduisent plusieurs fois les mêmes valeurs, des exagérations, dont sont souvent entachées les appréciations industrielles, surtout dans le travail auquel nous empruntons ces chiffres. Voici toutefois quelle en est la répartition.

		Ville de Paris. 1848.	Nombre d'ouvriers.
Corroyeurs............	271	23,424,000 f.	1,056
Peaux et cuirs........	426	41,762,000	4,234
Peaussiers et n.archands.	80	4,292,000	673
Carrosserie et sellerie...	1,253	52,357,000	13,754
Ganterie en peau......	183	14,268,000	1,950
TOTAUX........	2,213	136,103,000 f.	21,667

A ce compte, chaque établissement a une dizaine d'ouvriers et fournit pour 60,000 fr. de produits fabriqués, et chaque ouvrier produirait pour 6,000 fr. et au delà. C'est plus qu'on ne peut croire; cependant il faut dire que l'Angleterre importe près de 3 millions de paires de gants — 2,842,000 — dont la plus grande partie sont fabriqués à Paris.

2° Pêcheries.

1788. Pêche fluviale et des côtes......	10,000,000 fr.	Tolosan.
Évaluation plus complète.......	20,000,000	Arnould.
Pêche maritime...............	10,000,000	Idem.
1850. Pêcheries des côtes seulement.		
Saleries des poiss. et viandes.	16,100,000	

Ces chiffres ne sont pas comparables. Il n'y a pas encore de statistique des pêches de la France. Noël Lamorinière entreprit ce travail il y a trente ans, et mourut à la peine. Nous n'avons pas mieux réussi. Les matériaux que nous avions recueillis, sont perdus. Il s'agit cependant d'une industrie de la plus grande importance, puisqu'elle ajoute notablement à la subsistance, qu'elle fournit du travail et des salaires à de nombreuses populations ; qu'elle est la pépinière où s'élèvent les marins, et qu'elle alimente le commerce intérieur et extérieur. On peut en juger à ce dernier égard par les chiffres suivants, qui expriment la valeur des produits de la pêche consommés à Paris, dans une seule année, — 1851.

Poissons d'eau douce...	717,000 fr.
— de mer........	6,562,000
Huîtres..............	1,671,000
TOTAL........	8,950,000 fr.

A défaut de documents, un statisticien estimable, Peuchet, adoptait pour apprécier les pêches de la France, un vieux procédé d'induction, consistant à considérer la consommation de Paris, comme égalant la douzième partie de celle des départements. A ce compte, nos pêches s'élèveraient annuellement à 107 millions ; chiffre qui n'est point invraisemblable, quoique obtenu par un calcul bien téméraire.

La Statistique des douanes nous donne les quantités et valeurs des importations de poisson de mer, pour la consommation. De 1837 à 1847, il y a eu, année moyenne :

	26,033,000 kil. de morue importés ;
	2,567,000 de rogues ou œufs de morue ;
	18,600,000 d'autres poissons.

TOTAL......	47,200,000 kil.	à 0 f. 25 c. le kil.	11,300,000 f.
Poiss. d'eau douce.	210,000	à 1 00 —	210,000

                                 TOTAL.............. 11,510,000 f.

Huile de baleine................................. 6,000,000

Nous exportons pour 7 millions de morue ; en sorte que notre consommation n'en dépasse pas 10, en poisson de mer ou autres produits de la pêche. Mais la valeur de la marée est triplée par le transport à Paris, où elle est vendue 75 cent. le kil., prix des différentes espèces de poissons confondues ensemble.

Le progrès de cette consommation est considérable.

En 1832, la marée valait.	3,584,000 fr.	et les huîtres.	731,000 f.
En 1847, —	6,908,000	—	1,748,000

Elle a doublé et au delà. Les huîtres ont un débit prodigieux. On estime que les parcs de Cancale, près de Saint-Malo, en fournissent annuellement 100 millions. Les deux cents huîtrières de Courseulles, près de Caen, en donnent 60 millions. On vient de former d'autres parcs à Dieppe, au Havre, à Dunkerque. Celui-ci contient aussi des homards de Norwége qu'on y multiplie à l'instar du parc d'Ostende. Ses produits arrivent à Paris en paniers et en barils de 500 jusqu'à 4,000 huîtres.

A Cancale et à Granville, le millier d'huîtres vaut 3 à

4 francs, et à Courseulles, le double. Il s'élève à Paris de 20 à 25 selon la saison. En dix-huit ans, cette ville a mangé pour 15 millions et demi d'huîtres, qui, au débit, ont été payées presque le double.

Ces exemples prouvent tout ce qu'il y a de richesses dans les eaux de nos rivières et de la mer, qui baigne nos rivages. Ils permettent d'affirmer de la manière la plus positive que la pêche est au premier rang des prospérités délaissées par la France. Il faudrait pourtant se rappeler que, par son secours, la Hollande est sortie de ses marais, et s'est élevée au niveau des puissances maritimes et commerciales de l'Europe, maîtresse des destinées du monde au XVIIe siècle. C'est par elle que l'Angleterre a jeté les fondements de son empire et qu'elle obtient, avec des générations de hardis matelots, un produit annuel de 75 millions de francs.

Nous sommes loin de ce terme. La pêche de la morue et celle de la baleine sont évaluées, pour 1851, à 12,800,000 fr.; somme supérieure à celle des années antérieures, et composée de la valeur des quantités suivantes :

403,777 quint. mét. de morue, rogues et issues.
  20,157   —   d'huile et de fanons de baleine.

La pêche de l'Angleterre s'élève au sextuple, l'exportation en absorbe un tiers, consistant :

En harengs et poissons divers, pour. 10,208,000 fr.
Et produits de la grande pêche...... 13,302,000

TOTAL (1850)........... 23,610,000 fr.

Sans doute, la seule pêche fluviale de la France vaut trois à quatre fois autant; mais, c'est une richesse aléatoire, abandonnée à tous les hasards d'une production naturelle, dont la prospérité échappe à toute extension et à toute amélioration. Quelques efforts ont été faits récemment pour multiplier artificiellement les poissons comestibles, et les propager dans les eaux où ils sont étrangers. Nous désirons vivement le succès de ces tentatives, sans toutefois y croire bien fermement. Nos doutes sont fondés sur l'inutilité de nos soins, pour introduire, aux Antilles, le Gorami, qui y fut importé en 1818, de l'île de Bourbon, par le capitaine Philibert, d'après nos instructions, dressées suivant les intentions du ministre de la marine et des colonies, M. Portal. Ceux qui devaient protéger leur reproduction, préférèrent, à la satisfaction d'une bonne action, le plaisir d'un bon manger; et nos colonies furent privées d'un aliment dont la subsistance publique avait grand besoin. Une triste expérience montre qu'il est difficile et chanceux de réussir dans les entreprises les plus utiles et dont l'exécution semble être le plus assurée.

3º Chapellerie.

1788.........	20,000,000 fr.	Tolosan.
1812.........	24,375,000	Chaptal.
Empire.......	23,000,000	Montalivet.
1850. Départ.	16,762,000	Statist. de France.
Paris...	9,191,000	Chambre de comm.
Total...	25,953,000 fr.	

Depuis trois cents ans, qu'on a renoncé aux chaperons

et aux capuces de nos pères, la chapellerie est en possession de fournir des couvre-chefs, variant perpétuellement
de formes et même de couleurs, sans cesser d'être du plus
mauvais goût. C'est une chose surprenante que la stérilité
ou le ridicule des inventions à l'égard d'un objet si essentiel à la bonne apparence des hommes. Depuis le petit
chapeau rond, sans rebords, du temps des Valois, jusqu'au
tricorne aplati, qu'on portait sous le bras, et même jusqu'à la coiffure difforme, que la mode nous impose aujourd'hui, il n'a rien été trouvé, qui ne fût disgracieux.
Aussi le bon sens du peuple, d'accord avec l'économie,
a-t-il fait adopter la casquette au détriment des chapeaux,
et son succès fût peut-être devenu général, si le flux
d'une réaction aristocratique ne l'avait repoussé (1).

La chapellerie a changé, depuis trente ans, ses matières premières. Au lieu de laines et de poils feutrés, elle
se sert d'une étoffe de soie dont le tissu est masqué par un
poil lisse et couché. Assurément, les anciens chapeaux de
castor valaient mieux ; mais ils avaient le double inconvé-
nient de coûter cher et de durer longtemps, tandis que
nos chapeaux de soie durent à peine autant que la mode.
Le feutre a perdu la consommation des villes, et, de
plus, celle des armées ; on lui a substitué le drap, dans la
fabrication des shakos, qui ont gagné peut-être quelque
chose au change, et qui n'en sont pas moins la coiffure
militaire la-plus hétéroclite que le goût tudesque ait pu
imaginer.

Quoi qu'il en soit, une industrie nouvelle est née de ces

_____

(1) Les fabricants de Paris font pour 7,623,000 fr. de casquettes.

vicissitudes ; c'est la fabrication de la peluche de soie, destinée à faire des chapeaux. Berlin et les provinces rhénanes en prirent l'initiative avec succès. Mais depuis 1839, la France exécute ce produit en grand, et le perfectionne sans cesse. Le département du Rhône compte plus de 600 métiers, la plupart à double pièce, donnant pour 2 millions et demi de peluche noire. La Moselle a substitué ce travail, dans ses campagnes, à celui du tissage de la toile qui déclinait ; et ses 2,500,000 métiers produisent annuellement 5 millions et demi de francs. Il y a de plus 400 métiers dans les maisons centrales de détention, rapportant 900,000 fr. Au total : 3 à 4,000 métiers dont le produit atteint à près de 10 millions. La peluche de la Moselle, dont la qualité et la teinture sont supérieures, vaut de 4 fr. 78 cent. le mètre jusqu'à 12 fr.

La belle teinture noire, qui donne du prix au tissu, avait été introduite, par un teinturier français, dans les fabriques de Berlin ; et c'est là qu'il nous a fallu aller la chercher, lorsque son succès l'a recommandée tardivement à notre attention.

La fabrique de Paris, où la peluche de soie n'est employée, en grand, que depuis 1827, a pris un développement considérable. Elle avait, il y a quelques années, 120 établissements principaux, occupant 1,500 ouvriers, et faisant 1,500,000 chapeaux, dont 200,000 en feutre et 1,300,000 en soie, au prix de 6 à 15 fr. 800,000 restaient à Paris, 400,000 étaient expédiés pour les départements, et 300,000 à l'étranger.

4° Chandelles, Bougies.

Nous avons repris l'éclairage des peuples de l'antiquité, la lampe, alimentée d'huile ; et les inventions du moyen âge, la chandelle de suif, la bougie de cire perdent de plus en plus, dans la consommation domestique. Cependant leurs industries sont encore fort étendues, et leurs perfectionnements les font lutter non sans succès contre une industrie rivale, qui exige des moyens compliqués. Le spermaceti, fourni par la pêche de la baleine, donne une matière première dont l'usage est tellement avantageux que l'Angleterre en vend 22,000 tonneaux de mer chaque année, aux pays de l'Europe. Le suif, qui servait à fabriquer les chandelles grossières de nos ancêtres, s'est transformé, par les opérations de la chimie, et devient semblable à la cire. La valeur de ces produits que la Statistique a pu atteindre dans ses recherches, s'élève aux sommes ci-après :

Départements..	151 établ.	Produits fabriq.	11,664,000 fr.
Paris.........	38 —	—	7,804,000
		TOTAL.........	19,468,000 fr.

5° Engrais, Noir animal, Colle forte.

1850. 64 établ. 3,537,000 fabr. de prod. 912 ouvriers.

Il y a seulement trois cents ans, sous les Valois, une moitié du territoire de la France était en forêts et en friche. La moitié, de l'autre moitié était en jachère ; en sorte que chaque culture pouvait changer de place dès que la terre se fatiguait de produire. Il en est à présent tout différemment ; il faut bon gré, mal gré, que chaque champ nourrisse son possesseur ; ce qui fait des engrais une nécessité publique, comme des semences de la récolte future. Cette vérité si simple ne prévaut pas sans peine ; car, il était bien plus facile et moins dispendieux, en apparence du moins, de laisser la terre se reposer. Néanmoins, depuis quarante ans, les connaissances agricoles se sont répandues par les bons exemples bien plus que par les bons livres ; et maintenant on fabrique des engrais, c'est-à-dire la fertilité du sol, tout comme on fabrique des lainages dont on sait très-bien quel sera l'effet utile. Un puissant obstacle : la cherté des transports, s'opposait à la propagation de la pratique essentielle des engrais. Les chemins de fer résolvent le problème économique de la dépense ; il reste à vaincre des préjugés enracinés et des habitudes opiniâtres ; et les villes rendront aux campagnes, en matières fertilisantes, une partie considérable de ce qu'elles en reçoivent en subsistances. L'industrie des engrais est en voie de progrès, et l'on peut s'attendre à lui voir exercer dans peu d'années une très-grande influence sur la production agricole. L'Angleterre nous enseigne quelle importance il faut attacher à ce succès ; elle envoie chercher outre-mer, sur les îlots du Pérou et de l'Afrique, la fiente des oiseaux marins, nommée Guano, et l'importation de cette singulière marchandise forme un commerce considérable. Nous avons la même richesse dans les égouts de nos cités, avec cette différence, que nous mettons tous nos soins à nous en débarrasser.

Une fabrication dont les débris d'animaux font la matière première a pleinement réussi. C'est celle du charbon ou noir animal, fait avec des os, qui autrefois étaient perdus, et dont on se sert maintenant pour clarifier le sirop de sucre, et pour mille autres objets. 31 fabricants de Paris en font annuellement pour 5 à 600,000 francs. Les os choisis, joints à l'ivoire importé sont les matières dont se sert la tabletterie, qui produit dans les départements pour 1 million de marchandises très-variées, et à Paris pour 6 millions et demi.

STATISTIQUE DES PRODUITS INDUSTRIELS ANIMAUX LES PLUS CONSIDÉRABLES,

AUTRES QUE LES TISSUS DE LAINE ET DE SOIE.

	Nombre d'établiss.	Matières premières.	Produits fabriqués.	Nombre d'ouvriers.
Cuirs et peaux........	1,512	53,046,000 f.	76,636,000 f.	31,422
Suif. Chandelles. Boug.	151	9,400,000	11,664,000	847
Chapellerie de laine...	214	4,199,000	9,194,000	6,502
Pêcheries. Saleries de poiss. et de viandes.	692	8,442,000	16,100,000	15,266
Savon au suif........	3	3,642,000	4,196,000	867
Engrais. Noir animal..	64	2,131,000	3,537,000	912
Os. Ivoire. Tabletterie.	131	504,000	1,010,000	1,063
TOTAUX......	2,767	81,364,000 f.	123,337,000 f.	56,879

Produits fabriqués..............	123,337,000 fr.	
Matières premières	81,364,000	65 p. 100
Frais généraux. Bénéf. Salaires.	41,973,000	35 —

56,000 ouvriers, hommes, femmes, enfants à 1 fr. 50 c., pendant 300 jours de travail : 25,560,000 fr. Restent

16,413,000 fr. pour les bénéfices et les frais généraux, qui sont peu considérables, pour ces industries bien inférieures à celles des tissus de laine et de soie.

RÉSUMÉ.

Les produits animaux considérés dans leurs progrès offrent les résultats suivants :

L'éducation des vers à soie et surtout l'assainissement des magnaneries ont fait de grands progrès, et laissent espérer de produire en France une partie des soies brutes, que nous importons, pour une valeur de 40 millions.

La beauté de nos soieries avec la richesse et le goût de leurs dessins ont continué de leur donner la prééminence, sur les marchés de l'Europe et de l'Amérique.

Nos étoffes de laine rivalisent avec les tissus de coton, par les couleurs variées qu'elles reçoivent au moyen de l'impression. Leur bas prix les rend accessibles à tout le monde. Il y a des draps teints en laine à 5 fr. le mètre, et des étoffes de laine de 75 à 80 centimètres de large, à 1 fr. 25 et à 1 fr. 70 cent.

Les cuirs vernis qui étaient achetés en Angleterre il y a huit ans, pour notre consommation, sont fabriqués en France maintenant, et fournissent à la consommation et à une exportation considérable.

Il y a de notables améliorations dans l'art de tanner les peaux; et nos maroquins continuent d'obtenir la préférence sur les marchés de l'Europe. Kempf de Choisy les a préparés en grand, au moyen de machines appropriées; et Matler, par divers procédés de teinture, en a augmenté le prix.

L'éclairage, qui, sous nos hautes latitudes, est un besoin de la vie, se faisait autrefois, chez les riches, avec de la bougie, chez les gens aisés, avec de la chandelle moulée, chez les paysans, avec de la résine ou au moyen d'une lampe grossière alimentée par de l'huile et donnant de la fumée et une odeur infecte. Argant imagina, en 1788, des lampes à double courant d'air, enveloppées dans une cheminée de verre, cylindrique, fumivore. Quinquet, l'un de ses ouvriers, lui déroba son invention, la publia et lui donna son nom. Carcel perfectionna cette machine, en 1803 ; et, depuis un demi-siècle, on n'a cessé de s'en occuper, pour la rendre plus simple, en écarter les inconvénients, et lui donner un bel aspect.

L'éclairage public obtenu par la combustion du gaz hydrogène carboné provenant de la houille, n'a été introduit en France, que très-tardivement. Londres et les grandes villes d'Angleterre le possédaient depuis longtemps que Paris était encore réduit aux réverbères à mèches trempant dans l'huile ; enfin la lumière a été faite, mais c'est l'un des progrès les plus lents dont on ait eu l'exemple.

Les soieries manquèrent totalement à l'exposition de l'an VI ; mais déjà les draps de Sedan, Reims et Verviers reparurent avec avantage. Ce fut cependant en l'an IX, que l'on vit pour la première fois, des draps fabriqués avec des laines fines françaises, et non plus avec des laines étrangères ; ils étaient faits avec la toison des mérinos naturalisés depuis peu par le zèle de Gilbert, de Tessier et de Huzard, trois hommes simples, savants et dévoués.

L'expédition d'Égypte fit naître une passion effrénée pour les châles ; les femmes à la mode en voulurent à

tout prix. A défaut de poil de chèvre de Cachemire, il
en fut fabriqué, par Ternaux, en laine d'Espagne, et par
Decrétot, en laine de Vigogne.

Le gouvernement consulaire, adoptant les plans qui
avaient si bien réussi au grand ministre de Louis XIV, at-
tira en France, un habile mécanicien anglais, Douglas, et
lui accorda une protection si efficace qu'en l'espace de
deux ans, seize de nos départemens possédaient 350 machines à filer et à tisser la laine. C'est l'un des plus grands
bienfaits que l'industrie ait jamais reçus du Pouvoir. Le
jeu de ces machines fut expliqué publiquement par de savants professeurs; excellent exemple, qui ne devrait pas
pas tomber en désuétude, car dans la foule inerte, pressée
dans les expositions, où elle ne voit qu'un spectacle in-
fructueux, il y a des gens dont l'aptitude ou même le
génie est éveillé par quelque parole, et qui peuvent s'é-
crier : Et moi aussi, je suis peintre !

Il y eut en l'an IX, un singulier exemple de la bizarrerie
des jugements humains; il faut le rapporter pour encou-
rager à la résignation, les gens de talent, méconnus ou
même méprisés. Jacquart, dont l'admirable invention a
donné à l'industrie lyonnaise une immense supériorité,
fut jugé digne d'une médaille de bronze pour le métier
qui porte son nom, et qui lui a fait ériger une statue par
ses concitoyens. La plus humble des récompenses fut accordée à celui dont le génie venait de doter son pays d'une
invention, qui allait lui donner la richesse et la renommée.
Au reste, les industriels n'étaient pas moins lents que
leurs juges à reconnaître le mérite des découvertes faites
à leur profit. Il fallut faire souvenir les filateurs de soie

que Vaucanson avait inventé des machines à organsiner d'une grande supériorité, et dont l'usage bien appliqué devait mériter une médaille d'or : on l'avait oublié. Un progrès dans le chauffage de l'eau, où sont mis les cocons des vers à soie pour être filés, appartient pourtant à cette époque. La vapeur, au lieu du feu nu, y fut employée par Gensoul, de Lyon, et il en résulta de notables avantages.

Avant de quitter la fabrique de Lyon, sans égale dans l'industrie européenne, disons qu'en 1819, Jacquart, plus heureux que bien d'autres, obtint une éclatante réparation de l'iniquité dont il avait été victime vingt ans auparavant. Le jury lui décerna la plus haute récompense et il reçut la décoration de la Légion d'honneur ; il est mort en 1834, et a pu voir pendant quinze ans, grandir et prospérer son œuvre. C'était le fils d'un simple ouvrier, et lui-même, avant son illustration, était marchand de chapeaux de paille.

L'art de la teinture, qui n'était qu'un métier grossier avant 1789, fit de grands et beaux progrès. Raimond remplaça l'indigo par le bleu de Prusse, Gouin, de Lyon, produisit avec la garance, une teinture écarlate sur laine, brillante et durable. Rouen, qui ne faisait que des rouges ternes et uniformes, les embellit, les solidifia, et leur donna toutes sortes de nuances. Le rouge d'Andrinople fut appliqué au coton en pièce avec plus d'égalité de couleur, que dans la teinture du fil. Widmer, de Jouy, découvrit un vert applicable, du premier coup, au coton. Les toiles peintes de Mulhouse à dessins variés jusqu'à l'infini, et couverts de couleurs nuancées avec art, acquirent un succès immense, par les perfectionnements de Kœchlin, de Dolfus, de Heilmann et de Hofer. Gonin, père et fils, rivalisèrent à Paris, avec Mulhouse, et se firent une réputation méritée, dans la teinture des tissus de coton, de laine et de scie. Ce fut Hausmann, qui le premier appliqua à ces étoffes, les impressions de la gravure lithographique.

Les foulards, qui sont importés de l'Inde, par le commerce anglais, ayant acquis beaucoup de vogue, on essaya de les fabriquer, à Rouen, dès 1824. Très-médiocres à leur début, ils ne tardèrent pas à être perfectionnés, et à devenir d'un usage commun, qui ne cesse de s'étendre.

Les procédés de l'industrie les plus utiles ont parfois l'origine la plus obscure et la plus humble. Il y a cinquante-quatre ans, nous étions témoins, chez les Caraïbes de Saint-Vincent, de la fabrication d'un rouge pourpre ou violet, fait au moyen des excréments des oiseaux de mer, recueillis sur les îles escarpées du voisinage. Nous fûmes frappé de cette invention, qui donnait de très-belles couleurs ; mais nous étions occupé d'intérêts bien plus pressants : défendre ces infortunés insulaires contre l'invasion et l'exil ou l'esclavage. Ce même procédé, aidé des secours de la science, promet aujourd'hui des merveilles et en produit déjà de fort remarquables.

Mais le plus grand des avantages acquis pendant la dernière période, est, sans contredit, la filature de la laine à la mécanique. C'est la source d'une foule de progrès et de l'abaissement des prix, qui fait enfin entrer les lainages dans l'habillement du peuple.

Un troupeau formé à Mauchamp, donna des laines possédant des qualités précieuses, qui les rapprochaient de la laine de Cachemire, et leur permettaient même de la simuler.

La fabrication des lainages ne s'est pas améliorée uniquement par la meilleure qualité des matières premières; elle s'est perfectionnée par l'introduction des machines, qui lui ont donné plus de régularité dans les tissus et d'économie dans le travail; ce qui rend ses produits plus beaux et à meilleur compte. Poupart et Collier employèrent vers 1806, un mécanisme à tondre les draps, qui fut adopté de préférence à tous les moyens dont on s'était servi jusqu'alors. C'étaient des ciseaux tournés en spirale autour d'un cylindre mû sur son axe, et transporté sur un chariot. Des améliorations dans le mouvement en ont fait, pour ainsi dire, un instrument de précision, du plus grand mérite.

La puissance des moyens de fabrication, soit par l'emploi des matières premières diversement préparées, soit par l'usage de procédés mécaniques ingénieux, a permis d'introduire dans les tissus, des variétés dont on a obtenu de grands succès. De ce nombre sont de brillantes étoffes du printemps, appelées Circassiennes; la trame en était en laine cardée et la chaîne en coton; telles sont encore les Popelines, dont la chaîne est en soie et la trame en laine longue et lustrée. Rien d'aussi joli que l'effet de ces combinaisons.

On s'est occupé, non sans succès, des engrais, qui jusqu'alors avaient été abandonnés à une routine aveugle. On a déterminé leurs éléments de fécondité, et l'on en a fait

d'artificiels, qui deviennent des branches de commerce.
On a créé la poudrette, qui réussit malgré les répugnances
et les plaisanteries, que fait naître son abjecte origine. Les
débris d'animaux, les os, les cornes, les rognures d'ateliers, jusqu'alors perdus et changés en immondices, ont été
recueillis et métamorphosés en engrais, précisément les
meilleurs qu'il y ait.

Les substances les plus nécessaires à l'alimentation sont,
comme tout le monde le sait, susceptibles d'altération et de
décomposition, quand elles sont gardées quelque temps.
Appert a cherché le problème de leur conservation; il est
parvenu à les défendre contre les agents de leur corrup-
tion : l'air, la chaleur, l'humidité, les plantes parasites et
les animaux. Il est maintenant d'un usage commun, d'em-
barquer pour les voyages d'outre-mer, des conserves qui
résistent pendant plusieurs mois, à l'action du climat des
tropiques. Ces produits, qui sont pour les navigateurs, des
jouiss nces et un bien-être inexprimable, proviennent des
fabrications parisiennes. Cette utile invention s'étend tous
les jours, et nos armées en reçoivent un secours salutaire,
dans les pays lointains, où tout leur manquerait, si la
science, appliquée à l'industrie, ne leur apportait maintenant des soins conservateurs dont on n'avait aucune idée,
il y a seulement quarante ans.

RÉSUMÉ DE LA STATISTIQUE DES PRODUITS INDUSTRIELS ANIMAUX.

1° Nombre d'établissements.

Tissus. Lainages. Soieries........ 4,929   68 p. 100

Cuirs et peaux.................... 1,522 ⎱

Autres produits.................. 808 ⎰   32 —

           TOTAL........ 7,259 (1) 100

2° Valeur des matières premières.

Tissus. Lainages. Soieries... 444,620,000 fr. 88 p. 100

Autres produits............. 56,313,000   12 —

           TOTAL.... 500,933,000   100

3° Produits fabriqués.

Tissus. Lainages. Soieries... 801,108,000   88 p. 100

Autres produits............. 123,228,000   12 —

    TOTAL GÉNÉRAL constaté... 924,336,000   100

4° Nombre d'ouvriers.

Tissus. Manufactures........... 347,342   87 p. 100

Autres fabriques............... 48,142   13 —

           TOTAL........ 395,484   100

Les établissements où se font les tissus de laine et de soie sont au nombre de 5,000. Les autres produits n'ar-

(1) Non compris les campagnes.

rivent pas à moitié; ils ne rapportent pas chacun pour 50,000 fr. de produits, tandis que ceux de tissus en donnent pour 165,000, ou trois fois autant. Néanmoins, les ouvriers des uns et des autres fournissent à peu près pour la même valeur de produits : 2,400 fr., valeur qui excède celle qu'obtiennent de leur travail les ouvriers des fabriques de coton, chanvre et lin. Le produit annuel de ces fabriques n'est que de la moitié, en valeur, de celui des manufactures de lainage et de soieries.

Voici, par approximation, la distribution des éléments de chaque sorte d'industrie en lainage et en soieries, suivie de ceux des autres produits animaux :

Tissus. Produits fabriqués........	801,108,000 fr.		
Matières premières.............	444,620,000	55 p.	100
Frais généraux. Salaires. Bénéfices.	356,488,000	45	—
Autres industries. Produits fabriq.	115,250,000		
Matières premières.............	56,313,000	51 p.	100
Frais généraux. Salaires. Bénéfices.	58,937,000	49	—

CHAPITRE X.

SOMMAIRE GÉNÉRAL DE LA STATISTIQUE
DE L'INDUSTRIE.

I. Historique. — Le temps où nous vivons est dominé par tant d'intérêts puissants qu'il reste à peine' quelques moments, dans nos jours rapides, pour parcourir un livre dont l'unique mérite est de faire servir la science à la recherche de la vérité.

C'est pourquoi nous avons condensé, dans une analyse renfermée dans un petit nombre de pages, les vastes matières que contient notre travail, et dont les éléments primitifs ont exigé quatre volumes in-4°, pour leur simple exposition.

Ce Résumé, dont la lecture ne demande pas plus d'une demi-heure, permettra aux esprits préoccupés de connaître avec certitude et précision l'une des deux grandes sources de la richesse publique, l'Industrie, qui, jusqu'à présent, est demeurée cachée dans la région des conjectures et des exagérations.

Il importe assurément de dissiper les erreurs qui se sont accréditées sur ce sujet important, et qui peuvent exercer une influence funeste, soit en égarant l'opinion publique, soit en trompant l'autorité.

Il faut d'abord cesser de mettre en balance, comme des choses semblables, notre industrie avec notre agriculture, dont la production est d'une richesse deux fois aussi grande. — Il faut ensuite ne pas la comparer avec l'industrie de l'Angleterre, qui s'élève à une valeur du double au triple. De telles différences ne permettent pas de rapprocher ces termes éloignés; et c'est par un orgueil mal entendu, ou bien plutôt par l'ignorance des choses, qu'on a voulu en établir le parallèle.

On doit attribuer à ces causes les assertions produites, il y a quelques années, devant l'une des chambres législatives, exagérant au delà de 15,000 le nombre d'ouvriers de nos grandes manufactures. Nous n'avons point, grâce à Dieu, de si vastes agglomérations d'hommes dans nos ateliers. Cette masse supposerait, par chacune de ces fabriques, 9 millions de salaires annuels et une valeur de 45 millions de produits fabriqués. Il s'en faut de beaucoup que l'opulence de nos manufacturiers arrive à un aussi haut terme, alors que leurs établissements datent, pour la plupart, de moins de quarante ans.

Quand Chaptal évaluait la production industrielle de la France à 500 millions de plus que Montalivet, une exagération de 40 p. 100 pouvait être attribuée à cette disposition innée de l'esprit méridional, qui rend difficile que l'Espagne ou l'Aquitaine devienne la Terre classique de la Statistique. Mais on ne saurait expliquer l'énorme erreur d'un Secrétaire d'Etat, celui justement qui devait, à plusieurs titres, connaître le mieux les chiffres vrais, et qu'on a vu, sous le dernier règne, estimer, dans un document officiel, la valeur des produits de notre Industrie à

2 milliards seulement; c'est-à-dire à 100 p. 100 au-dessous de la réalité. Était-ce une falsification politique? On ne peut en découvrir l'objet; et nous croirions volontiers que c'est tout simplement une faute typographique, si la répétition de cette évaluation par des gens intéressés à s'en servir, n'avait provoqué vingt fois inutilement sa rectification indispensable, ou même impérieusement nécessaire.

On croit communément que les chiffres faux de la Statistique ne tirent pas plus à conséquence, que les spéculations oiseuses de la littérature; c'est une dangereuse erreur. Ceux que nous venons de signaler étant produits, dans une occasion importante à l'encontre de ceux du ministre des finances d'alors, ils servirent d'argument pour faire triompher sur l'intérêt public les intérêts particuliers.

Pour ne laisser aucun doute sur le degré de certitude des chiffres que nous allons exposer, nous allons établir leur origine, en parties centésimales.

75 p. 100 ou les trois quarts des faits numériques de cette Analyse proviennent des recherches officielles, entreprises pour la Statistique générale de France. Ce sont des nombres authentiques et constatés; nous en déduirons d'abord les résultats séparément.

12 et demi p. 100 sont tirés en masse de la Statistique industrielle de Paris, qui est l'ouvrage de la chambre de commerce de la Métropole.

12 et demi p. 100 sont des chiffres déduits proportionnellement, pour tenir lieu de ceux restés en lacunes, dans l'investigation des départements du Midi occidental. Cet élément n'est pas assez considérable, pour introduire des incertitudes dans les résultats généraux. Les savants sta-

tisticiens qui nous ont précédés, Vauban, Lavoisier, Young, et des documents officiels estimés ont admis, dans des rapports infiniment plus grands, des nombres déduits. Pendant vingt-cinq ans, le cadastre de la France a été construit artificiellement avec des chiffres concluant d'un à sept, d'abord, et ensuite d'un à trois. La Statistique du règne de Louis XIV, par Vauban, est fondée sur l'identité hypothétique de l'état agricole de 27,000 lieues carrées, supposé pareil à celui d'un seule lieue qui avait été explorée. L'étendue du domaine de l'agriculture a été déduite par Lavoisier du nombre des charrues existant alors, et par Arthur Young du poids comparé des segments découpés de la carte du royaume, en 1788.

Dans tous les États de l'Europe, la Belgique exceptée, l'Industrie n'ayant été l'objet que de recherches partielles, les appréciations générales, qui en sont données, ne sont que des nombres déduits de bases plus ou moins restreintes. C'est encore là le cas le plus favorable, car il est advenu plus d'une fois que ces nombres étaient forgés de toutes pièces; et nous pourrions en citer des exemples, si nous n'en étions empêché par les égards qu'on doit aux vivants, lors même qu'ils en ont manqué fâcheusement pour la vérité.

Ainsi, une constatation des neuf dixièmes des faits numériques avec un complément de chiffres déduits, forme un ensemble de déterminations statistiques si rapprochées de leur intégralité, qu'il équivaut presque à une investigation sans lacune, et qu'il donne un degré de certitude bien supérieur à celui des explorations entreprises sur le même sujet, autrefois ou ailleurs.

Au reste, nous avons réuni, dans une première série, les chiffres entièrement constatés par les opérations régulières de la Statistique de France; et nous avons exposé à leur suite, séparément, ceux qui sont complétés par les recherches faites sur la ville de Paris, et par les termes proportionnels destinés à combler les lacunes des départements du Midi occidental de la France.

A. — NOMBRES CONSTATÉS.

1° **Nombre des établissements industriels et des exploitations en 1850** (1).

Produits minéraux..........	16,493	39 p. 100
— végétaux..........	18,269	43 —
— animaux..........	7,259	18 —
TOTAL.........	42,021	100
Moulins à céréales..........	34,079	Incomplets.
TOTAL GÉNÉRAL......	76,100	

2° **Valeur des matières premières.**

		Prop. au total.
Produits minéraux....	500,933,000 fr.	30 p. 100
— végétaux	788,277,000	46 —
— animaux	419,037,000	24 —
TOTAL...	1,708,247,000	100

3° **Valeur des produits fabriqués.**

Produits minéraux....	861,648,000 fr.	29 p. 100
— végétaux	1,251,479,000	41 —
— animaux	924,336,000	30 —
TOTAL...	3,037,463,000	100

(1) Non compris le travail domestique des campagnes et la fabrique de Lyon.

4° Éléments de la valeur des produits fabriqués.

Produits fabriqués.............. 3,037,463,000 fr.
Matières premières............. 1,708,247,000   56 p. 100
Frais généraux. Salaires. Bénéf. 1,329,216,000   44 —

5° Nombre d'ouvriers, par sexe.

Hommes	757,450	63 p. 100
Femmes.....	288,553	24 —
Enfants......	156,297	13 —
Total.....	1,202,300	100

6° Nombre d'ouvriers, par destination.

Produits minéraux	374,051	31 p. 100
— végétaux........	432,796	33 —
— animaux........	395,484	36 —
Total......	1.202,331	100
Moulins à céréales........	78,510	

7° Salaires industriels,

A RAISON DE TROIS CENTS JOURS DE TRAVAIL PAR AN.

			Prop. au total.
Hommes.. à 2 f. 00 c.	454,470,000 fr.	79 p. 100	
Femmes... à 1 00	86,565,900	15 —	
Enfants.... à 0 75	35,166,825	6 —	
Total....	576,202,725	100	

B. — NOMBRES RÉELS,

COMPRENANT PAR APPROXIMATION LA VILLE DE PARIS, ET RÉINTÉGRANT
LES OMISSIONS DU MIDI OCCIDENTAL DE LA FRANCE.

1° Nombre d'établissements industriels.

Produits minéraux	21,987	39 p. 100
— végétaux	24,359	43 —
— animaux	9,679	18 —
TOTAL	56,025	100

2° Valeur des matières premières.

Produits minéraux	667,911,000 fr.	30 p. 100
— végétaux	1,051,036,000	46 —
— animaux	556,716,000	24 —
TOTAL	2,275,663,000	100

3° Valeur des produits fabriqués.

Produits minéraux	1,149,064,000 fr.	29 p. 100
— végétaux	1,668,638,000	41 —
— animaux	1,232,448,000	30 —
TOTAL	4,050,150,000	100

4° Plus-value donnée par l'industrie.

Produits minéraux	481,153,000 fr.	72 p. 100
— végétaux	617,602,000	59 —
— animaux	675,732,000	121 —
TOTAL	1,774,487,000	78

100 francs de matières premières donnent, par les opérations de l'industrie manufacturière :

En produits minéraux...   72 fr. ou les 3/4 en sus.
—   végétaux....   59   ou les 3/5 —
—   animaux....   121   ou les 6/20 —

5° Valeur, par régions, de la production industrielle.

Nord oriental	1,085,140,000 fr.	27 p. 100
Midi oriental............	868,649,000	22 —
Nord occidental.........	814,284,000	20 —
Midi occidental (1)........	769,268,000	19 —
Ville de Paris............	500,000,000	12 —
TOTAL.......	4,037,341,000	100

6° Éléments de la production industrielle de la France, à différentes époques.

1788. — TOLOSAN.

Proportion.

Produits fabriqués.............	931,460,000 fr.	
Matières premières.............	373,510,000	40 p. 100
Salaires. Bénéfices. Frais génér.	557,950,000	60 —

1812. — Ancienne France. — MONTALIVET.

Produits fabriqués...........	1,400,000,000 fr.	
Matières premières...........	470,000,000	33 p. 100
Salaires. Bénéfices. Frais génér.	930,000,000	67 —

1812. — CHAPTAL.

Produits fabriqués.............	1,820,000,000 fr.	
Matières premières...........	602,000,000	33 p. 100
Salaires. Bénéfices. Frais génér.	1,218,000,000	67 —

(1)	Savoir : Constatés.	220,259,000	»
	— Omissions.	549,009,000	»

SOMMAIRE GÉNÉRAL.

1850. — MOREAU DE JONNÈS.

Produits fabriqués............	4,037,463,000 fr.	
Matières premières............	2,260,979,000	56 p. 100
Salaires. Bénéfices. Frais génér.	1,776,484,000	44 —
Savoir : Salaires.................	768,199,000	19 —
Bénéfices. Frais généraux..	1,000,284,000	25 —

Ainsi, dans la valeur totale de la production manufacturière de la France, au milieu du XIXᵉ siècle :

La valeur des matières premières absorbe plus de la moitié ;

Les frais généraux et les bénéfices s'élèvent au quart,
Et les salaires forment moins d'un cinquième.

Il est difficile de décomposer davantage la valeur de la production industrielle. Cependant voici encore des chiffres officiels.

Les valeurs des locaux occupés par l'industrie manufacturière, s'élèvent annuellement, pour loyers seulement, à...............................	34,767,000 fr.
Les patentes, déduction faite des moulins à céréales, et réintégration faite de Paris et du complément nécessaire aux départements du Midi occidental.	4,375,000
TOTAL...........	39,342,000 fr.

Frais généraux et bénéfices. ..	1,008,284,000 fr.
A défalquer.................	39,342,000
RESTE NET.......	968,942,000 fr.

Patentes ou droit de vente, levé sur l'industrie générale (1851).......................	50,000,000 fr.
Savoir : Sur les manufactures...............	4,375,000
Sur les arts et métiers et les moulins à céréales.......................	45,625,000

Les 40 millions prélevés sur la production par les patentes et les valeurs locatives équivalent à 1 p. 100 seulement de la valeur des produits fabriqués.

Ce n'est pas l'impôt des patentes qui grève l'industrie manufacturière, car il est très-bas. Ce sont les droits de douanes à l'entrée des matières premières.

Éléments de l'industrie du Royaume-Uni de la Grande-Bretagne et d'Irlande,

D'APRÈS SPACKMAN.

Produits fabriqués............	10,125,000,000 fr.	
Matières premières............	6,750,000,000	67 p. 100
Frais génér. Bénéfices. Salaires.	3,375,000,000	33 —

Ces chiffres sont des évaluations dont les éléments manquent de constatation et de certitude. Il est à croire que la valeur des matières premières est élevée trop haut de 10 pour 100, tandis que la dernière somme est abaissée d'autant et doit être augmentée.

La production manufacturière du Royaume-Uni atteint à deux fois et demie en valeur celle de la France de 1850.

7° Nombres réels d'ouvriers

DES MANUFACTURES, FABRIQUES ET EXPLOITATIONS EN FRANCE.

Hommes.....	1,009,934	63 p. 100
Femmes.....	384,737	24 —
Enfants......	208,398	13 —
TOTAL...	1,603,070	100

8° Salaires réels à 300 jours de travail annuel.

Hommes....	à 2 f. 00 c.	605,888,400 fr.	79 p. 100
Femmes....	à 1 00	115,421,100	15 —
Enfants.....	à 0 75	46,889,550	6 —
TOTAL.........		768,199,050	100

9° Plus-value des grandes industries.

NOMBRES CONSTATÉS.

1° FERS ET HOUILLE.

Produits fabriqués....	434,112,000 fr.	
Matières premières....	244,409,000	
PLUS-VALUE......	189,703,000	44 p. 100

2° TISSUS. CHANVRE, LIN, COTON.

Produits fabriqués.....	685,385,000 fr.	
Matières premières....	392,405,000	
PLUS-VALUE....	292,980,000	43 p. 100

3° TISSUS. LAINAGES, SOIERIES.

Produits fabriqués.....	801,108,000 fr.	
Matières premières....	444,620,000	
PLUS-VALUE....	356,488,000	45 p. 100

4° TOTAUX DES TISSUS.

Produits fabriqués....	1,920,605,000 fr.	
Matières premières....	1,081,434,000	
PLUS-VALUE....	839,171,000	44 p. 100

5° AUTRES PRODUITS.

Produits fabriqués.... 1,116,858,000 fr.
Matières premières....   626,813,000

PLUS-VALUE....   490,045,000   44 p. 100

6° TOTAUX GÉNÉRAUX, CONSTATÉS.

Produits fabriqués.... 3,037,463,000 fr.
Matières premières.... 1,708,247,000

PLUS-VALUE totale. 1,329,216,000   44 p. 100

7° TOTAUX GÉNÉRAUX, RÉELS.

Produits fabriqués.... 4,037,463,000 fr.
Matières premières.... 2,260,979,000

PLUS-VALUE totale. 1,776,484,000   44 p. 100

10° Produits de l'industrie manufacturière au-dessus de cent millions, dans l'ordre de leur plus grande valeur, moins Paris.

Lainages, y compris ceux des campagnes.. 445,418,000 fr.
Fers de toutes sortes.................... 374,112,000
Soieries de toutes espèces............... 355,685,000
Lins et chanvres......................... 351,500,000
Cotons 333,885,000
Sucres indig. et exot. Fabricat. Raffineries. 164,000,000
Carrières et autres exploitations......... 112,605,000

TOTAL.......... 2,137,205,000 fr.

Autres produits d'une moindre valeur....   900,258,000

TOTAL GÉNÉRAL constaté... 3,037,463,000 fr.

Ainsi sept articles de la production industrielle constituent seuls les deux tiers de la valeur de cette production;
et tous les autres produits ensemble ne s'élèvent pas à
33 p. 100. Ceci prouve qu'un pays peut posséder une très-
grande richesse industrielle avec une production fort peu
variée. Les États-Unis en fournissent un exemple; le coton en laine suffit pour leur donner des trésors. Il ne faudrait que peu d'efforts et de temps pour qu'il en fût ainsi
de l'Algérie et qu'elle rendît avec l'intérêt, à la France, ce
qu'elle lui a coûté.

**11° Valeur actuelle de la production de l'indus-
trie manufacturière, dans les dix départements les
plus riches, déduction faite des moulins à céréales.**

1° Seine, avec Paris......	616,883,000 fr.
2° Nord...............	342,820,000
3° Rhône...............	329,125,000
4° Seine-Inférieure......	223,914,000
5° Ardennes............	166,823,000
6° Bouches-du-Rhône....	134,163,000
7° Haut-Rhin...........	129,538,000
8° Loire...............	98,017,000
9° Loire-Inférieure......	81,221,000
10° Eure	80,279,000
TOTAL........	2,202,783,000 fr.
Moyenne par départem...	220,278,300

Ainsi dix départements possèdent ensemble une production industrielle excédant 2 milliards ou plus des
deux tiers de la valeur des produits annuels *constatés* de
l'Industrie manufacturière et des exploitations, et environ
la moitié de leur valeur réelle. Si nous avions dix autres

départements semblables tout aussi industrieux, ces vingt départements fourniraient à la France tous les produits qu'elle consomme, et, de plus, ceux qu'elle exporte à l'étranger. Il y en aurait, par conséquent, soixante-six qui ne fabriqueraient rien, et qui ne s'occuperaient, comme jadis le territoire tout entier, que de l'agriculture et de l'élève des animaux domestiques. Dans cette supposition, un quart au plus, de la population du pays suffirait à la production industrielle. C'est la preuve de la concentration de cette production, dans une partie du territoire de peu d'étendue, et de la faiblesse de son existence, dans un nombre considérable de départements, trop arriérés pour participer à ses avantages. Il n'y a toutefois que la Corse qui soit sans aucun établissement industriel.

12° Départements industriels les plus productifs, en 1812, — 10 sur 55.

DOCUMENTS OFFICIELS MANUSCRITS.

	Valeur de la production.	Nombre d'ouvriers.
Nord................	100,420,000 fr.	150,273
Aisne................	43,821,000	119,011
Calvados.............	43,727,000	79,681
Hérault..............	39,593,000	38,593
Marne................	38,065,000	26,093
Gard.................	35,680,000	35,984
Eure.................	35,019,000	39,220
Isère	26,422,000	20,768
Orne	22,302,000	59,061
Bas-Rhin.............	22,100,000	109,552
Totaux.......	407,149,000 fr.	678,236
Moyenne par départem.	40,714,000	67,823

13. Aperçu de la production manufacturière de la ville de Paris, 1848.

(EXTRAIT DE LA STATISTIQUE DE LA CHAMBRE DE COMMERCE.)

	Établisse-ments.	Valeur de la product.	Nombre d'ouvriers.
Armurerie......................	126	8,277,000 f.	707
Bijouterie fine.................	88	41,599,000	4,392
— fausse...............	342	61,525,000	2,182
— en acier.............	57	4,963,000	1,975
Bonneterie.....................	262	4,754,000	2,650
Bougie. Chandelle.............	38	7,804,000	307
Boutons en métal.............	31	4,194,000	1,349
Bimbeloterie...................	63	4,321,000	2,199
Briques. Carreaux.............	30	2,759,000	567
Bronze. Fondeurs.............	38	5,050,000	2,711
— Fabriques.............	188	18,493,000	2,711
Broderie. Ateliers.............	552	6,007,000	3,964
Carrosserie....................	199	19,307,000	3,758
Châles. Fabriques.............	224	9,889,000	2,190
Cartonnage....................	361	5,375,000	3,772
Chapellerie....................	623	16,762,000	4,090
Chapeaux de paille...........	116	6,800,000	2,300
Chaudronnerie	205	5,963,000	1,208
Corroyeurs....................	272	23,424,000	2,431
Ébénisterie....................	1,831	27,982,000	8,889
Filature de coton.............	35	7,230,000	2,103
— de laine..............	16	5,966,000	1,066
Gaz d'éclairage................	3	2,080,000	403
Gaz. Appareils. Fabrique........	22	8,785,000	707
Fonderie en métaux...........	77	10,933,000	1,979
Horlogerie....................	978	9,410,000	2,283
Imprimeries lithographiques.....	292	7,798,000	2,388
— typographiques......	84	15,247,000	4,530
oaillorio fine.................	35	19,288,000	538

	Établisse-ments.	Valeur. de la product.	Nombre. d'ouvriers.
Liqueurs. Distillerie............	119	8,276,000	318
Machines	238	25,647,000	6,612
Orfévrerie grande..............	42	14,322,000	671
Papiers.......................	99	3,070,000	3,291
Papiers peints.................	139	10,227,000	849
Passementerie.................	992	28,404,000	9,494
Peaux. Maroquin et autres......	80	4,292,000	672
Peaux. Ganterie. Fabrique.......	182	14,268,000	1,950
Pelleteries. Fourrures..........	86	4,336,000	638
Plaqué.......................	54	6,332,000	791
Piano. Harpes.................	194	11,486,000	2,889
Peignerie de laine.............	20	7,189,000	1,075
Poterie. Terre cuite............	32	1,090,000	444
Produits chimiques.............	41	3,459,000	188
— pharmaceutiques.......	197	6,353,000	188
Sellerie......................	283	8,915,000	1,601
TOTAUX GÉNÉRAUX.......	10,168	514,282,000 f.	131,638

Chaque établissement a une production de 51,428 fr. et occupe 13 ouvriers.

Chaque ouvrier donne lieu à une production qui s'élève presque à une valeur de 4,000 fr., ce qui est énorme et suppose que les machines font la moitié du travail.

14° Statistique de la production industrielle aux 18° et 19° siècles.

Époques.	Valeurs totales.	Autorités.
1788...	931,460,000 fr.	Tolosan.
1812...	1,324,400,000	Montalivet.
	1,820,000,000	Chaptal.
1850...	3,037,463,000	Constaté. Statist. de France.
	4,037,463,000	En réalité.
	5,215,740,000	Avec les moulins à céréales.

ACCROISSEMENT ABSOLU PAR PÉRIODES.

1788 à 1812....	En 24 ans.	392,940,000 fr.	42 p. 100
1812 à 1850....	38 —	1,713,063,000	130 —
En réalité......	»	2,675,600,000	200 —
1788 à 1850....	62 —	3,106,000,000	340 —

ACCROISSEMENT SUIVANT LA POPULATION, SANS LES ARTS ET MÉTIERS
ET LES MOULINS A CÉRÉALES.

Par habitant.

1788...	Ancienne France..	37 fr.	Tolosan.
1812...	—	45	Montalivet.
1812...	—	63	Chaptal.
1850...	Résultats constatés.	87	Statist. de France.
1850...	En réalité........	115	Id.

Proportions

A DIFFÉRENTES ÉPOQUES DE LA VALEUR DES PRODUITS FABRIQUÉS DE
CHAQUE ORIGINE : MINÉRALE, VÉGÉTALE ET ANIMALE.

	Tolosan. 1788.	Montaliv. 1812.	Chaptal. 1812.	Stat. de France. 1850.
Produits minéraux...	18	25	25	29
— végétaux ...	34	46	46	41
— animaux ...	48	29	29	30
TOTAUX	100	100	100	100

Chaque ligne verticale offre la proportion de la valeur
des trois sortes de produits industriels et permet de les
comparer entre eux. Chaque ligne horizontale exprime la
proportion de la valeur de ces produits à trois époques différentes, et rend possible d'en saisir les variations. Par
exemple, on voit qu'en 1788, les produits animaux formaient presque la moitié de la production industrielle to-

le, tandis qu'aujourd'hui, ils n'en atteignent pas le tiers, attendu l'augmentation des produits d'autre nature. Les minéraux, par exemple, ont gagné 11 p. 100 et les végétaux 7. C'est la production des fers et celle des cotons, qui ont causé cet énorme changement.

Quoique les valeurs de chaque article données par Chaptal, soient bien plus grandes que celles assignées par M. de Montalivet, il se trouve qu'elles ont les mêmes proportions, dans chaque division, par règne. C'est que le premier les a calquées, sur les chiffres du second, en les exagérant, dans un rapport semblable.

15° Population manufacturière.

Sur 1,010,000 ouvriers travaillant, il y en a approximativement :

500,000 non mariés ;
500,000 mariés. Ceux-ci supposent :
500,000 femmes, dont 385,000 travaillant avec
1,000,000 enfants, grands et petits, dont 208,000 travaillant.

TOTAL. 2,500,000 personnes.

Un sur 14 habitants, faisant 625,000 familles à 4 personnes chacune : le père, la mère et 2 enfants. On ne tient pas compte du troisième enfant, qui meurt ordinairement en bas âge ; et l'on suppose que la population manufacturière demeure stationnaire, sans éprouver d'accroissement autrement que par lés emprunts qu'elle fait à la population agricole.

Cette situation donne les proportions suivantes :

Les ouvriers, hommes adultes travaillant, forment 40

p. 100 de la population manufacturière, et le trente-sixième de la population générale. Il y en a 2 sur 5 personnes de la population industrielle.

On peut admettre que la moitié sont célibataires et 500,000 mariés. Ceux-ci supposent un même nombre de femmes ou 1 sur 5 de la population manufacturière. On doit compter 2 enfants grands ou petits, par ménage, ou deux cinquièmes de cette population, moitié d'un sexe et moitié de l'autre, destinés à remplacer un jour leurs père et mère. Ces enfants sont un dix-septième ou un dix-huitième de la population de la France. Il n'y a qu'un cinquième d'entre eux qui trouvent place dans les manufactures. Les arts et métiers occupent, sans doute, une partie des autres.

En groupant par familles toute la population manufacturière, on trouve qu'elle en forme environ 625,000, à raison de 4 personnes chacune. Le calcul général en comporterait 4 et demie ; mais il n'est pas à supposer que le séjour des villes et l'habitation des fabriques, jointes à l'exercice de beaucoup d'industries insalubres, laissent se développer cette population au même degré que celle des campagnes.

Les salaires annuels de la population manufacturière, séparée de celle des arts et métiers, s'élèvent à

770 millions de francs.

Cette somme distribuée également entre deux millions et demi de personnes, de tout âge et de tout sexe, donne pour chacune : 308 fr. par an, ou 84 centimes par jour (17 sous).

Mais ces salaires sont répartis en réalité, par famille ou ménage de 4 personnes. S'il y en a 625,000, c'est, pour chacune, 1,232 fr. par an, ou 3 fr. 36 cent. par jour (3 fr. 7 sous).

A raison de trois hectolitres de blé pour chaque personne, une famille en consomme annuellement douze, qui valent ensemble, année moyenne, au moins 216 fr. Il reste un millier de francs, pour les autres besoins; somme qui serait suffisante, si elle n'était atténuée désastreusement par les chômages, et diminuée par la cherté de toutes choses, dans les villes où sont situées la plupart des manufactures. Le haut prix des logements dans les grandes cités, et le renchérissement des subsistances par le monopole des boucheries et l'exagération extrême des octrois, rendent difficile et pénible la vie des ouvriers industriels. Il est d'une grande importance sociale que les manufactures soient transférées gradativement dans les villes du troisième ordre; changement qui était impossible avant la multiplication des chemins de fer.

Chaque jour de chômage de l'industrie coûte au pays une production manufacturière de 11 millions de francs, et aux ouvriers, une somme de salaires s'élevant à 2,110,000 fr. C'est là ce que ravit aux familles industrielles, la détestable coutume de faire le lundi, vestiges des temps malheureux, où les serfs s'enivraient le dimanche, pour oublier leur misérable condition, et prolongeaient jusqu'au delà du lendemain, leur abrutissement de la veille.

Si l'année industrielle était composée de douze mois au lieu de dix, les ouvriers gagneraient pour prix de leur labeur, 128,334,000 fr. de plus qu'aujourd'hui ; et si le nombre des jours fériés était encore de trois mois, comme avant la révolution, ils perdraient, sur leurs salaires, 192 millions et demi ; ce qui réduirait leurs pièces de cent sous, à la valeur de 4 francs.

Le revenu donné à l'Etat, par l'impôt des patentes, n'étant que de 46 millions, équivaut seulement à un chômage de onze dimanches suivis de leurs lundis.

C'est une énorme perte pour la fortune publique, et une grande réduction des jours comptés parcimonieusement à chaque homme pour travailler dans la force et la plénitude de ses facultés.

L'industrie est indépendante du climat, dans la plus grande partie de ses travaux ; c'est un immense avantage qu'elle a sur l'agriculture, dont l'activité est renfermée par les saisons, dans un espace d'environ deux cents jours ou six mois et demi. Cet avantage est de cent jours de salaires en plus, toutes choses égales d'ailleurs. Un ouvrier de manufacture travaille habituellement trois jours, tandis qu'un cultivateur ne peut travailler que pendant deux seulement. Si les salaires étaient égaux, ce serait déjà pour celui-ci une infériorité de la moitié du fruit de son labeur. Mais la différence est de beaucoup plus grande, car les salaires industriels l'emportent considérablement sur les salaires agricoles. Des recherches statistiques, officielles, fort étendues, constatent que la différence est de

50 cent. par journée, pour les hommes ;
25 — — pour les femmes ;
50 — — pour les enfants.

Il s'ensuit que le travail journalier de trois personnes

de chaque famille, s'élève seulement pour les ouvriers des champs à 2 francs 50 centimes, pendant qu'il est, pour les ouvriers des fabriques, de 3 fr. 75 centimes. C'est pour chaque jour de labeur, une infériorité de salaires de 1 fr. 25 centimes ou moitié moins.

En ajoutant l'une à l'autre, la différence de durée du travail et la différence de rétribution, on trouve que le salaire annuel d'une famille de laboureurs n'est que de 500 francs, tandis que celui d'une famille d'ouvriers industriels monte à 1,125, en prenant des termes exactement correspondants, et s'élève même, par une autre combinaison, jusqu'à 1,232, c'est-à-dire à deux fois ou deux fois et demie le salaire d'une famille agricole.

Avec un revenu double et au delà, l'industriel, sa femme, ses enfants, obtiennent-ils une part de bien-être proportionnelle ? leur vie est-elle meilleure et plus assurée ? sont-ils plus heureux ou du moins plus satisfaits ? leur santé, leur constitution physique est-elle aussi bonne que s'ils habitaient les campagnes et travaillaient à la terre ? Non, sans aucun doute ! l'observation, l'expérience répondent négativement à ces questions, en France, en Angleterre, en Belgique, partout. La Statistique et les sciences physiques expliquent pourquoi. Les aliments grossiers de la population rurale soutiennent bien mieux la vie que les aliments adultérés des grandes villes, et l'eau des ruisseaux et des fontaines vaut mieux que le vin frelaté des cabarets. L'air respiré dans les fabriques ou dans des logements garnis où s'entre-étouffent des créatures humaines, ne peut être comparé à l'air libre et salubre des champs et de leurs chaumières. Les occupations de l'agriculture exercent bien mieux les forces et l'intelligence des travailleurs que la plupart des métiers industriels, qui réduisent les hommes à des actes automatiques. La moindre mortalité des campagnes prouve que l'existence de leurs habitants est bien plus favorable à leur santé. La nécessité d'exemptions beaucoup plus nombreuses du service militaire, dans les départements manufacturiers que dans ceux purement agricoles, rend évidente l'influence funeste de la vie industrielle, sur la constitution physiologique de ceux qui y sont soumis.

Mais il faut reconnaître que si l'agriculture possède ces supériorités incontestables sur l'industrie, celle-ci n'en est pas moins l'une des conditions essentielles de l'existence des sociétés modernes, de leur fortune financière et politique, et des progrès de leur civilisation. Ses graves et nombreux inconvénients, particulièrement la détérioration physique et morale qu'elle produit, peuvent être atténués; et depuis quelques années, on s'en est occupé avec succès. C'est une tâche très-difficile, et qui exige de grands et continuels efforts.

Il faut dire à l'honneur de notre temps que les améliorations matérielles, économiques et morales introduites dans l'existence des ouvriers, ont été entreprises et exécutées, par les manufacturiers qui les emploient, et qui n'ont reculé devant aucun des sacrifices qu'il fallait faire, pour les accomplir heureusement.

Qu'il nous soit permis d'ajouter que pour étendre et hâter les effets de ces mesures bienfaisantes, il est vivement à désirer de les voir encouragées par des récompenses publiques, honorables et glorieuses. On prodigue, de nos jours, et avec raison, des prix qui excitant l'émulation, font perfectionner les races de nos animaux domestiques. Les hommes réclament les mêmes soins, et méritent bien assurément autant de sollicitude.

16° Population totale de la France,

DIVISÉE PAR CLASSES.

Population agricole.............	24,000,000	Les 2/3	
— manufacturière.......	2,500,000	7 p. 100	
— des arts et métiers....	3,800,000	10 —	
Autres classes.................	5,700,000	16 —	
TOTAL........	36,000,000	100	
TOTAL de la population ouvrière......	30,300,000	84	
— industrielle isolément.	6,300,000	18	

17° Valeur de la production totale.

		Rapp. au total.
Production agricole.........	8,000,000,000 fr.	50 p. 100
— manufacturière...	4,000,000,000	25 —
— des arts et métiers.	4,500,000,000	25 —
TOTAL.......	16,500,000,000	100
Production du sol avec les animaux domestiques........	8,000,000,000 fr.	50 p. 100
Production industrielle.......	8,500,000,000	50 —
TOTAL.......	16,500,000,000	100

18° Valeur de la production, par habitant.

Production agricole.............	222 fr.
— manufacturière......	111
— des arts et métiers....	126
— industrielle en masse.	237
TOTAL........	460 fr.

19° **Salaires.**

Agriculture............	3,000,000,000 fr.	65 p. 100	ou 2/3
Manufactures..........	770,000,000	16	—
Arts et métiers........	710,000,000	19	—
	910		
TOTAL........	4,680,000,000	100	
Industrie en masse....	1,680,000,000	35	1/3

20° **Répartition des salaires annuels par individu de chaque classe ouvrière, femmes et enfants compris.**

Population agricole.......	200 jours.	125 f. par individu.
— manufacturière.	300 —	310 —
— arts et métiers.	300 —	249 —
MOYENNE par individu.......	156 f.	

21° **Répartition des salaires annuels, par famille.**

Population agricole.........	pour 4 1/2 pers.	562 f.
— manufacturière...	— 4 —	1,240
— des arts et métiers.	— 4 —	996
MOYENNE par famille de 4 1/2 individus....	695 f. 25
Population industrielle en masse............	1,140

22° **Division de la population ouvrière, par famille.**

Nombre de familles.

Population agricole.......	à 4 1/2 pers. par fam.	5,350,000
— manufacturière.	à 4 pers. —	625,000
— des arts et mét.	à 4 — —	850,000
TOTAL..........	6,825,000
Population industrielle.......	à 4 personnes.	1,475,000
— totale de la France.	à 4 1/2 pers.	8,000,000

23° Nombre et salaire des travailleurs de chaque sorte d'industrie.

1° INDUSTRIE AGRICOLE, 200 JOURS.

6 millions d'hommes........ à 1 f. 50 c.	1,800,000,000 fr.
6 — de femmes....... à 0 75	900,000,000
6 — d'enfants........ à 0 25	300,000,000
6 — d'enf. en bas âge.	»

24 millions.   TOTAL des salaires... 3,000,000,000 fr.

2° INDUSTRIE MANUFACTURIÈRE, 300 JOURS.

1,009,934 hommes....... à 2 f. 00 c.	605,888,400 fr.
384,737 femmes........ à 1 00	115,421,100
46,889 enfants........ à 0 75	46,889,850

TOTAUX. 1,603,070 ouv. travaillant. SAL. ann. 768,200,000 fr.

3° INDUSTRIE DES ARTS ET MÉTIERS, 300 JOURS.

1,387,654 patentés (1). Hommes ou femmes, à 1 f. 50   624,444,000 f.

2,412,346 femmes, enfants, ouvriers.............. 285,556,000

3,800,000 individus.   SALAIRE annuel... 910,000,000 f.

4° TOTAL GÉNÉRAL DE L'INDUSTRIE AGRICOLE, MANUFACTURIÈRE ET DES ARTS ET MÉTIERS.

30,300,000 individus.   SALAIRES annuels... 1,680,000,000 f.

24° Population laborieuse comparée.

1789... 26 millions d'habitants. Savoir :

17 millions de travailleurs...... 65 p. 100

9 — d'autres classes..... 35 —

(1) Déduction faite des fabriques et exploitations.

Ces chiffres sont ceux du comité de l'Assemblée constituante, pour l'extinction de la mendicité.

1850... 36 millions d'habitants. Savoir :

30,300,000 de travailleurs...... 84 p. 100
5,700,000 d'autres classes..... 16 —

Ainsi, toutes choses égales d'ailleurs, la population laborieuse s'est accrue de 19 à 20 p. 100 ou d'un cinquième, et les autres classes ont diminué de 35 jusqu'à 16 p. 100 ou de beaucoup plus de moitié.

En 1789, le comité évaluait à 50 centimes par jour, les salaires des 17 millions de travailleurs, hommes et enfants compris. C'était, pour 300 jours, une somme de 2,550,000,000 fr.

En 1850, 30,300,000 travailleurs avaient, pour salaires, 4,680,000,000 fr. C'est beaucoup moins de 50 centimes par jour, comme il y a soixante ans.

Alors, ainsi que maintenant, les salaires de 300 jours devaient pourvoir aux besoins de 365; et cinq mois de travail fournissaient à la subsistance de six mois. C'est une rude nécessité, surtout dans les mauvaises années. Mais est-il bien certain que la journée de travail valût plus autrefois qu'aujourd'hui? Ce fait numérique semble bien peu croyable, quand on considère les progrès de toutes choses et l'augmentation de prix des productions essentielles à la vie. Le comité semble ne pas avoir consulté ou calculé les documents statistiques contemporains. Voici leurs résultats. Tolosan, le plus instruit des publicistes d'alors, évaluait en 1788, la production de la France ainsi qu'il suit :

Production agricole............	1,972,000,000	50 p. 100
— manufacturière.....	931,460,000	25 —
— des arts et métiers(1).	931,000,000	25 —
TOTAL......	3,835,460,000	100

Le travail étant encore, à cette époque, dans la dépendance féodale, et sous les restrictions des jurandes, il était fort cher, et l'on estimait que les salaires absorbaient la moitié de la valeur de la production. Leur détail approximatif montait aux sommes ci-après :

		Rapp. à la valeur de la production.
Salaires agricoles............	986,000,000 fr.	50 p. 100
— manufacturiers.......	524,000,000	56 —
— des arts et métiers....	524,000,000	56 —
TOTAL.....	2,034,000,000	52

Ces deux milliards partagés entre les 17 millions de travailleurs qui existaient alors, donnaient à chacun, femmes et enfants compris — non pas 50 centimes par jour, comme le croyait le comité, mais seulement 34 ; et encore faut-il, pour arriver à ce taux, admettre un labeur excessivement rémunéré.

A ce compte, la famille gagnait en moyenne, pour quatre personnes et demie, 1 franc 48 cent. ou 30 sous par jour ; — et pendant l'année entière, 541 francs.

Le comité de l'Assemblée nationale fournit involontai-

(1) Supposée égale, quoique, par une aberration inexplicable, l'auteur ne l'estime qu'à 60 millions.

rement des chiffres à l'appui de ce calcul ; il reconnut que la moyenne des salaires des hommes adultes était de 80 centimes à 1 fr. ; elle est aujourd'hui du double. L'erreur de sa détermination générale est de 77 centimes par jour pour chaque famille, et de 516 millions de francs, par année.

C'est un fait économique et historique, nouveau et important, que la détermination numérique et rationnelle de la fortune, — non pas du pays, car déjà plusieurs fois, on l'a recherchée avec plus ou moins de succès, — mais de la population ouvrière, active, laborieuse, productive enfin, et en un mot : de la fortune du peuple. La voici actuellement et autrefois.

En 1788, à l'époque la plus florissante de l'ancienne monarchie, il y avait, d'après les supputations d'un comité de l'Assemblée constituante, la plus illustre de nos assemblées législatives,

17,000,000 de travailleurs, ayant, suivant Tolosan, le statisticien le plus éclairé de ce temps, 2,034,000,000 fr. de salaire annuel.

En 1850, d'après les bases numériques données par la Statistique générale de France, il y avait : 30,000,000 de travailleurs, ayant : 4,680,000,000 francs de salaire annuel.

Chaque individu de la population laborieuse, femmes et enfants compris, avait pour vivre :

> En 1788..... 33 cent. par jour.
> En 1850..... 43 —

Chaque famille, composée de 4 personnes et demie, avait, par jour :

> En 1788..... 1 f. 48 cent.
> En 1850..... 1 93

L'accroissement a été, en soixante-deux ans, de 10 centimes ou 2 sous par jour, pour chaque personne ;

Et 45 centimes ou 9 sous par famille, faisant 33 p. 100, ou presque un tiers des anciens salaires.

Le revenu, donné par le travail agricole et industriel, à chaque individu des classes laborieuses, était, pour l'année entière :

> En 1788, de......... 120 f. 45 cent.
> En 1850, de......... 156 95
> L'accroissement est de... 36 50

Par famille de 4 personnes et demie, ce revenu s'élevait aux sommes suivantes pour l'année entière :

> En 1788............. 542 f. 02 cent.
> En 1850............. 706 27
> L'accroissement est de... 164 25

Ces chiffres prouvent l'erreur de ceux qui croient à la multiplication des richesses sur une échelle immense. Les événements prodigieux d'une rénovation sociale et les merveilles du génie des sciences et de l'industrie au XIXᵉ siècle, n'ont produit, en définitive, qu'une augmentation d'un tiers dans les salaires de la population laborieuse. Chaque famille obtient aujourd'hui, de son labeur, une centaine de francs, au lieu de 67, qui en étaient la rémunération, il y a soixante ans.

Mais la division des grandes propriétés a permis aux cultivateurs du sol d'en acquérir de nombreuses parcelles, et d'en tirer, par un travail opiniâtre et intelligent, un supplément aux salaires que leur payent les classes opulentes de la société.

Nous avons exposé que les 24 millions d'habitants des campagnes constituent 5,350,000 familles, chacune de 4 personnes et demie. On est conduit à croire, en compulsant les documents officiels du département des finances, que la moitié possèdent une propriété rurale rapportant, par année, en moyenne, 105 fr. et payant 21 fr. d'impôt foncier. Cette propriété n'est rien qu'une chaumière, avec un jardin, un champ de pommes de terre, une chenevière, et quelque peu de trèfle ou de sarrasin. Il y a, en France, 2 millions et demi de propriétés de cette valeur, en y comprenant celles situées dans les villes ou leurs faubourgs. On peut estimer qu'avec la plus-value de leurs progrès, ces petites propriétés rurales ajoutent, par leurs produits, 2 à 300 millions de francs aux salaires de la classe agricole, et donnent, à la moitié de ses familles, un revenu qui est au moins de 105 fr. par an. Au lieu de 562 fr. que leur rapporte leur travail ordinaire, elles disposent de 667, et n'ont guère moins de 40 sous par jour pendant toute l'année. C'est à ce degré d'aisance qu'aspirent les habitants des campagnes, et l'on sait que pour l'obtenir, ils ambitionnent le moindre coin de terre, qui peut le leur procurer.

Un pays situé sous les plus belles latitudes de l'Europe,

et qui ne compte pas 1,400 habitants par lieue carrée de
son territoire, peut satisfaire cet amour passionné de la propriété, et nos terres en friche encore si étendues attendent
des cultivateurs qui puissent, avec l'énergie de l'homme travaillant pour sa famille et pour lui-même, les mettre en
valeur, après avoir été si longtemps délaissées. L'intérêt
public et le bien-être de la classe agricole y gagneront également.

Sans doute, cette opération ajouterait au nombre des
petites propriétés, dont la multiplication est antipathique
à certains publicistes. Mais nous sommes peu touché des
prédictions sinistres, qui, pour nous effrayer, montrent le
sol de la France morcelé, par degrés, en parcelles infini-
tésimales. Depuis la vente des biens nationaux et la loi
qui établit l'égalité des héritages, soixante ans se sont
écoulés; et certes cette période est bien assez longue pour
avoir permis à de tels effets de se manifester, si leur cause
avait eu la puissance qu'on veut lui attribuer. La Statistique dément cette assertion; elle montre que le relevé des
cotes indiquant le nombre des propriétés existant à vingt
ans de distance, ne diffère que par l'augmentation du
nombre des édifices, construits dans les villes depuis la
paix.

La division du sol, comme l'a faite la révolution, a
produit incontestablement des changements considérables; elle ne comporte plus qu'un patrimoine soit vaste
comme une province, et qu'une famille ait cent fois plus
de terre qu'elle n'en peut faire cultiver. Elle ne permet-
trait pas des parcs à gibier grands de plusieurs lieues
carrées, comme ceux de l'Angleterre, ni des pâtures à

moutons qui, comme celles de l'Espagne, peuvent suf-
fire à un million de ces animaux

Mais, par compensation, les cultivateurs, nouveaux pos-
sesseurs du sol, qu'ils avaient labouré si longtemps sous le
joug de la servitude féodale et cléricale, ont délivré la
France de ces terribles famines, qui décimaient ses populations, chaque troisième année, — et ce sont eux surtout
qui ont tiré de leurs familles les huit millions d'hommes
armés, depuis soixante ans, pour défendre l'indépendance
et maintenir l'intégrité du pays.

ÉPILOGUE.

EXPOSITION UNIVERSELLE DE L'INDUSTRIE.

Ni l'agriculture, cette nourrice des hommes, ni les sciences qui guident les peuples dans leurs progrès, ni même les lettres et les arts, qui embellissent notre vie, n'ont jamais obtenu autant d'éloges, d'admiration et de récompenses que l'Industrie, dans les deux grandes solennités qu'on vient d'instituer en son honneur à Londres et à Paris.

Au lieu d'un millier d'auditeurs, rassemblés pour applaudir aux œuvres du génie de Molière, de Shakespeare ou de Racine, c'est une immense multitude, sans cesse renouvelée, qui est accourue de toutes les parties de l'Europe, pendant deux saisons, pour admirer dans un palais de cristal les merveilles de l'Industrie. Les jeux Isthmiques, qui jadis attiraient toute la Grèce, ne réunissaient pas une foule aussi grande et aussi empressée.

On dirait que, par une révolution réservée à notre siècle, l'esprit humain va désormais préférer l'utile à l'agréable ; et l'on peut espérer, dès à présent, que bientôt une machine électrique excitera presque autant d'intérêt qu'une tragédie nouvelle.

Que les temps ont changé ! les ouvriers anglais révoltés (1), il y a quarante ans, contre les mécaniques ingénieuses, qui abrègent le travail, les brisaient dans leur fureur aveugle ; aujourd'hui, ils les montrent avec orgueil et les font fonctionner devant toute l'Europe manufacturière, étonnée de tant d'admirables inventions.

Les gouvernements d'alors mettaient dans leurs lois la peine de mort contre ceux qui essayaient de porter ces machines à l'étranger ; maintenant ils leur accorderaient volontiers des primes.

Autrefois, chaque fabrique avait un secret, dont la révélation était défendue par des verrous et des interdictions. A présent, chaque atelier travaille en pleine exposition, devant des flots de spectateurs émerveillés, et la divulgation des procédés ne cause aucune crainte.

Les prix de fabrique et de revient étaient des énigmes aussi dangereuses que celles du Sphinx ; malheur au manufacturier qui les laissait deviner ! La Statistique de la Belgique et celle de Paris ont dû les passer sous silence, tant les intérêts étaient ombrageux sur ce sujet. La conversion des industriels n'est pas encore complète ; mais elle gagne beaucoup chaque jour ; et l'on commence à se convaincre que le prix des produits a pour élément essentiel ce qu'ils coûtent, puisque dans l'état avancé de l'Industrie, on peut tout faire, en tout pays, avec beaucoup d'argent.

A l'époque la plus belle de notre vieille monarchie, l'Industrie parisienne avait pour étaler ses produits les sombres galeries du Palais de Justice et les échoppes de la foire Saint-Germain, où la sécurité était si impar-

(1) Les Ludistes.

faite qu'on a vu les pages tapageurs de la cour s'en emparer de vive force et en rester maîtres, malgré le guet,
pendant plusieurs jours. Cette hospitalité que donnaient
au commerce le Parlement et la vénérable abbaye, ne différait guère de celle des Bazars de l'Orient, qui rassem-
blent dans leur enceinte des marchands à faux poids, des
saltimbanques, des voleurs et la peste. De nos jours, les
Caravansérails de l'Industrie sont des palais construits
pour elle, distribués, aérés, chauffés, éclairés suivant ses
besoins, et joignant à toutes les convenances et les com-
modités désirables, la splendeur architecturale des plus
magnifiques monuments des rois d'autrefois et même
d'aujourd'hui.

Il y a bien d'autres prodiges enfantés, de notre temps,
par l'Industrie ou pour elle; mais le plus étonnant, celui
que le philosophe préférera, parce qu'il promet d'exercer
une influence salutaire sur les destinées humaines, c'est
le rapprochement des peuples dans ces fêtes amphic-
tyoniques, l'oubli de leurs funestes rivalités, le regret de
leurs discordes sanglantes, la connaissance tardive et
néanmoins bien heureuse des avantages réciproques qui
leur sont apportés par leur alliance intime, disons mieux,
leur confraternité. Le miracle des Expositions de Londres
et de Paris ne consiste pas uniquement dans un spectacle
grandiose, dont le monde civilisé n'avait pas encore eu
d'exemple; il se manifeste surtout par les pensées de
concorde et d'affection, dont le germe s'est développé
dans les rapports mutuels de tant d'hommes éclairés, con-
viés de toutes les parties des deux hémisphères à ces
grandes Panathénées de l'Industrie.

Après de si longues guerres, qui ont enfanté tant de maux, il est resté dans les croyances des peuples de l'Europe, des préjugés, des opinions fausses et injustes, qui prolongent et excitent leur mutuelle irritation et préparent de nouvelles luttes presque également fatales aux vainqueurs et aux vaincus. Le moyen de dissiper les fantômes de ces antipathies, c'est de s'en rapprocher, et de mettre chaque société telle qu'elle est réellement, sous les yeux des observateurs éclairés de tous les pays. Les Expositions universelles atteignent ce but en appelant au milieu d'un peuple tous les peuples voisins, qui peuvent le juger bien mieux par eux-mêmes que par les récits d'une politique ennemie. Combien de voyageurs, qui, en arrivant à Londres, croyaient sur parole que cette grande Babylonne était un coupe-gorge peuplé de 40 catégories de voleurs et de 50,000 sirènes plus dangereuses encore,—et qui conviennent maintenant que c'est un séjour très-confortable, dont la sécurité n'est point égalée par celle de Rome à Pâques ou de Venise au Carnaval.

Quant à Paris, quelles préventions n'a-t-on pas accréditées contre ses habitants, dans des publications allemandes ou russes? Les étrangers ont pu en faire justice, en voyant pendant les six mois de l'Exposition, ce peuple qu'on leur dépeignait comme turbulent, capricieux, toujours en révolte contre le pouvoir et la raison, — et qui s'est soumis, sans murmure, à la discipline d'un tourniquet ne laissant entrer qu'une à une, cent mille personnes dont la file avait chaque jour plus de 20 lieues de longueur. Et il ne faut pas oublier qu'on devait payer pour subir cette épreuve de patience et donner ce témoignage à l'amour de l'ordre.

C'est un phénomène social qui mérite notre admiration, que la conduite régulière et paisible de cette foule qui a visité l'Expostion et qu'on ne peut évaluer à moins d'un tiers des habitants de la France. Il semblait que chacun dans cette multitude eût la conscience de sa participation à l'un des plus grands événements de la civilisation. Aucun des désordres, qui accompagnent les nombreuses réunions d'hommes, ne s'y est introduit. La justice n'a point eu à sévir; et pourtant que de froissements, de rivalités d'intérêts, d'orgueil et de renommée étaient là opposés les uns aux autres ! Combien l'aspect de tant de trésors étalés presque sous la main des passants, devait exciter d'envie et provoquer de cupidité ! Cependant il n'a retenti aucune plainte ; et les diamants de la couronne, qui brillaient d'un éclat éblouissant, sont rentrés intacts au trésor, malgré la convoitise qu'ils inspiraient aux appréciateurs de leur richesse.

L'Angleterre avait donné l'exemple de cette confiance hardie, en exposant en 1851 le Kohi-Noor, qui est le plus gros diamant qui soit jamais sorti de l'Inde. On sait que c'était l'œil d'une idole, qu'un déserteur anglais arracha en s'introduisant la nuit dans une Pagode, au risque du Pal ou du bûcher. Il n'était pas aussi périlleux de l'enlever du Palais de cristal; et l'on se demande si la conservation en est due aux excellentes mesures de la Police anglaise ou à un point d'honneur des intrépides voleurs de Londres, qui n'ont pas voulu priver leur gracieuse souveraine de cette magnifique parure.

L'excitation que produisait autrefois, parmi la multitude, l'aspect de ces richesses, était bien plus violente qu'aujourd'hui, si l'on en juge par les précautions prodiguées pour leur conservation. Par exemple, la châsse de sainte Genevieve, qui était couverte de pierreries, était ordinairement reléguée, hors de toute atteinte, à 60 pieds du sol, au faîte d'un monument qu'il était impossible d'escalader ; et de plus, elle était défendue par une sonnerie d'appel qui, par miracle ou autrement, carillonnait à l'approche des voleurs. Quand on descendait cette châsse à l'occasion d'événements extraordinaires, les craintes redoublaient, et l'Abbaye exigeait qu'on lui livrât en otages quatre conseillers du Parlement de Paris, qui avaient derrière eux tous les supplices réservés alors aux spoliateurs sacriléges.

Il est évident que, de nos jours, les diamants ne causent plus d'aussi vives alarmes, ni d'aussi puissantes fascinations. Ils figurent honnêtement dans une Exposition, à bien meilleur titre qu'au Palais de Justice, comme en 1786 lorsque, pour un collier, furent souillés les plus grands noms de l'histoire à commencer par celui des Rohan et des Valois. Il est utile de savoir que depuis soixante-dix ans, les diamants se sont moralisés. C'est une considération qui doit leur faire trouver grâce près des économistes, qui les accusent d'être un capital mort et de n'être bons qu'à briller.

En reconnaissant les admirables résultats produits par les Expositions, on est tenté de croire que c'est une institution du grand siècle de Louis XIV. Il s'en faut bien qu'il en soit ainsi. Leur invention date de l'an VI, et fut destinée à célébrer, le 21 septembre 1798, l'anniversaire de la fondation de la république française. Elle est contemporaine de l'expédition d'Egypte, de la conquête de Malte, de la Suisse, du Piémont, de Rome et du royaume de Naples. Mais il faut avouer qu'alors nos fastes militaires effaçant totalement par leur gloire, nos fastes civils, rien ne pouvait être plus humble que cette première Exposition. Il était absolument impossible de présager que cette œuvre débile deviendrait un jour colossale.

On y compta 110 exposants, qui se partagèrent 23 récompenses.

Ces chiffres chétifs montrent bien le caractère de ce temps plein de témérités. On instituait une Exposition de l'industrie et l'on n'avait point d'industrie, point de colonies, point de commerce, point de marine; et la paix qui, seule, pouvait donner tous ces biens, était à dix-huit ans de là; encore devait-on l'acheter si cher que les fléaux de la guerre valaient mieux.

Ceux qui inventèrent les Expositions, dans un temps où elles étaient impossibles, avaient-ils la prescience de l'avenir, et entrevoyaient-ils la grandeur future de cette institution? On n'oserait le nier, quand on considère la perspicacité des hommes de cette époque, et leur énergie qui les empêchait de désespérer de rien, même de leur patrie, au milieu de la guerre civile et étrangère, et quand toute l'Europe était armée contre nous.

Comme pour justifier cette heureuse prévision, quatre ans après, dès l'an IX — 1801 — sous les auspices du Gouvernement consulaire, le nombre des Exposants doubla dans une seconde Exposition, et il doubla encore dans une troisième, qui eut lieu en l'an X -- 1802. — Il s'éleva alors à 540, et les récompenses à 254.

Sous l'Empire, au milieu des terribles distractions de la plus grande guerre possible, l'Exposition de 1806 compta 1422 exposants avec 610 récompenses.

Pendant la Restauration, il y eut trois Expositions — en 1819, 1823 et 1827. — Chacune d'elles offrit quelque accroissement, sans atteindre pourtant le chiffre de 1700.

Enfin, sous la Monarchie de Juillet, l'Institution se développa et prit des proportions doubles de celles de la Restauration. Il y eut :

```
En 1834....  2,447 exposants et 1,785 récompenses.
   1839....  3,381    —       2,305    —
   1844....  3,960    —       3,253    —
```

Toutes ces Expositions ne comprenaient que l'Industrie de la France, et les pays étrangers n'y étaient point associés. Il en fut encore ainsi en 1849, qui compta 5,000 exposants et 3,738 récompenses.

Un étrange retour des choses d'ici-bas nous est révélé par ces vicissitudes. L'Angleterre, qui avait voué une guerre à mort à la république française, lui doit l'institution des Expositions de l'Industrie, qui viennent de manifester sa puissance sur les autres pays de l'Europe, et qui contribueront à l'accroître encore. La France impériale adopte une tradition de l'an VII, et met à profit un exemple de la Monarchie de Juillet, pour ériger le plus beau monument dont jamais l'Industrie ait été l'objet dans sa longue existence de quarante siècles. Il a fallu cinquante-sept ans pour faire rapporter à cette institution les fruits dont elle contenait le germe. Avant le terme de cette longue période, l'heure de son immense succès n'était pas venue; elle était impossible, car ses conditions nécessaires n'existaient pas.

Il lui fallait :

1° La liberté des travailleurs et du travail, ou en d'autres termes l'un des plus grands bienfaits de la révolution : l'abolition des jurandes et l'affranchissement des industriels ;

2° Une paix de quarante ans, qui pût donner aux peuples les plus avancés de l'Europe et de l'Amérique le pouvoir de doubler leurs facultés intellectuelles, leur bien-être social et leur richesse publique ;

3° Un développement prodigieu~ de l'Industrie, avec l'aide de la liberté du travail, de la paix générale et des progrès inouïs des sciences physiques, chimiques et mathématiques ;

4° Enfin l'événement le plus inespéré et le plus fécond en conséquences politiques du premier ordre, en triomphes militaires et maritimes, en présages heureux, pour l'indépendance des peuples et pour la sécurité de la civilisation : l'alliance intime de l'Angleterre et de la France.

C'est sous les auspices de ces causes réunies qu'ont été inaugurées les deux Expositions universelles de Londres et de Paris : la première le 1er mai 1851, et la seconde le 15 mai 1855 ; l'une à Hyde-Park, et l'autre aux Champs-Elysées.

Nous passerons rapidement en revue cette dernière, uniquement pour conserver dans ces pages, le souvenir du plus brillant triomphe de l'Industrie avec celui de la gracieuse hospitalité qui a rassemblé ses merveilles dans un magnifique Palais.

PALAIS DE L'INDUSTRIE.

Surface des galeries du Palais.........	105,000 mètres.
Galerie du Panorama et son pourtour....	18,000 —
— du quai Billy ou annexe...........	44,500 —
Surface occupée par l'Exposition........	167,500 —
Palais des Beaux-Arts...................	16,700 —
ÉTENDUE TOTALE.......	184,200 mètres.

Exposition universelle de l'Industrie et des Beaux-Arts, aux Champs-Élysées, à Paris.

INDUSTRIE. — NOMBRE D'EXPOSANTS :

Français	10,691
Étrangers	10,148
TOTAL.......	20,839

BEAUX-ARTS. — NOMBRE D'EXPOSANTS :

Français..............	1,029
Étrangers	1,071
TOTAL........	2,100
TOTAL GÉNÉRAL...	22,938

FRANCE.

INDUSTRIE. — France........	9,790
Algérie........	724
Colonies.......	177
	10,691
BEAUX-ARTS	1,029
TOTAL.......	11,720

Tous les produits industriels, énumérés par nous dans

cet ouvrage, étaient là rassemblés, — non à l'état marchand, tels qu'on les trouve pour la consommation et le
commerce extérieur — mais choisis, représentés par les
qualités supérieures et par les plus beaux spécimens, ou
bien recommandés par des perfectionnements nouvelle-
ment introduits, notamment par des méthodes de fabrication plus avantageuses que celles d'autrefois, et surtout
plus économiques.

Nous nous bornerons à indiquer ceux de ces produits
qui étaient les plus remarquables.

Les tissus tenaient assurément la première place à l'Exposition, comme dans le monde industriel ; mais leur aspect
attirait moins les regards que les articles brillants de la
mode, la bijouterie et l'orfévrerie.

Les lainages surtout cachaient leur supériorité sous l'apparence la plus humble. Les draps laissaient à peine distinguer à distance ceux qui sont d'un usage commun, des
qualités réservées, par leur beauté et leur prix, à l'habillement des monarques de l'Europe.

Les draps de Sedan, d'Elbeuf, de Louviers, de Carcassonne, ne se sont point laissé déposséder de leur ancienne
prééminence, ni par de nouveaux établissements, ni par
l'invention de nouveaux tissus. Les lainages fournissaient
sept cent seize exposants.

Les cotons se montraient avec tous leurs progrès qui
leur donnent les avantages d'un renouvellement perpétuel
de la mode. On sait qu'en s'alliant à la laine et à la soie,
ils satisfont à tous les besoins et même à tous les dé-
sirs. Il y avait six cent vingt et un exposants pour les
cotons.

Les soieries en comptaient six cent un. Celles de Lyon sont rendues inimitables par leurs couleurs pures et brillantes, leur tissu, digne d'être l'ouvrage des fées, et surtout le goût parfait de leurs dessins. Tous les princes de l'Orient les ont adoptées pour leurs vêtements de cérémonie.

Les Châles de Nîmes font, comme on le sait, la parure et le bonheur des jeunes filles.

Les rubans de Saint-Etienne, que le voyageur retrouve dans les deux Indes, méritent par leur beauté, d'être cosmopolites.

Les Batistes de Valenciennes et de Cambrai étaient aussi bonnes que belles.

Les Tulles de Calais et les Dentelles d'Alençon, qui sont une première nécessité des grandes toilettes, se montraient avec toutes leurs séductions.

Les Mousselines de Tarare, qui ont détrôné celles de l'Inde, justifiaient leur succès.

Les toiles peintes de Mulhouse et les tissus de Roubaix, qui étendent, chaque jour, leurs nouveaux succès, ont encore augmenté leur juste renommée.

L'Industrie parisienne, dont le génie est semblable au Protée de la Fable, apparaissait en mille objets divers : plumes, fleurs, bijoux, meubles, bronzes, et des choses sans nom, charmantes à voir et qu'on acquiert à tout prix.

Après les dentelles, les broderies sont le superflu le plus nécessaire aux femmes ; elles abondaient de tous les départements. On est effrayé de compter combien d'existences sont absorbées dans ces délicats et difficiles ouvrages.

La Grèce antique disait à l'homme qui étudiait les sciences : Connais-toi toi-même. Un miroir fidèle rend la moitié de ce service, mais précisément celle qui est la moins utile, quoique de beaucoup la plus agréable, du moins à une moitié du genre humain. Aussi les glaces étaient-elles multipliées à l'infini, et jamais on n'en avait vu d'une aussi prodigieuse grandeur. Il y en avait une de 5 mètres 37 centimètres de haut sur 3 mètres 36 de large.

Les Cristaux qui sont l'argenterie moderne, valent mieux qu'elle, par leur élégance et leur meilleur marché. Quoiqu'une partie des nôtres se soient dérobés à la comparaison avec ceux d'Angleterre, ils n'en rivalisent pas moins avec eux, sur toutes les grandes tables de l'Europe.

Les Bronzes : pendules, statuettes, candélabres sont au premier rang des objets de luxe, exposés par la France; leur grande supériorité résulte du concours puissant des beaux-arts et des procédés métallurgiques.

L'Étrurie et la Grande-Grèce, n'ont rien fait d'aussi beau.

Parmi les armes exposées, l'or et l'acier chatoyaient comme des pierres précieuses. Les Damas d'autrefois qui, dit-on, tranchaient des cailloux et décolaient des hommes sans s'ébrécher, n'avaient pas une meilleure trempe que nos sabres, nos rasoirs et nos excellents instruments de chirurgie.

Quant à nos carabines de précision, qui abattent à 500 pas, une sentinelle sur son rempart, elles rendent la guerre impossible, et ce sont des inventions philanthropiques au-dessus de toute appréciation.

D'autres armes, forgées dans l'admirable arsenal de l'Imprimerie, sont destinées à préserver les nations du plus dangereux de leurs ennemis : l'ignorance. La France ne le cede à aucun peuple, dans cette Croisade, ni par le nombre de livres, qu'elle publie, ni par leur mérite et leur beauté. De 1812 à 1855, en quarante-quatre ans, elle a publié, malgré une demi-douzaine de révolutions, 271,994 volumes avec 47,425 œuvres graphiques et 17,449 œuvres musicales. En tout : 336,868 publications. Bon an, mal an : 7,500. En 1855, elle a produit 8,235 livres, et au total 12,217 œuvres ou un tiers de plus qu'autrefois. Dans cette belle et utile propagande des sciences et des lettres, la famille Didot a inscrit son nom avec ceux des Caxtons et des Elzévirs.

Les Machines sont l'âme de l'Industrie. Jamais on n'en avait tant vu ; jamais on n'en avait rassemblé d'aussi merveilleuses. Après Homère, Platon, Descartes et Newton, il faut placer les efforts de génie, qu'offrait à l'admiration publique la galerie des machines. Quel dommage que la civilisation vînt à périr ! Dans vingt ans, la vie domestique aura gagné moitié, et vaudra mieux cent fois qu'au temps de nos pères.

Les Arts chimiques sont une vraie magie. Fasciner les yeux et faire voir les choses autrement qu'elles ne sont ou bien les métamorphoser, était jadis un crime puni à titre de sorcellerie, par le bûcher. Tout au contraire, dans notre siècle, ceux qui en agissent ainsi et qu'on nomme Chimistes, sont élevés aux premiers rangs de la science et de l'État. Ils acquièrent une grande illustration : l'un parce qu'il nous apprend à faire de bon vin avec de mauvais :

il s'appelle Chaptal ; l'autre, parce qu'il fait instantanément du cuir sec avec du cuir vert : c'est Séguin ; un troisième, parce qu'il change la toile jaune en toile blanche et le linge sale en linge propre : c'est Berthollet ; un quatrième, parce qu'il fait de la bougie avec du suif : c'est Chevreul ; un cinquième, parce qu'il transforme en eau pure et limpide, de l'eau corrompue, qui empoisonne les citernes : c'est Thénard, le plus digne savant et le meilleur homme qu'on puisse trouver. Et ainsi de suite à remplir tout un volume. Il y a bien d'autres prodiges, qui se manifestent chaque jour. On fait maintenant : de la matière fulminante, plus explosive que le salpêtre, avec de la laine de coton, en apparence si inoffensive ; — un charme, qui suspend la douleur et la vie, avec quelques gouttes d'Éther ; — du vinaigre avec du bois ; — des allumettes avec de la cendre d'os ; — des tissus et cent objets divers avec la sève durcie d'un arbre de la Guyane : l'*Hevea caoutchouc* ; — des teintures bleues avec du fer, de purpurines avec la fiente des oiseaux marins, nommée Guano, de rouges avec une plante vulgaire de nos jardins : la garance — et une foule d'autres, avec des métaux autrefois inconnus.

Ces magiques inventions ne se connaissent qu'à leurs effets ; mais voici une multitude d'objets qui nous enchantent par leurs formes élégantes, leurs belles couleurs et les peintures délicates dont ils sont ornés. Ce n'est cependant, au fond, que de la terre pétrie, moulée, cuite, colorée, en un mot, de la Porcelaine. Les Chinois et les Japonais en ont le secret, depuis trois mille ans ; mais quoiqu'ils fassent bien, nous faisons beaucoup mieux à l'aide de nos arts perfectionnés. Il faudrait que ceux qui

enfantent ces œuvres charmantes se rappelassent que
peut-être bien elles surpasseront en durée, tous les peuples contemporains, et que, comme la céramique étrus-
que, grecque, égyptienne, babylonienne, la nôtre exercera, dans trente siècles d'ici, la science des académiciens
de ce lointain avenir. Il serait donc bon d'y inscrire
sa date, avec quelque souvenir, qui pût, s'il se peut,
recommander notre mémoire à l'oublieuse postérité.

A l'Exposition, l'Agriculture était étouffée par l'Industrie. Elle manquait de place, d'air, de chaleur et de vie.
Cependant ses machines ont vivement excité et mérité
l'attention. Mais elle ne peut rester à l'état de momie, représentée par des graines sèches : il faut espérer qu'à la
prochaine occasion, elle occupera un champ, par ses cultures en miniature, ses prairies artificielles, ses pépinières
et son horticulture si récente et déjà si belle. On peut prévoir le curieux spectacle qu'elle offrira, en le jugeant par
celui de l'Exposition des animaux vivants. On n'avait point
encore vu un tel assemblage de races domestiques d'une
aussi grande supériorité : et la France a dû être étonnée
de sa richesse. L'Angleterre s'est enorgueillie justement
du succès de ses efforts persévérants pour améliorer ses
animaux agricoles, et jusqu'à ceux de la basse-cour.

On sait que Louis XIV, le plus orgueilleux des monarques, descendait de son palais, pour donner à manger à
ses carpes, qui habitaient les bassins des splendides jardins de Versailles. Nous préférons à cet égard le prince
Albert, qui vient d'élever sous ses yeux, un coq et une
poule d'une espèce tant au-dessus du vulgaire des vola-
tiles, qu'on lui en a offert 1,800 francs. Le Prince a re-

fusé de les vendre, les réservant pour multiplier leur espèce
rare et superbe, qui sera pour l'Angleterre, une précieuse
acquisition.

Trois innovations de la plus haute importance doivent
être signalées comme des titres de la dernière Exposition, qui seront cités, dans l'avenir avec un grand
éloge.

On a tenté d'introduire l'utile usage d'indiquer, par une
étiquette, le prix de chaque article exposé. On n'a pu y
réussir que partiellement, tant les préjugés enracinés sont
difficiles à détruire, mais le succès est préparé pour une
autre fois.

Les machines, qui, dans leur inertie, sont des énigmes,
pour presque tous les observateurs, ont reçu chacune, le
mouvement propre à leur effet utile, et se sont animées
au moyen de la vapeur. Déjà, l'exemple de ce perfectionnement s'est étendu aux machines du Conservatoire des
arts et métiers, qui fonctionnent maintenant devant le
public, pour lui enseigner clairement le but de leur construction.

La plus heureuse inspiration a dicté la troisième inno-
vation, que nous estimons par-dessus tout. Jusqu'à présent les Expositions ont ressemblé à un arsenal du luxe,
dont les objets sont exclusivement à l'usage des riches, et
loin de la portée des classes laborieuses. On vient de les
corriger de ce défaut, en installant dans une large partie
des galeries un concours des articles les plus nécessaires à
la vie domestique, produits à des prix réduits, les plus
bas possibles. Il importe de restreindre nos anciennes habitudes de ne travailler que pour le luxe, ce qui borne fa-

talement le nombre des consommateurs. Il nous est enseigné, par la prospérité de nos voisins d'Outre-Manche, que de nombreux profits faits sur de nombreux objets ve.. !us à bon marché, sont, en définitive, plus productifs que de gros et très-rares profits. Enfin, c'est un fait incontestable qu'il vaut mieux satisfaire, aux besoins sans cesse renaissants de trente-six millions de consommateurs, que d'aller courir au loin les chances capricieuses du commerce avec des princes Africains ou Asiatiques.

Il y a, fort au-dessus de tous ces motifs, le bien-être de nos populations, créé et entretenu par l'abondante consommation des produits industriels d'utilité première, acquis à des prix modérés.

On doit désirer que cette exposition économique devienne annuelle.

EXPOSITION UNIVERSELLE DE L'INDUSTRIE

CLASSÉE PAR PUISSANCES, D'APRÈS LE NOMBRE D'EXPOSANTS
DE CHACUNE D'ELLES.

1o France	10,691	expos.	540	p. 1000
2o Grande-Bretagne et Irlande.	2,574	—	128	—
3o Prusse	1,313	—	65	—
4o Autriche et Lombardie	1,296	—	65	—
5o Belgique	686	—	35	—
6o Espagne	568	—	29	—
7o Suède et Norwége	538	—	26	—
8o Portugal	443	—	22	—
9o Pays-Bas	411	—	21	—
10o Suisse	408	—	20	—
11o Wurtemberg	207	—	10	—

12º États-Sardes.............	198 expos.	10 p. 1000
13º Toscane.................	197 —	10 —
14º Bavière.................	172 —	10 —
15º États-Unis d'Amérique.....	130 —	6 —
16º Grèce...................	130 —	6 —
17º Mexique.................	107 —	5 —
18º Saxe.....	96 —	5 —
19º Danemark...............	90 —	5 —
20º Bade...................	88 —	5 —
21º Villes Anséatiques........	89 —	5 —
22º États d'Allemagne réunis...	80 —	4 —
23º États-Romains...........	71 —	4 —
24º États d'Amérique........	40 —	2 —
25º Autres	156 —	8 —

TOTAL GÉNÉRAL... 20,839

Toute l'Allemagne, moins les États
Prussiens et Autrichiens......... 732 — 36 —

Absents : La Russie, Naples et la Sicile.

PRODUITS DE L'INDUSTRIE DES PUISSANCES ÉTRANGÈRES
CLASSÉES D'APRÈS LE NOMBRE DES EXPOSANTS DE CHACUNE D'ELLES.
1º Grande-Bretagne et Irlande.

Cotons.............	51 exp.	Lin et chanvre.......	77 exp.
Soies.............	38 —	Laines.............	103 —
Mécanique	246 —	Verre et céramique..	62 —

Le Royaume-Uni a fourni plus d'un quart des Exposants étrangers, et encore n'a-t-il presque rien montré de ses cotons, qui sont sa plus riche industrie. Ses houilles étaient représentés par 264 échantillons; au premier rang étaient les excellents cokes de Newcastle. Parmi les machines étaient celles de l'agriculture : une charrue à vapeur, des moissonneuses et de petites machines portatives pour mettre en mouvement des manéges, des meules, des rouages de toute espèce. Les opérations successives de la filature du coton étaient exécutées par les machines de M. Platt;—le tissage mécanique par celles de M. Smith; —les moquettes par le métier de M. Wood, qui coupe les trames afin de former le velouté des tapis. — Une énorme élévation de l'eau, par les pompes de MM. Appold et de Bergue; — la gravure sur des rouleaux, des dessins d'étoffes, tracés sur du papier. — Un ventilateur, qui se mouvait sans bruit, et mille autres prodiges des mécaniciens anglais.

Une collection de vieux câbles et de vieux lambeaux de voiles, qui sont convertis en beaux papiers; — des tonneaux perfectionnés pour conserver le bœuf salé à bord des navires;—des pièces de taillanderie : limes, faucilles, faux remarquablement bien exécutées et à bon marché. — Des poteries de grès remplaçant avantageusement le zinc et l'étain, et manifestant une grande supériorité.

Des draps de Leeds, des cotons de Manchester, des étoffes variées de Glascow et d'Halifax. —Des popelines d'Irlande, des châles d'Écosse, des gants de laine anglais, — des rideaux brodés à la mécanique, — des tapis inférieurs aux nôtres, mais à bas prix, — des reliures de livres plus variées et plus solides qu'en France et moins chères. — Enfin, une multitude infinie d'objets de toute nature dont l'invention et l'exécution manifestent au plus haut degré le génie industriel, l'expérience des meilleures

pratiques et la connaissance populaire des moyens économiques et commerciaux de la production.

2o La Prusse.

Mines et métallurgie.	162 exp.	Aciers bruts et ouvrés.	66 exp.
Mécaniques.........	89 —	Fabric. d'ouv. en mét.	108 —
Industrie des laines..	157 —	Industrie des soies...	49 —
— des chanv. et lin.	39 —	— des cotons..	181 —

Cette exposition a brillé par ses produits minéraux et
ses ouvrages métallurgiques. Les arts chimiques y ont
tenu une place distinguée. La manufacture de porcelaine de Berlin a offert des œuvres remarquables. L'imprimerie a prouvé qu'elle est fort avancée. Les tissus
étaient abondants et variés : draps supérieurs, beaux velours, cotonnades, peluches, soieries, il y avait là presque tout ce que réclame la consommation.

3o Autriche et Lombardie.

Mines et métallurgie..	137 exp.	Arts chimiques......	160 exp.
Mécaniques.........	57 —	Aciers bruts et ouvrés.	86 —
Lainages	101 —	Lin et chanvre.......	40 —
Soies..............	82 —	Cotons	36 —

Les produits minéraux de cette puissance rivalisent avec
ceux de la Prusse, et méritent de grands éloges. La céramique et la verrerie ont donné de très-belles œuvres et la
Bohême a soutenu son ancienne réputation. L'imprimerie
impériale, à Vienne, a exposé une grande collection de
types et de matrices, avec des spécimens de typographie
et de gravure de la plus belle exécution.

4₀ La Belgique.

Elle offre un exemple remarquable de l'inégale répartition des biens de ce monde, et des facultés, qui en sont la source. Voici un pays, qui n'a guère qu'un dixième de la population des grandes puissances, et qui pourtant le dispute avec elles de richesse industrielle, de supériorité manufacturière et de génie d'invention. Il n'y a presque rien, en quoi la Belgique n'ait été représentée à l'Exposition. Son village de Seraing et la compagnie de la Vieille-Montagne ressemblaient, l'un par ses fers forgés, l'autre par ses zincs laminés, filés, tordus, aux établissements monarchiques d'un État puissant. Les armes de Liège, les fils et les toiles de Flandre, l'immense glace de Floreffe, les dentelles de Bruxelles tenaient place au rang des meilleurs produits, et souvent l'emportaient par leurs prix moins élevés.

5₀ L'Espagne.

Il faut tenir compte à ce pays des efforts qu'il fait, pour relever son industrie et faire prévaloir l'intelligence privée et l'esprit public sur les misères de l'anarchie. En examinant les produits de ses mines et de sa métallurgie, on prend une haute idée de sa richesse naturelle et même de l'habileté, qui est appliquée à l'extraction et à la mise en œuvre des métaux. Cette classe seule comprenait 105 exposants. Les laines, les huiles, le miel, les céréales étaient marqués de la supériorité que leur accorde un climat propice. Les tissus de coton avaient 47 exposants; les soies 27, et les chanvres et lin 9 seulement.

6₀ La Suède et la Norwège.

Voici le pays du fer. On n'en trouve point ailleurs d'aussi ductile et d'une force de ténacité aussi grande. Aussi l'a-t-on montré à l'Exposition contourné à froid, de toute manière. C'est une preuve péremptoire de sa supériorité. L'usage général du fer dans nos inventions nouvelles, accroît, de jour en jour, la nécessité d'étendre l'exploitation des mines, qui fournissent cette qualité précieuse. Les arts métallurgiques ont donné à la Suède 174 exposants. La Norwége seule en a fourni 121. C'est beaucoup pour ce pays glacé, et rien ne fait plus d'honneur à la belle race, qui l'habite, que cette lutte victorieuse de l'homme contre le climat le plus rigoureux.

7₀ Le Portugal.

Ce pays a exposé des produits estimés de ses vignobles : du Malvoisie, du Thomar, du Porto, du muscat de Sétubal. Il y a joint des essais courageux de sa jeune industrie, et ses colonies ont été celles de tous les peuples de l'Europe, qui ont le mieux répondu à l'appel de leur métropole. Il est remarquable que la plupart de ses exposants appartiennent aux plus hautes classes portugaises, et rappellent, par leurs noms et leurs patriotiques efforts, les grands hommes qui, au XVIe siècle, firent du Portugal la première puissance maritime et commerciale du globe.

8₀ Les Pays-Bas.

Leur exposition était extrêmement variée. On y reconnaissait ces laborieux et actifs habitants de la Hollande, qui ont été si longtemps les courtiers de l'Europe, et qui fournissaient à chacun tout ce qu'il lui fallait. Ses belles colonies des Indes orientales ont ajouté aux produits de leur métropole des objets très-curieux.

9° La Suisse.

Elle offre un étrange effet des vicissitudes que le temps et les institutions politiques apportent dans les destinées des peuples. Les rudes montagnards, qui ne semblaient devoir faire autre chose que de garder leurs troupeaux, leur pays et leurs libertés, sont devenus d'habiles industriels; et, le croirait-on? ils figuraient à l'Exposition, à côté des fabricants expérimentés de la Hollande, sans leur céder par le nombre ou la supériorité des produits. On y voyait l'horlogerie en profusion depuis le télescope jusqu'aux montres à 3 francs, — des cuirs tannés, — de beaux papiers, — des teintures, — de la coutellerie, — de l'orfévrerie et même des bronzes, le tout à des prix modérés. Il y avait de plus :

38 exposants pour le coton.
94 — pour la soie, particulièrement les rubans.
27 — pour la broderie et la passementerie.

10° L'Allemagne.

En réunissant les habitants de ce vaste et beau pays, sans tenir compte de leur séparation politique, si fâcheuse pour la sécurité de l'Europe et le bien-être des peuples, on trouve que : Bavarois, Hanovriens, Saxons, Wurtembergeois, Badois et autres, étaient représentés par 732 exposants ou un trente-sixième du nombre total. Ce terme place l'Industrie allemande, exclusivement à l'Autriche et à la Prusse, au cinquième rang de l'Exposition universelle, immédiatement après les quatre grandes puissances. Encore faut-il remarquer que plusieurs Etats secondaires s'étaient abstenus.

Si l'on avait rassemblé, en un faisceau, tous les produits industriels de l'Allemagne, classés suivant leur nature, sans distinction de territoire, il y aurait eu là l'un des plus intéressants témoignages des progrès de l'esprit humain, et la preuve certaine que les peuples d'Outre-Rhin ressemblent maintenant beaucoup moins à la vieille Allemagne féodale, qu'aux grandes nations affranchies de l'Angleterre et de la France.

Nous regrettons de n'avoir pas de place, dans cet Epitome, pour esquisser l'Industrie de plusieurs autres pays, particulièrement ceux que nous affectionnons : les États-Unis et les États-Sardes, nos anciens camarades de guerre, confrères et amis. Mais ces détails ne sont que trop prolongés. Ajoutons, pour accroître la confiance dans leur exactitude et leur impartialité, que nous avons confirmé nos appréciations par celles d'un économiste distingué, Joseph Garnier, dont le savoir, le talent d'observation et la sagacité, lui ont mérité depuis longtemps notre estime et nos sympathies.

En résumé :

L'Exposition universelle de Paris, en 1855, a offert le plus splendide et le plus magnifique spectacle.

Elle a fait beaucoup mieux encore en·réunissant une multitude d'industriels, de savants, d'artisans, qui, sans elle, ne se seraient jamais vus, et qui ont appris à s'estimer et à s'entr'aider.

Elle a montré courtois, poli, doux et affectueux un peuple que, depuis soixante ans, les jongleurs politiques et les libellistes à gages, dépeignent à l'Europe, comme un ogre toujours prêt à dévorer ses voisins.

Elle a enseigné cette vérité importante, que les progrès des Puissances industrielles, fussent-ils doublés ou quadruplés, il y aurait encore de la place dans le monde, pour leurs produits utiles.

Elle sera un grand événement dans l'histoire du XIXᵉ siècle par ces beaux résultats, et par l'interférence des souverains qui ont pris part cordialement à ses solennités.

Si, par impossible, le temps présent pouvait servir d'exemple au passé, Louis XIV visiterait désormais les fabriques de lainages, créées par Colbert, et Georges III daignerait louer et récompenser comme ils le méritaient Arkwright et James Watt.

Il y a certainement dans les 17,000 récompenses données à l'Industrie, et les 500 aux Beaux-Arts, des semences fécondes, qui vont produire les fruits les plus précieux dans les deux hémisphères; et de nouveaux progrès seront dus, dans chaque Etat, à l'émulation que fera naître cette juste et tardive rétribution accordée au génie industriel.

Lors du dernier voyage du capitaine Cook, — celui qui ne devait point avoir de retour, — la guerre que nous avions avec l'Angleterre, pour l'indépendance des États-

Unis, exposait les bâtiments de son expédition de découvertes, à être pris par nos escadres. Louis XVI, par
une inspiration généreuse qui étendait le droit des gens
au delà de ses limites, prescrivit à nos vaisseaux de laisser
passer avec respect le grand navigateur dont la mission
devait profiter aux sciences et aux progrès des connaissances de tous les peuples de l'Europe. Nous ne doutons
point que cet exemple n'eût été suivi de notre temps, et
que la Russie n'eût été admise à prendre sa place à l'Exposition universelle de l'Industrie, si les dispositions de son
souverain d'alors avaient permis d'espérer qu'il consentît
à ce qu'il en fût ainsi. C'est un malheur que l'abstention
d'une puissance, qui, plus que toute autre, a besoin
des bienfaits de l'Industrie et de l'émulation, qui hâte ses
progrès.

Par un contraste étonnant, la première et la dernière
Expositions de l'Industrie française, cette grande manifestation du triomphe des Arts de la paix, ont eu lieu pendant la guerre. La première date de la bataille des Pyra-
mides et des glorieux exploits du général Bonaparte en
Égypte, et de Kléber, Desaix, Macdonald, Kellermann et
Championnet; et la seconde est contemporaine des vic-
toires de notre armée d'Orient, et de la destruction de cet
arsenal formidable de Sébastopol, qui était la dernière
étape pour arriver à Constantinople, — future métropole
d'un nouvel empire, embrassant l'Europe et l'Asie, et
comptant, dès son début, 80 millions d'habitants.

Espérons que les seules conquêtes de notre siècle seront
celles de la civilisation, et que la plus prochaine Exposition
universelle trouvera tout le monde en paix, et chaque

puissance bien moins occupée d'agrandir son territoire que d'accroître le Bien-être de ses populations en protégeant les sciences et les arts utiles.

Les Expositions universelles, ces grandes solennités populaires, contribueront puissamment à cette œuvre, digne des plus généreux efforts, et l'on ne saurait douter que leur bienfaisante influence ne fasse naître et n'entretienne entre les peuples civilisés, la concorde avec des sentiments réciproques d'estime et d'affection fraternelle.

FIN DE L'OUVRAGE.

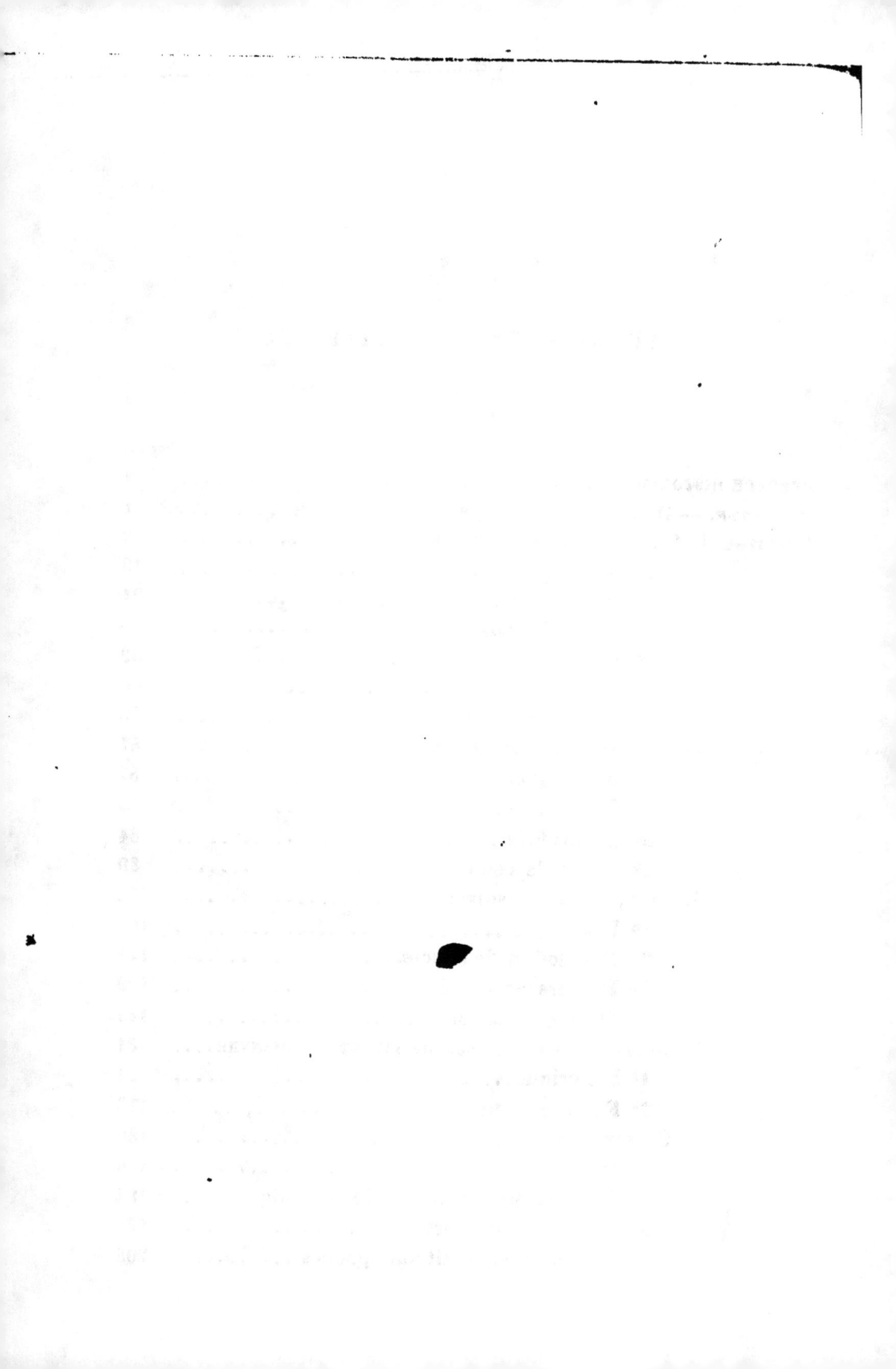

TABLE

PAR ORDRE DES MATIÈRES.

FIN DE LA TABLE.

CORBEIL. — TYPOGRAPHIE DE CRÉTÉ.

www.ingramcontent.com/pod-product-compliance
Lightning Source LLC
Chambersburg PA
CBHW061005220326
41599CB00023B/3842